LE DISCOURS DU ROMAN

LE DISCOURS DU ROMAN

Henri Mitterand

puf

ÉCRITURE

DU MÊME AUTEUR

Zola journaliste (Ed. Armand Colin, 1962).

Album Zola (en collaboration avec Jean VIDAL, Ed. Gallimard, 1963).

Les mots français (Presses Universitaires de France, 1963).

Ed. de *Emile Zola, Les Rougon-Macquart* (coll. « Pléiade », Ed. Gallimard, 1967, 5 vol.) : Etudes, notes, variantes, appendices, bibliographies et index.

Ed. de *Emile Zola, Œuvres complètes* (Paris, Cercle du Livre Précieux, 1966-1970, 15 vol.).

Ed. de *Problèmes d'analyse textuelle* (avec Pierre LÉON et Pierre ROBERT, Ed. Didier, 1971); *La lecture sociocritique du texte romanesque* (avec Graham FALCONER, Toronto, Ed. Hakkert, 1975); *L'analyse du discours* (avec Pierre LÉON, Montréal, Ed. CEC, 1976).

ISBN 2 13 036405 5

1re édition : 3e trimestre 1980
© Presses Universitaires de France, 1980
108, Bd Saint-Germain, 75006 Paris

Avant-propos

J'ai réuni dans ce livre un certain nombre d'études qui ont toutes deux points communs : elles ont pour objet le roman dit « réaliste » du dix-neuvième et du vingtième siècle, et elles prennent pour hypothèse l'idée, en soi banale, que tout roman propose à son lecteur, d'un même mouvement, le plaisir du récit de fiction, et, tantôt de manière explicite, tantôt de manière implicite, un discours sur le monde.

Un discours, c'est-à-dire, sous l'apparente impersonnalité, l'apparente neutralité d'un récit à la non-personne (c'est le cas le plus fréquent), et en dehors même des « intrusions d'auteur », l'imposition d'un savoir — c'est la fonction didactique du roman — ou d'une illusion de savoir, et l'imposition d'un jugement, insidieusement présenté au lecteur sous les aspects d'une évidence à partager.

Un double discours, donc, pour ce qui concerne les rapports du roman avec l'univers de référence qui s'y donne à lire. Au plan de l'énoncé, c'est la construction, ou la présupposition, d'un modèle de structure et de fonctionnement de la société : la visée des modes et des rapports de production, des mécanismes du travail et de l'échange, du salaire et du profit, de l'accumulation des fortunes, des formes et des lieux du pouvoir, du jeu des institutions, de la lutte des classes et des courants politiques dont elle est la source, des comportements et des mentalités, géographiquement et historiquement situés. Notre plaisir à lire l'œuvre romanesque tient, dans une grande mesure, au fait qu'elle est *ce réceptacle de savoir et cette réserve de questions. — Au plan de l'énonciation, c'est le soliloque de l'auteur, face au modèle dont il pose l'existence : l'ironie de Flaubert devant les aliénations petites-bourgeoises, la nausée de Huysmans devant le spectacle et dans la consommation des médiocrités quotidiennes, la polémique de Zola contre les puissances de l'argent...*

Ce discours double est plutôt, en fait, un discours mêlé, et l'opposition entre énoncé et énonciation, entre contenu de savoir et contenu de jugement, ou, si l'on préfère, entre l'objectivité du donné et la subjectivité de l'idéologie, est à la fois commode et fragile. Car c'est dans la forme même que le romancier donne au mode d'existence sociale de ses personnages, de leur décor, et de leur destin, et alors qu'il pense en fournir une image authentique ou vraisemblable, que se glisse le geste idéologique. Les jugements qu'il porte, les sentiments qu'il exprime, ses adhésions ou ses refus discernables ne sont que la partie émergée de son imaginaire social — souvent un imaginaire de classe. « Réalisme », « mimésis », ce sont là des concepts critiques qu'on emploie trop souvent sans malice. Maupassant se tenait plus près de la vérité lorsqu'il substituait au réalisme l' « illusion réaliste » : encore ne pensait-il qu'à l'illusion du lecteur — auquel on donne à croire que tout est vrai ou vraisemblable dans l'histoire qu'il lit — et non pas à l'illusion de l'auteur, qui croit de bonne foi parler le langage de la vérité, de la science, de la logique, alors qu'il parle celui du stéréotype, ou de la poésie.

Si l'œuvre romanesque, comme tout autre énoncé, peut servir de document pour l'étude de la société contemporaine, c'est un document que l'historien doit traiter avec d'infinies précautions, quel que soit le degré de « réalisme » que la tradition lui accorde. Le prétendu « réalisme objectif » de Flaubert n'est pas plus digne de confiance, à cet égard, que chez Balzac le « réalisme critique » ou chez Zola le « réalisme épique ».

Eric Auerbach, dans sa Mimesis, *même si le mot* réalisme *lui est familier, même s'il n'échappe pas à certains travers réductionnistes, tels que la théorie de l'œuvre-reflet ou de l'œuvre-vérité, comme nous le verrons à propos de* Germinal, *a su dessiner avec netteté le champ qu'il assigne au réalisme, et étayer ses considérations théoriques par une description précise, philo-*

logique des textes qui lui servent d'exemples. « Le traitement sérieux de la réalité contemporaine, écrit-il, l'ascension de vastes groupes humains socialement inférieurs au statut de sujets d'une présentation problématique et existentielle, d'une part, l'intégration des individus et des événements les plus communs dans le cours général de l'histoire contemporaine, l'instabilité de l'arrière-plan historique, d'autre part, voilà les fondements du réalisme moderne, et il est naturel que la forme ample et souple du roman en prose se soit toujours imposée pour rendre à la fois tant d'éléments divers »[1]. La tentative de comprendre et de synthétiser l'existence sociale des individus, de mettre en situation leurs problèmes, d' « immerger exactement et profondément » la peinture de leur vie quotidienne dans l'histoire contemporaine ; le sens des aléas que le flux de la durée fait subir au destin d'un être ou d'un groupe: voilà pour Auerbach les traits communs à Stendhal, à Balzac, à Flaubert, à Zola. Sous le mouvement superficiel des intrigues, de l'histoire avec un petit h — l'histoire vécue par des personnages —, « un autre mouvement a lieu », celui de l'Histoire avec un grand H, « un mouvement presque insensible, mais universel et incessant, de sorte que la substructure politique, économique et sociale apparaît à la fois comme stable et chargée d'intolérables tensions ». Ces propos transposent à l'analyse littéraire la distinction que la linguistique a introduite plus tard entre les « structures de surface » et les « structures profondes » du discours. Ils invitent à considérer le roman comme un système de signes historiques dont aucun ne peut être étudié ni décrypté isolément, comme un ensemble de réseaux corrélatifs qui ne signifie l'histoire que par sa globalité même.

Encore faut-il tenir compte de la dialectique féconde qui unit, dans le texte, la fonction représentative et la fonction productive. Le texte du roman ne se limite pas à exprimer un sens déjà là ; par le travail de l'écriture, il produit un autre sens, il modifie l'équilibre antérieur du sens, il réfracte et transforme, tout à la fois, le discours social. Auerbach montre bien à propos de Madame Bovary *que le romancier « transforme les choses de la réalité par une chimie merveilleuse et les fait venir à leur*

---

1. Eric AUERBACH, *Mimesis*, Paris, Gallimard, 1968, pp. 478 et suiv.

pleine maturité dans l'ordre du langage » : « *A force de tableaux qui transforment le néant de la vie quotidienne en un état oppressant de dégoût et d'ennui, où se mêlent les espoirs fallacieux, les déceptions paralysantes et les craintes pitoyables, nous voyons une grise et banale destinée humaine s'acheminer lentement vers sa fin.* » On entend dans ces lignes le mot de Flaubert sur la couleur « gris cloporte » de son roman, ou sa définition du style : « *Le style est à lui tout seul une manière absolue de voir les choses.* » Cette perspective donne bien le texte à étudier pour lui-même, pour l'entrecroisement de ses thèmes, de ses structures, de ses modes, de ses tons, de ses figures, en pleine conscience de la fracture qui s'interpose entre la réalité, que l'histoire décrit et explique par ses propres voies, et le signifié textuel, qui répond à des lois propres d'engendrement.

Quelle peut être, de ce point de vue, une stratégie d'approche du texte romanesque ? Si l'on ne se limite pas à voir dans le roman un pur objet idéologique — donc mystificateur — comme le propose Charles Grivel dans sa Production de l'intérêt romanesque[1], une première sorte d'investigation pourrait se donner un objectif, je dirai, ethnographique. Le roman, du moins le roman classique du dix-neuvième siècle, dans la tradition dite du « réalisme critique », est à prendre tout d'abord comme une sorte d'énoncé encyclopédique, mobilisant une description à la fois éclatée et cohérente de l'univers social, et disant l'Histoire ; soit, effectivement, une mimesis. Mais que l'on s'entende bien, alors, sur la visée qu'on assignera à cette investigation historique. Il s'agit non pas seulement de l'histoire politique, institutionnelle, événementielle — le sac des Tuileries dans L'Education sentimentale, ou la grève des mineurs d'Anzin dans Germinal —, mais d'une histoire totale : précisément le repérage de ces substructures profondes dont parle Auerbach, de ces phénomènes qui s'enracinent dans l'épaisseur du vécu et de la durée d'un peuple, et que les anthropologues appellent les « manières » : manières du geste et manières du langage, manières de se vêtir, de manger, d'habiter, manières de travail et manières de lit, manières de la fête et manières de la mort, manières de

---

1. La Haye, Ed. Mouton, 1973.

conter et manières d'argumenter, manières de codes, manières de rites, manières de transgression, manières de répression, manières de récompenses... Qu'est-ce que la réalité sociale, qu'est-ce qu'un groupe, une catégorie, une classe, en une époque donnée, sinon la somme et la systématique de ces comportements ? Et peut-on dire que l'histoire sociale de la littérature ait jusqu'ici épuisé et même commencé à parcourir de ce point de vue la masse de signes extraordinairement dense qui nous est offerte par Balzac, Flaubert, Zola ou Maupassant ?

Il est commun de récuser l'idéologie critique de l'expression. Mais une chose est de croire en l'œuvre-reflet, tableau « authentique » — Balzac peintre de la Restauration, Zola peintre de la classe ouvrière sous le Second Empire —, une autre est de s'interroger sur la façon dont une série verbale, textuelle, signifie les séries non verbales (mécanismes économiques, institutions, codes de relations) et en construit un modèle. Une chose est de prendre un roman pour le reflet direct d'une situation ou l'expression non médiatisée d'une idéologie et d'une politique, une autre d'y faire apparaître des plans et des paliers d'élaboration et de concrétion du sens, des corrélations symptomales, indicielles, entre son univers de discours et la structure sociale qui de toute manière l'informe.

J'entends bien qu'une critique tournée vers les philosophies contemporaines plutôt que vers les sciences humaines qui se prétendent exactes, telles que la linguistique, refuse cette hypothèse, et la tient pour la marque d'un positivisme naïf, lui-même symptomatique d'une conception critique aliénée par Aristote ou Jdanov ! Erronée et mystificatrice serait l'idée que l'œuvre puisse se décrire selon une procédure qui arrêterait en quelque endroit que ce soit la circulation du sens, la dynamique de transformations et d'échos en perpétuel abîme les uns par rapport aux autres. Le langage de l'œuvre est révolutionnaire par le fait même que son engendrement infini met au défi l'institution critique. Ainsi se trouve ébranlée toute certitude sur les fondements de notre activité de commentateurs, et sur la légitimité d'une étude tendanciellement scientifique sur cette singularité absolue qu'est l'œuvre. Je ne puis cependant me résoudre à tourner dans le cercle des mirages analytiques sans chercher des prises d'appui. J'en verrais

9

*au moins une dans le mode de réception du roman par son public :
celui-ci consomme, déchiffre, interprète le texte du roman comme
un ensemble d'informations ordonné et fini. J'en verrais une
seconde dans le fait que l'écrivain ne peut disposer à sa guise
ni de son expérience — de sa compétence sociale —, ni de sa
technique — sa compétence narrative —, ni de son langage —
sa compétence linguistique. C'est un triple héritage social qui
l'oblige, un avoir qui détermine son être, un savoir-faire qui
oriente son pouvoir-faire.*

*En revanche, que la distribution interne de cette triple compé-
tence caractérise en propre un idiolecte, un mode singulier de
penser et d'exprimer le monde, c'est à quoi il faut dans un second
temps prêter attention. L'acuité de l'observation ethnographique
varie d'un romancier à un autre ; il en est de même pour le
pouvoir de verbalisation, le pur et simple savoir dénominatif.
Certains, comme on dit, ont un vocabulaire plus riche que d'autres :
mais est-ce l'affaire d'un trésor lexical, ou des capacités enregis-
treuses et sélectives du regard, ou encore de la maîtrise d'un
programme théorique d'observation et d'interprétation ? Une
autre source de variables consiste dans la place que l'auteur de
romans occupe sur l'échiquier social, et qui gouverne pour une
part son mode de réception de l'environnement phénoménal et
langagier. Tels univers de signes lui sont interdits ou accessibles
seulement par voie indirecte : qu'est-ce que Flaubert peut connaître
directement — par immersion personnelle et naturelle — des
codes ethnographiques et linguistiques ouvriers, ou même des codes
du populaire faubourien ? En quelle mesure Zola a-t-il pu
approcher les codes aristocratiques, ou même simplement mon-
dains ? Tels schèmes idéologiques et politiques sont constitutifs
de ses positions, affichées ou secrètes ; tels autres lui sont étrangers,
soit en raison de son statut d'origine, soit en raison de la place
et du rôle qu'il croit pouvoir s'assigner, ou dans lesquels son
public finit par le cantonner. Il ne me semble pas qu'on se soit
jamais aventuré à mettre en faisceau les facteurs qui surdéter-
minent la parole d'un romancier à un moment donné de sa carrière, sur les différents plans (narratif et extra-narratif) où
elle se profère. A vrai dire, la terminologie nous manque, ou
demeure imparfaite, autant que la reconnaissance des objets et*

des procédures de la recherche. La notion d'« idéologie », qui est commode, reste vague. Pourtant, la critique et l'histoire littéraires auraient beaucoup à tirer des propositions actuelles de la linguistique et de sa dérivée sémiotique, pour évaluer les composantes d'une parole et leur origine, et les causes et modalités de leurs transformations dans le temps. Il s'agit, bien entendu, d'identifier non seulement les éléments et les modèles d'un métier narratif, mais aussi les notions et les corrélations argumentatives qui d'une part forment la trame du discours, et d'autre part articulent la logique du récit.

Le degré d'historicité n'est d'ailleurs pas identique dans la composante narrative et dans la composante argumentative. Prenons l'exemple de L'Assommoir. On y reconnaît les structures constitutives du récit canonique, qui sont anhistoriques, ou, ce qui revient au même, panchroniques : le jeu classique qui unit un héros (en l'occurrence une héroïne, Gervaise) au personnage qui le persécute ou contrarie ses desseins (Lantier), à celui qui l'assiste ou tente de l'assister (Goujet), et à un faux adjuvant se transformant à son tour en persécuteur (Coupeau), forme une combinatoire qui préexiste depuis les origines à toute actualisation de récit. On peut faire les mêmes observations sur la syntaxe narrative de L'Assommoir, en relevant la démarche caractéristique en cinq temps qui rythme chacune des grandes phases de la diégèse. Par exemple, pour la première partie de l'œuvre : un état initial (Gervaise à Paris en 1850), une perturbation dégradatrice (l'abandon), l'intervention d'une force transformatrice s'exerçant en sens inverse (Coupeau), la résolution du déséquilibre (le mariage) et la conquête d'une nouvelle stabilité (l'établissement du couple dans la boutique de blanchisserie). Ce sont là des modèles indépendants, pour une grande part, de la contingence historique, puisqu'on les retrouve sous toutes les latitudes et en tous les temps. Constatons cependant que la structure syntaxique de ce roman encadre et oriente une destinée d'ouvrière qui finit par suivre un infléchissement fatal, avec, pour équilibre terminal, la mort : il traduit une vision fataliste et pessimiste de la condition populaire, et de ce fait il n'échappe pas totalement à la pression du discours social contemporain.

Si le temps de la compétence narrative est un temps « large » dont les données se comptent en siècles, sinon en millénaires, celui de la compétence idéologique est un temps restreint, qui se compte en décennies. Pour reprendre encore l'exemple de L'Assommoir, voilà un roman qui, sans aucun doute, nous offre une information inestimable sur les rituels de la quotidienneté populaire — fêtes du mariage, du baptême, des anniversaires, rythmes du travail et des divertissements, structures de la famille, nourriture, habitat et costume, sources du langage —, mais qui, entre les mailles de ce tissu didactique, glisse un système d'idées reçues sur l'ouvrier et l'ouvrière, historiquement et socialement marqué.

C'est celui dont on entend l'écho dans Le Peuple de Michelet comme dans L'Ouvrier de Jules Simon, dans Les Misérables de Hugo comme dans le Grand Dictionnaire universel du XIXᵉ siècle de Pierre Larousse : un humanitarisme puritain qui dépeint volontiers la misère ouvrière, mais pour en déplorer les conséquences et n'y trouver d'autres remèdes qu'un appel à la clairvoyance et à la générosité des classes possédantes et une exhortation des ouvriers au travail, à la volonté d'apprendre, à la vertu, et à la foi dans l'institution républicaine. Zola n'a eu aucune peine à s'insérer dans ce courant : il s'y trouvait conduit par le souvenir et les relations posthumes de son père, l'ingénieur François Zola, franc-maçon, dont les projets, les idées philosophiques et politiques, la carrière rappellent ceux des saint-simoniens ; il y était conforté par son long séjour à la Librairie Hachette, creuset, comme la Librairie Larousse, de la libre pensée et de la politique libérale, du nouvel encyclopédisme, de l'éducation morale et civique, et de l'optimisme pédagogique.

Le lieu d'où parle Zola n'est donc pas celui d'où parlent les Goncourt, ni celui d'où parle Flaubert. Une analyse contrastive de leurs romans — pourquoi ne pratique-t-on pas plus souvent le comparatisme interne, intra-culturel ? — dégagerait, certes, des curiosités communes et des techniques apparentées, mais plus encore des profils de discours fort différents, relativisant encore davantage, s'il en était besoin, le concept de réalisme. Nous ne pouvons, dans un premier temps de la recherche, que constater des différences de thèmes et de structures idéologiques. Dans un second, viendra une recherche génétique, ou sociogénétique, qui tentera de rapporter la vision spécifique de chacun aux modèles qui l'ont formée. L'analyse différentielle du personnage du « socialiste », dans L'Education sentimentale et dans Germinal, dessinerait ainsi deux propos se rapportant à des isotopies politiques, sinon opposées, du moins fort éloignées. Tandis que Flaubert montre en Sénécal un imbécile aigri qui n'a rien compris à ses lectures, un être sans savoir ni pouvoir, un non-héros, un figurant de péripéties historiques qui se déroulent hors de son impulsion et de son contrôle, Zola fait de Lantier tout à la fois un sujet compétent et performant, au sens que la sémiotique narrative donne à ces termes, ou pour parler plus simplement un héros, sur le double plan de l'événement et de son récit : héros conducteur de la grève et de la révolte, au plan de la fiction, et sujet conducteur, personnage central du récit, au plan du texte. Il y a là deux imaginaires politiques différents, dont il resterait à sonder les origines et les présupposés respectifs.

Il arrive enfin que le récit romanesque se laisse pénétrer par le mythe, ou pour le moins l'allégorie. C'est tout à fait net dans Germinal, où le mythe affleure à plusieurs niveaux : dans les croyances des mineurs, dans la distribution des grands rôles du récit, dans le sens des grands affrontements qui divisent l'humanité, des grandes catastrophes qui la désolent, des mouvements historiques qui préfigurent les temps nouveaux. Mais cette accommodation du roman zolien sur une thématique, des figures et des structures mythiques est porteuse elle aussi d'un discours implicite. On se souvient de ce passage de Germinal qui dépeint le défilé des mineurs en révolte sur les routes avoisinant Montsou : « Au-dessus des têtes, parmi le hérissement des barres de fer, une hache passa, portée toute droite ; et cette hache unique, qui était comme l'étendard de la bande avait, dans le ciel clair, le profil aigu d'un couperet de guillotine. » Les barres de fer et la hache sont les outils du mineur, mais aussi les instruments de la violence et du meurtre, et, au-delà, les armes de la révolte populaire. L'image de la hache, qui subit dans ce texte même plusieurs transformations, crée plusieurs degrés successifs et complémentaires de connotations, dont chacun accroît la charge symbolique et allégorique du texte. Tout ici rappelle les grandes jacqueries et aussi les épisodes les plus tragiques de la Révolution française, et en annonce le retour. Il se crée ainsi un paradigme analogique *(la hache, l'étendard, la guillotine), par lequel le mythe de l'éternel retour révolutionnaire s'amalgame au motif initial en lui donnant tout à la fois sa forme et sa signification singulières. Zola laisse entendre, implicitement, que les contradictions de la société industrielle la conduisent à une nouvelle révolution armée, et à une nouvelle terreur ; mais, du même coup, si l'on songe que cette société d'injustice et d'antagonismes est née elle-même des violences de 1789 ou de 1793, il laisse également penser que l'histoire n'est qu'un mouvement alternant de construction et de destruction, fondé sur la répétition cyclique des mêmes crises et des mêmes répits, sans autres lois que les pulsions naturelles inscrites au cœur des sociétés, et sans évolution ni progrès. Ce n'est pas le discours désabusé et ironique de Flaubert sur l'inexistence du sujet de l'histoire et l'absurdité, l'asémantisme de l'événement historique ; c'est une conception qui fait place au héros individuel aussi bien qu'à la foule — une foule inspirée —, et qui reconnaît une logique à l'histoire, mais pour en contester tout aussitôt la productivité (sauf dans une perspective utopique, comme ce sera le cas dans* Travail, *qui fonctionne à l'inverse de* Germinal*).*

La distinction rigoureuse proposée par Emile Benveniste[1] entre l'instance de l'histoire (pur récit sans énonciateur ni destinataire) et celle du discours (énoncé marqué par la personne et la pensée des interlocuteurs) doit donc être utilisée avec précaution dans l'analyse du roman. Elle permet de percevoir les caractéristiques structurales propres aux différents régimes du roman ; elle permet aussi de séparer d'un énoncé globalement narratif les réflexions d'auteur, qui s'y glissent comme des gouttes d'huile sur l'eau. Mais elle ne doit pas dissimuler une contamination plus subtile du récit par le discours, telle que la performance narrative apparemment la plus dépouillée des traces d'un sujet narrateur peut cependant être référée, en profondeur, à un système d'opinion[2].

Le problème est alors d'identifier, mêlés aux indices évidents de la fiction et de la narration, les indices d'une stratégie argu-

---

1. Emile BENVENISTE, *Problèmes de linguistique générale*, Paris, Ed. Gallimard, t. I et II.
2. Voir Gérard GENETTE, Les frontières du récit, dans *Figures II*, Paris, Ed. du Seuil.

mentative. Il n'existe pas encore de grammaire du discours romanesque ; tout au plus une exploration sociocritique des lieux du roman où l'on peut discerner précisément l'ombre portée d'un propos sur le train du monde. J'ai travaillé, pour ce livre, sur les préfaces et les prologues, sur la fonction des personnages, sur les valeurs idéologiques du mythe, sur les effets de distanciation du dialogue, sur la dérive discursive des métaphores. Mais il existe, autour du texte, et non pas seulement autour du texte, d'autres lieux marqués qui sollicitent le lecteur, l'aident à se repérer, mais en même temps l'orientent, l'enseignent, le catéchisent. Ce sont tous les segments d'énoncé qui désignent et commentent l'œuvre : la première page de couverture, qui porte le titre, le nom de l'auteur et de l'éditeur, la bande-annonce ; la dernière page de couverture, où l'on trouve parfois le prière d'insérer ; la deuxième page de couverture, ou le dos de la page de titre, qui énumère les œuvres du même auteur. Toutes ces suites de signes forment un énoncé sur le roman qu'ils dénomment, et un discours sur le monde. Elles programment un comportement de lecture, elles tendent au lecteur un filet sémantique où il viendra se prendre.

C'est ainsi qu'un titre de Guy des Cars comme Le Château de la Juive *renvoie à un code social qui place en contraste l'aristocratie et la race maudite et voit dans l'union entre l'une et l'autre la violation d'un interdit ; il annonce de façon parfaitement honnête un roman qui montre les ravages de la mésalliance sur la destinée — et le patrimoine — d'un riche héritier terrien, au surplus officier de carrière. On entend le rappel à l'ordre et l'avertissement politique :* La France aux Français ! Ne touchez pas à la hache qui séparait l'officier français et la juive déportée. Les autres titres de ce romancier fécond et heureux* — Cette étrange tendresse, Amour de ma vie, La Tricheuse, L'Impure, La Révoltée, Sang d'Afrique, L'Africain, La Demoiselle d'Opéra, Les Filles de Joie, La Dame du Cirque — *jouent sur d'autres stéréotypes et d'autres leurres : les passions du cœur, l'étrangeté, l'aventure, l'exotisme.* Amour *y rime avec* toujours, *l'Afrique y appelle le sang ou la nostalgie coloniale. L'érotique féminine y satisfait les fantasmes du lecteur tout en l'alertant sur les dangers de la luxure, et le prédispose en fin de compte à la vertu, dans la bonne conscience de ses diffé-*

15

rences avec les conditions maudites. L'Officier sans nom *inscrit une antinomie entre le choix d'un héros officier et le prédicat d'anonymat. La glose de la bande-annonce réduit l'ambiguïté du titre :* « L'humilité dans l'accomplissement du devoir » ; *le refus du nom est le comble de l'héroïsme, conformément aux valeurs chrétiennes du renoncement. Chaque époque a sa* « titulature », *ou sa* « titraison ». *On pourrait tenter une analyse contrastive des titres de Guy des Cars et de ceux de Delly, dont l'auteur du* Château de la Juive *a pris le relais dans les chaumières et sur les plages. Là où des Cars écrit* La Maudite, Delly *disait* Esclave ou Reine ; *au lieu de* La Dame du Cirque *on lisait* Bérengère fille de roi ; *à la place de* La Corruptrice, *Delly proposait* Fleurs du foyer, fleurs du cloître. *Les performances sont différentes, mais la fonction édificatrice est restée identique.*

Rien n'est neutre dans le roman. Tout se rapporte à un logos collectif, tout relève de l'affrontement d'idées qui caractérise le paysage intellectuel d'une époque. Qu'on n'en déduise pas cependant que le roman est tout entier programmé par un « code génétique » *qui lui assignerait par avance ses contenus conceptuels. Il est loisible de repérer dans le texte et dans ses entours les marques qui lui viennent de l'intertexte et qui en font un écho. Mais il serait hasardeux de voir en elles la source unique de la production du sens et des formes. L'auteur de romans occupe une place particulière sur le terrain des échanges et des confrontations. La valeur idéologique, morale, politique de son œuvre tient non seulement aux propositions, aux phrases de base qui se font entendre dans les profondeurs de son récit, mais aussi à l'image que se font ses lecteurs de la nature et de la portée du roman et de la place du romancier parmi tous les porteurs de parole dont le témoignage importe. Et quand il s'agit d'un chef-d'œuvre — quel autre mot employer ? — comme* L'Education sentimentale *ou* L'Assommoir, *une compétence nouvelle, inédite, singulière, naît de la perturbation de l'héritage narratif et rhétorique, par des intuitions qui s'originent elles-mêmes dans l'histoire sociale, mais qui en retour modifient quelque peu le jeu de l'histoire, en faisant surgir, du sein du discours reçu, un contre-discours, un discours déviant. Dans* L'Assommoir, *ce sont les* dérivations métonymiques de l'idée reçue du peuple qui engendrent les personnages, les tableaux, les scènes, les péripéties. Mais ceux-ci, par un choc en retour, produisent un sens qui peut se diffuser à contre-courant des topoi initiaux. Qu'en 1875, moins de cinq ans après la Commune, un romancier qui n'est déjà plus négligeable se propose un « tableau très exact de la vie du peuple », même si cette intention est démentie ou détournée par ses stéréotypes, cela fait question. L'héroïsation de « la femme du peuple » et l'énumération des indices des « mœurs peuple » introduisent dans le roman français des options neuves. Jusque-là, Auerbach l'a noté — et je reviens à lui au moment de clore cet avant-propos —, on ne parlait du peuple, en littérature, que sur le mode burlesque. Zola en parle sur le mode grave. De plus, lorsque dans la littérature populaire les personnages d'ouvriers ou de paysans n'étaient pas comiques, ils devenaient rapidement exemplaires, par leur application à écouter les leçons du maître d'école, du curé, du patron ou du maire. Dans L'Assommoir, plus de leçon. La morale, « se dégageant elle-même », est destinée non au peuple, mais aux classes dirigeantes. Pas un mot sur Dieu, ni sur l'âme, ni sur les commandements, ni sur la parole des prêtres, ni sur l'enseignement des grandes vertus. Le peuple, pour la première fois peut-être, se trouve débarrassé et du péché originel, et des sauveurs. Reconnaissons donc ce que le roman zolien doit aux modèles de la doxa contemporaine, mais reconnaissons aussi qu'il les perturbe, qu'il les pervertit, qu'il ébranle toutes leurs sécurités, et les pousse à la « catastrophe ».

Attribuer une vertu idéologiquement transformatrice aux modes d'intervention spécifiques du roman, c'est reconnaître que l'ordre du langage, l'ordre que donne à une œuvre le travail conscient ou inconscient du discours, doit être un objet prioritaire de l'analyse. La forme (au-delà comme en deçà de la phrase, s'entend) est une médiation naturelle entre la substance sociale, extra-textuelle, et le sens que prend l'énoncé romanesque. Il n'y a donc pas opposition, mais complémentarité, entre une critique « matérialiste », essentiellement préoccupée des déterminations historiques de l'œuvre, et la critique « formaliste ». La socio-critique ne peut être autre chose qu'une sémiotique.

Préliminaires

La préface et ses lois :
avant-propos romantiques

La préface de roman, au XIXᵉ siècle, est un document sur la théorie du genre romanesque. Mais elle est aussi un genre de discours : le *discours préfaciel*, ainsi dénommé non par amour des néologismes et du métalangage, mais parce qu'il a des caractéristiques linguistiques spécifiques. Le problème est précisément d'examiner dans quelle mesure le repérage de ces caractéristiques est utile pour l'étude idéologique des préfaces, et pour mieux discerner les conditions d'une étude idéologique des romans.

J'exploiterai ici trois textes d'époques et de tons fort différents : la préface d'un roman oublié de 1832, *L'Echafaud*, dû à un certain Anne Bignan, l'*Avant-propos* à *La Comédie humaine*, qui date de 1842, et la préface de la seconde édition de *Thérèse Raquin*, de Zola, qui fut publiée en 1868. Inutile de résumer ces textes, dont deux sont assez bien connus. Je ne les utilise que comme réserve de citations significatives, illustrant ce qu'on pourrait appeler par métaphore une grammaire du discours préfaciel.

Une linguistique de la préface

Emile Benveniste a établi une distinction, devenue classique, entre deux types fondamentaux d'énoncé : le discours et le récit. Les traits pertinents de cette opposition sont la structure des relations de personne, la structure des relations de temps, le jeu des déictiques, les modalités de l'énoncé, et sa disposition rhétorique. Il est assez facile de montrer que la préface porte tous les traits du discours, c'est-à-dire, selon la définition de Benveniste, de « tout type d'énoncé dans lequel quelqu'un s'adresse à quelqu'un et organise ce qu'il dit dans la catégorie de la personne ». Le premier mot de la préface à *L'Echafaud* est un morphème de la personne : « *Notre* siècle compte ses détracteurs et ses apologistes »[1]. Et un peu plus loin : « *Nous* pensons toutefois que si l'un des deux tableaux de *notre* siècle présente de l'exagération, c'est celui qui nous en montre une si laide et si décourageante peinture. » Balzac confie à son lecteur : « L'idée première de *La Comédie humaine* fut d'abord chez *moi* comme un rêve. » Et Zola, superbement : « Donc il faut que *je* présente *moi-même mon* œuvre à *mes* juges. » La première personne est ici explicite, grammaticalement marquée. Peu importe qu'elle s'exprime par *je* ou par un *nous* qui n'est que le déguisement, la pose de modestie d'un *je*, ou encore par une troisième personne postiche, renvoyant nommément à l'auteur ou à un de ses substituts. Dans d'autres cas, il peut y avoir au contraire une hypertrophie, une théâtralisation du *je*, comme dans la troisième préface de Hugo au *Dernier jour d'un condamné*. Sous ses diverses modulations, *je* est toujours présent, portant la parole d'un individu et/ou d'un groupe. De même, le *tu* du lecteur, destinataire de la préface, partenaire tantôt explicitement apostrophé, tantôt implicitement convoqué. Enfin, la troisième personne est pour sa part multiplement employée, renvoyant tantôt à la littérature et à ses espèces, tantôt à la critique, tantôt à la société. Dans le discours de *je* à *tu*, la troisième personne, à la différence des deux premières, peut désigner successivement ou en même temps de multiples référents. En fait, dans le discours de la préface,

---

1. Sauf indication contraire, c'est moi qui souligne.

un de ces tiers a un rôle privilégié, comme objet principal du discours : c'est la littérature.

Remarquons que l'étude de ces relations de personne est un premier pas, un premier relais obligé vers la sociocritique. Le triangle constitué par *je*, *tu*, *il* est déjà socialisé, à plus forte raison lorsque le discours met en communication, à travers ces personnes, des *personnages* ou des rôles, comme ceux de l'écrivain, du lecteur de romans, de l'éditeur ou du critique. Il existe bien une population particulière de la préface, et cette population-là est en prise directe sur la formation et la transmission de l'idéologie.

Du fait que la préface est toujours en réalité une postface, le système des temps y est celui qui s'articule, comme dans tout énoncé engageant la mise *en présence* de deux interlocuteurs, autour du présent, que ce présent soit celui du moment même où la pensée est saisie pour passer dans l'écriture, ou un présent parfait désignant l'œuvre comme un achevé, ou encore un présent engageant l'avenir immédiat. Par exemple, chez Bignan : « La révolution *a dépouillé* tant de vérités de leur enveloppe, que la littérature ne peut *plus* mentir. Ce sont les peuples plutôt que les rois et les grands, ce sont les généralités plutôt que les exceptions qu'elle est appelée à représenter *désormais*. » La préface saisit la littérature comme la conséquence nécessaire d'un achevé et le modèle obligé d'un à-venir. Même schéma dans la préface de *Thérèse Raquin* : « A coup sûr, l'analyse scientifique que j'ai tenté d'appliquer dans *Thérèse Raquin* ne les surprendrait pas; ils y retrouveraient la méthode moderne, l'outil d'enquête universelle dont le siècle se sert avec tant de fièvre pour trouver l'*avenir*. » Et chez Balzac : « *J'écris* à la lueur de deux Vérités éternelles : la Religion, la Monarchie, deux nécessités que les événements contemporains *proclament*, et vers lesquelles tout écrivain de bon sens *doit* essayer de ramener notre pays. »

J'aimerais souligner en troisième lieu, dans tout texte préfaciel, l'abondance des déictiques (ou, si l'on préfère une périphrase, des mots qui désignent, qui montrent, ici et maintenant), ainsi que des modalisateurs, termes qui d'une manière ou de l'autre expriment une prise de position de l'énonciateur par rapport à l'objet de son énoncé. Voici Balzac : « Pénétré de *ce* système [celui de Geoffroy Saint-Hilaire] bien avant les débats auxquels il a donné lieu, je vis que, sous ce rapport, la Société ressemblait à la Nature. » Ou encore : « Aussi ne dois-je entrer ni dans les dissensions religieuses ni dans les dissensions politiques *du moment*. On cherchera querelle au romancier de ce qu'il veut être historien, on lui demandera raison de sa politique. J'obéis *ici* à une obligation, voilà toute la réponse. L'ouvrage que j'ai entrepris aura la longueur d'une histoire, j'en devais la raison, encore cachée, les principes et la morale. » On relève dans ce texte les articles à valeur démonstrative ou notoire : *ce* système, sous *ce* rapport, les dissensions *du moment*, l'adverbe *ici*, etc. Tous ces signes verbaux situent l'énoncé dans un espace et un temps communs au préfacier et à son lecteur; l'un et l'autre de ces derniers ont le même univers de référence.

Dans les passages cités abondent les signes de modalisation, le verbe *devoir*, la mention des *Vérités éternelles*, des *nécessités*, les verbes *proclamer, pouvoir, vouloir, obéir, devoir*, le mot *principe*. Si les principes invoqués peuvent être différents d'un texte à l'autre, la conduite d'énonciation est la même. Voici encore deux brefs extraits de la préface de *L'Echafaud* : « Tout *n'impose*-t-il pas à la littérature l'*obligation* de marcher vers un *but* d'utilité évidente et générale ? » « Plus la civilisation effacera les ridicules et les vices, plus la littérature *sera forcée* de prendre tout au sérieux dans la vie humaine. » Les termes modalisateurs sont ici *imposer, obligation, forcer*.

Ces préfaces, et peut-être toutes les préfaces, ont donc en commun une même phrase-noyau, une même phrase minimale : *La littérature doit être « x »*. Cette phrase minimale engendre d'ailleurs un syllogisme également commun à tous ces textes :

La littérature doit *être* ou *faire* « *x* » ;
Or ce roman a fait « *x* » ;
Donc, toi, lecteur, tu dois le tenir pour un livre de
[valeur universelle.

Ou en d'autres termes : voilà ce que doit être aujour-
d'hui la littérature, et voilà comment ce que j'ai fait s'y
conforme. On mesure le caractère *solidaire* de tous les
traits qui viennent d'être relevés comme caractéristiques
du discours préfaciel : la personne, le temps, le déictique,
le modalisateur. Il faudrait d'ailleurs y joindre le performatif, c'est-à-dire toute forme par laquelle l'expression
devient un acte, la déclaration se fait ou se veut contrainte,
le locuteur se fait autorité, le discours devient dogme.
En réalité c'est la combinaison de ces traits qui forme le
paramètre, la formule complexe d'un certain type de
discours sur la littérature, distinct du discours critique.
A cela s'ajoute l'articulation rhétorique. La préface à
L'Echafaud se développe en quatre parties : la première
est une sorte d'essai sur la rénovation des mœurs et de la
société dans la France issue de juillet 1830, la seconde
expose la mission de la littérature contemporaine, la
troisième propose un raccourci sur l'histoire et les aspects
naturels du roman, enfin la quatrième expose que *L'Echafaud* est *un* roman exemplaire, en ce qu'il étudie un préjugé
à détruire, la malédiction qui pèse sur les familles des
condamnés à la peine capitale. La règle logique qui gouverne la production de ce discours est donc simple et
rigoureuse : c'est le passage du règne au genre, du genre
à l'espèce, de l'espèce au spécimen, autrement dit, du
concept de plus grande extension (la société) au concept
de plus petite extension (*ce* roman). L'œuvre singulière
est donnée pour une pièce, un échelon, dans une hiérarchie
logique, qui subordonne la littérature à la société, et dont
la préface définit le modèle de manière déductive. Les
lois de l'œuvre singulière apparaissent au terme d'un processus de nécessités, d'une série de déboîtements success-
sifs. La disposition rhétorique, quand elle est aussi nette,

renforce le caractère injonctif de la préface. Mais toute préface est plus ou moins construite selon un modèle de ce type. Toute préface vise à dégager à la fois un modèle de production du genre dont elle parle, et également un modèle de sa lecture. On voit bien, de ce fait, quelle porte s'ouvre ainsi toute grande, en tête du roman, à l'idéologie.

Le propos idéologique

La préface est en effet un réceptacle naturel de l'idéologie, en raison du lieu d'où elle parle et des modalités de son discours, ou, en d'autres termes, de ce qu'on appelle parfois sa grammaire d'énonciation. Et peu importe, à ce niveau, qu'il s'agisse de Balzac, de Bignan, ou de l'un quelconque des auteurs des 132 préfaces de romans que Claude Duchet a par exemple répertoriées pour la seule année 1832. La préface présente tous les aspects du discours didactique. Elle enseigne, sur le mode de l'universel — à l'aide du présent gnomique —, ce qu'est la littérature, et ce qu'est en particulier le genre littéraire qui a le plus grand besoin d'être situé, étant donné l'incertitude de son statut rhétorique : le roman. Comme le discours didactique, elle met en ordre l'exposé de ses arguments conformément aux règles des traités de belles-lettres. Elle suppose les problèmes résolus et en indique les solutions. Son discours est résolument affirmatif. Rien n'y est mis en question. L'art de persuader, mais aussi l'usage fréquent des éléments modalisateurs et performatifs font également de ce discours un discours didactique, c'est-à-dire un discours contraignant, qui profère non seulement « voici ce qui est », mais aussi « voici ce dont vous devez vous convaincre ». Le verbe *devoir*, on l'a vu, est un verbe clé du discours préfaciel. De là, la différence de ce discours avec le discours du critique, qui, par définition, récuse autant qu'il affirme, et par là laisse place à sa propre mise en doute. La préface est toujours peu ou prou l'énoncé d'un dogme.

Enfin, bien souvent, sinon toujours, ce discours se transforme en discours polémique. Rares sont les préfaces de l'époque qui ne pourfendent pas la critique comme institution ou les critiques comme catégorie. Le critique est le tiers encombrant, qui s'interpose, sans être invité, dans le tête-à-tête auteur-lecteur. Il est l'adversaire à réduire par avance, contre lequel le préfacier use alternativement de sa propre apologie ou du réquisitoire, cherchant à anticiper les arguments critiques pour en démontrer par avance l'inanité. « X » a dit, dit, ou dira que, mais ce que dit « X » est faux, du reste ce qu'il dit est toujours faux[1]. La préface récuse la confrontation entre le jugé et le jugeur, et bien souvent elle s'épuise dans cette polémique, aux dépens de son contenu didactique. La préface de *L'Echafaud* réalise le modèle canonique du genre. De même, mais *a contrario*, en négatif, la préface de Delphine de Girardin à un roman intitulé *Le Lorgnon* et publié en 1832, où l'auteur se contente d'exposer tout ce que sa préface ne sera pas :

Ma préface
1. ne sera pas écrite par un autre,
2. n'est pas plus longue que l'ouvrage,
3. n'est pas meilleure que l'ouvrage,
4. n'est pas un panégyrique,
5. n'annonce pas une suite,
6. n'insulte aucun gouvernement,
7. ne classe pas le mérite des auteurs contemporains,
8. ne se pose pas comme « camaraderie littéraire »,
9. ne relève pas de la pensée philosophique,
10. ne prétend pas à un système,
11. ne prétend pas corriger la société.

Ce modèle est donc un véhicule naturel et direct de l'idéologie. C'est parfaitement clair pour les trois préfaces dont j'ai déjà cité quelques phrases.

1. Voir Jean DUBOIS, Avant-propos à J. B. Marcellesi, *Le Congrès de Tours : études sociolinguistiques*, Paris, Le Pavillon, 1971.

Prenons d'abord la préface de *L'Echafaud*. Voici un extrait du début :

Ce siècle ressemble à certains jeunes gens de bonne maison qui valent mieux que leur réputation de mauvais sujets. Sans affirmer que tout va bien, nous croyons que tout va plutôt bien que mal. Nous nous rangeons donc volontiers du parti de ceux qui, loin de désespérer d'un siècle que tant d'autres regardent comme agonisant, trouvent en lui des symptômes de force et des signes de longévité. Malgré la confusion de plusieurs principes ennemis, espérons que l'harmonie se rétablira dans le corps social.

Suivent une dénonciation de la philosophie matérialiste du xviiie siècle, un éloge du spiritualisme et de l'éclectisme, un tableau flatteur de la nouvelle organisation politique de la France et, pour la littérature, la définition d'un art utile :

Tout ne lui impose-t-il pas l'obligation de marcher vers un but d'utilité évidente et générale ?... L'étude particulière de l'homme rattachée à l'étude générale de l'humanité, le développement de toutes les conséquences renfermées dans le principe chrétien, le rôle actif et puissant que les peuples sont destinés à jouer sur la scène du monde, voilà les futurs objets de ses graves et solennelles méditations.

L'idéologie apparaît ici, si j'ose dire, à l'état naïf, ou natif. La préface de *L'Echafaud* débouche directement de l'idéologique sur le politique. Pour Anne Bignan, en dépit de la confusion de principes ennemis, le corps social contemporain a pour règle l'harmonie, grâce à l'heureuse issue des journées de juillet. L'heure est à la réconciliation, à la conciliation des extrêmes par le centre. La valeur de la littérature se mesure au concours qu'elle apporte, sur le plan civique et sur le plan moral, à cette reconstruction de l'unité. Le cours nouveau de la littérature doit se modeler sur le cours nouveau de la société, d'une société qui vient heureusement de triompher du Mal, de restaurer l'ordre, de supprimer la lutte des classes. Peut-on dire qu'il en aille différemment de Balzac, j'entends de Balzac préfacier ? Je laisse de côté sa déclaration fameuse, déjà citée : « J'écris à la lueur de deux Vérités éternelles : la Religion, la Monarchie, deux nécessités que les événements contemporains proclament, et vers lesquelles tout écrivain de bon sens doit essayer de ramener notre pays. » A ce niveau, Balzac égale Bignan. Mais prenons cet autre passage de l'Avant-propos de 1842, où Balzac reconnaît sa dette au système de Geoffroy Saint-Hilaire :

L'unité de composition occupait déjà sous d'autres termes les plus grands esprits des deux siècles précédents... Pénétré de ce système bien avant les débats auxquels il a donné lieu, je vis que, sous ce rapport, la Société ressemblait à la Nature. La Société ne fait-elle pas de l'homme, suivant les milieux où son action se déploie, autant d'hommes différents qu'il y a de variétés en zoologie ? Les différences entre un soldat, un ouvrier, un administrateur, un avocat, un oisif, un savant, un homme d'Etat, un commerçant, un marin, un poète, un pauvre, un prêtre, sont, quoique plus difficiles à saisir, aussi considérables que celles qui distinguent le loup, le lion, l'âne, le corbeau, le requin, le veau marin, la brebis, etc. Il a donc existé, il existera donc de tout temps des Espèces sociales comme il y a des Espèces zoologiques. Si Buffon a fait un magnifique ouvrage en essayant de représenter dans un livre l'ensemble de la zoologie, n'y avait-il pas une œuvre de ce genre à faire pour la Société ?

Le propos idéologique s'exprime dans ce passage par la référence aux modèles scientifiques que se donne le romancier, ainsi que par la référence à la notion classique d'unité de composition (pourvue d'un sens double dans ce texte). Si les espèces sociales sont différentes, leurs différences s'ordonnent non point dans la contradiction et la dialectique, mais dans la complémentarité et la hiérarchie, au sein d'un ensemble organisé, taxinomique. L'unité de composition du roman, ou de l'ensemble romanesque, se modèle sur cette unité de composition du monde. La prétendue mimésis gomme une fois de plus l'histoire, et lui substitue l'éternité des distributions naturelles.

Ceci, bien entendu, dans la préface. Dieu merci, ces propos ne préjugent en rien le contenu du roman. Mais alors, qu'on ne juge pas le romancier sur le préfacier, ni la narration sur sa parade. On l'avait déjà dit de Balzac, et Zola l'avait souligné un des premiers, dès 1870, dix-huit ans avant Engels :

> Balzac, le royaliste et le catholique, a travaillé pour la République, pour les sociétés et les religions libres de l'avenir... Satire de l'aristocratie et de la bourgeoisie, spectacle de la mêlée contemporaine, exposition dramatique de la situation présente entre un passé à jamais fermé et un avenir qui s'ouvre : telle est *La Comédie humaine*. Dans le parti démocratique on se défie de lui, on fait le silence sur son nom. Eh bien, quant à moi, je suis convaincu que nous devons réclamer Balzac hautement, comme un des nôtres. Aucun homme n'a laissé une peinture plus effroyable de la vieille société qui achève de pourrir[1].

On s'étonne qu'un Lukàcs ait omis de faire la même distinction quand il a étudié l'œuvre de Zola. Dans ses *Etudes sur le réalisme européen*, il a commis une erreur de méthode, lorsqu'il a caractérisé le roman zolien non point à partir d'une investigation des *récits* romanesques de Zola, comme le faisait Zola pour Balzac, mais à partir du *discours* que Zola tient sur ses romans dans ses longs articles sur *Le Roman expérimental*, qui sont, à leur manière, une préface aux *Rougon-Macquart*. Selon Lukàcs, Zola substitue une vision mécaniste à l'unité dialectique du type et de l'individu, et l'analyse à la situation épique. Mais c'est à peu près dans les mêmes termes que l'on pourrait s'exprimer à propos de Balzac, si l'on prenait au mot l'*Avant-propos* à *La Comédie humaine*. Une sociocritique du roman bâtie sur le discours théorique des romanciers ne peut être qu'incomplète et inexacte. Elle met à nu l'idéologie du préfacier, elle demeure frappée de cécité devant

---

1. *Le Rappel*, 13 mai 1870.

celle du romancier. Car il s'agit du même personnage, mais non de la même situation de communication, c'est-à-dire ni de la même énonciation, ni du même énoncé. Si l'on remarque le rôle que Louis Althusser accorde, après Marx, à l'imaginaire, dans sa définition de l'idéologie, on en tirera la conclusion que l'analyse idéologique ne peut se limiter à l'étude des *discours*, textes où les idées sociales et politiques se trouvent directement exprimées, mais doit s'étendre aux textes qui mettent en jeu, à un degré quelconque, un processus de fiction et de symbolisation. Pour que l'analyse soit pertinente, il faut encore qu'elle prenne en considération la différence fondamentale entre le discours et la fiction; dans le cas qui nous occupe, entre la préface et le roman.

De quoi parle en effet la préface ? Nous l'avons bien vu à propos de Bignan et de Balzac. Elle parle *de la littérature*, et énonce un universel à son propos. La phrase minimale qui engendre toute préface est : *La littérature est « x »* ou *n'est pas « x »*, ce qui revient au même. Plus précisément, si l'on veut synthétiser dans une formule, non sans risque de passer pour un farfelu, les relations grammaticales et sémantiques que j'ai brièvement passées en revue, la formule de la préface serait la suivante : *J'enseigne à quelqu'un que quelque chose est « x »*, et celle du roman : *Personne ne raconte à personne que quelqu'un a fait « y »*. Ceci mérite quelques éclaircissements. La formule *J'enseigne à quelqu'un que quelque chose est « x »* indique la présence marquée d'un sujet d'énonciation (le préfacier), la présence non moins marquée d'un destinataire de l'énoncé (le lecteur), le caractère pour le moins didactique du discours, et la nature d'inanimé du sujet de l'énoncé, ce quelque chose dont on dit qu'il est ceci ou cela. Mais, en fait, la comparaison d'un grand nombre de préfaces du xixᵉ siècle montre que le sujet de l'énoncé-préface entre dans un paradigme extrêmement restreint, puisque *quelque chose* peut toujours se réaliser en *la littérature*. Il en va de même pour le prédicat de l'énoncé : *« x »* s'inscrit dans un paradigme également réduit, dont les éléments, tantôt substitutifs, tantôt combinables, sont le plus fréquemment les qualificatifs *vrai, utile, sérieux, moral, humain.* Le code des idées reçues fonctionne à plein, et en clair, dans la préface.

On retrouve ainsi par une autre voie les observations que Jacques Derrida a présentées sur les préfaces dans le chapitre intitulé « Hors-livre » de son ouvrage *La Dissémination*[1]. Jacques Derrida définit la préface comme un « discours d'assistance », un « vouloir-dire », une « anticipation discursive », et encore comme une « propédeutique au livre idéal », quand il ne s'agit pas tout simplement d'un « discours de la morale ». Il relève ce que montre la formule que je viens d'employer, à savoir le caractère réducteur de toute préface. En prétendant dégager le sens d'une œuvre, le récapituler tout en l'anticipant, la préface littéraire est un mensonge ou une illusion sur l'œuvre, dont le propre est précisément la polysémie et la polyphonie, la pluralité des portées sémantiques, et qui conserve toujours, au-delà de tout résumé, ce que Derrida appelle joliment une « restance » de l'écriture. « Un texte, écrit Derrida, n'est un texte que s'il cache au premier regard, au premier venu, la loi de sa composition et la règle de son jeu. Un texte reste d'ailleurs imperceptible. » La tentative de « saturation sémantique » de l'œuvre est disqualifiée, vouée à l'échec. Derrida en conclut à la non-pertinence de toute préface par rapport au texte auquel elle introduit. Hegel, avant lui, et cité par lui, avait disqualifié le genre, comme « discours extérieur à la chose même ».

De fait, la « formule » du roman — et je mets beaucoup de guillemets autour du mot « formule » — semble bien hétérogène à celle de sa préface. *Personne ne raconte à personne que quelqu'un a fait « y ».* Dans le roman du XIXe siècle au moins, le sujet de l'énonciation et le destinataire du texte ne sont pas désignés, sauf dans les pages où le discours du romancier vient perturber le récit, comme sou-

1. Jacques DERRIDA, *La Dissémination*, Paris, Ed. du Seuil, 1972.

vent chez Balzac. L'énoncé n'enseigne rien de manière explicite, mais pose un événement, achevé ou en cours. Le sujet de l'énoncé — le « personnage » — est un animé, qui entre dans une classe ouverte, à la différence du sujet de l'énoncé-préface, et encore que la liste des « personnages » de roman, pour une époque donnée, ne soit pas inépuisable. Le prédicat, c'est-à-dire la classe du *faire* et la classe de l'objet de ce *faire*, appartient lui aussi à une classe pratiquement illimitée.

Le jeu du discours préfaciel obéit donc à un nombre restreint de règles et comporte un nombre restreint de pièces. Le jeu du récit romanesque n'est plus un jeu, puisque les cartes y sont en nombre indéfini. Quel discours critique commun tenir sur deux univers d'énoncé aussi différents ? J'en reviens à ces démonstrations lukacsiennes, qui concluent imprudemment de la préface au roman. Elles confondent deux figures qu'il faut distinguer, sous le même visage, si l'on veut éviter les contresens : la figure du préfacier, et la figure du romancier. Elles confondent deux univers textuels irréductibles l'un à l'autre. Le rapport du *je* écrivant au texte du roman est autre que son rapport au texte de la préface : cela me paraît ressortir d'une étude des contraintes linguistiques de l'un et de l'autre type d'énoncés. Dans le roman, *je*, à supposer même qu'il y ait un *je*, raconte le monde. Dans la préface, ou dans tout texte théorique qu'il consacre à son roman, *je* parle de son récit du monde. Ce n'est pas tout un.

Doit-on parler d'une sociocritique du discursif et d'une sociocritique du narratif, comme de deux sous-ensembles de la sociocritique littéraire ? Cela aurait pour conséquence la distinction d'une histoire littéraire des discours et d'une histoire littéraire des récits : deux « séries » séparées, selon la terminologie des Formalistes russes. On voit alors ce qu'ont de fallacieux, d'équivoque, des sujets de recherche ou des titres d'ouvrage comme « Les idées politiques d'Untel » : ses idées politiques dans quoi ? Il n'est pas de jauge unique qui puisse mesurer l'idéologie de Zola dans *Le Roman expérimental* et dans *Germinal*

33

— sauf la jauge commune du dogmatisme et du confusionnisme.

En tout cas la sociocritique du roman ne saurait prendre pour seul objet d'étude la substance sociale, politique, idéologique, des œuvres qui paraissent le plus directement mimétiques de la réalité contemporaine. Pour éviter les approximations invérifiables ou infalsifiables, ou les opinions erronées, et tenir elle-même un *discours* pertinent, il lui faut élaborer, en s'appuyant sur les autres sciences du langage, des bases théoriques et une méthodologie lui permettant de discerner les filtres et les aiguillages où se préforment les significations d'un texte.

Le prologue de
La Fille aux yeux d'or

Dans une étude publiée en 1971[1], le linguiste Denis Slakta en vient à constater que si la grammaire générative et transformationnelle propose la théorie des phrases grammaticales d'une langue, « elle manque à procurer une théorie de la production du discours », parce qu'elle idéalise le sujet discourant, sans tenir compte de son conditionnement social, et sans tenir compte des différences entre sujets. Elle questionne, selon le mot de Sapir cité par Denis Slakta, « cette fiction psychologique qu'est l'homme hors la société », sans se soucier de savoir « qui parle, quand, ni pour dire quoi à qui ». Partant de cette critique, Denis Slakta distingue deux sortes de compétences : celle de la langue et celle de l'idéologie ; une compétence spécifique, linguistique, constituée en système intériorisé de règles linguistiques, et une compétence générale, idéologique, rendant possible l'engendrement des contenus de discours; une connaissance implicite des éléments et des règles de la langue, et une représentation, idéologique, et également implicite, de l'univers social.

Selon cette hypothèse, à la fois féconde et fragile, et qui

1. Denis SLAKTA, Esquisse d'une théorie lexico-sémantique : pour une analyse d'un texte politique (Cahiers de doléances), *Langages*, septembre 1971, pp. 87-131.

rejoint diverses réflexions contemporaines, un texte peut donc être étudié comme une performance d'un double type, à la convergence des deux compétences : dans ses rapports avec les structures morpho-syntaxiques et lexicales de la langue dans laquelle il est écrit, et dans ses rapports avec les modèles de représentation et de raisonnement de la société qui parle, et se parle, à travers lui. Bien entendu, les deux compétences s'interpénètrent : c'est par exemple le lexique du texte qui permet un repérage des contenus, de leurs articulations, et de leur référence aux textes environnants.

Plusieurs méthodes d'analyse textuelle sont possibles à qui veut explorer ce champ d'observations. Denis Slakta a appliqué la « grammaire des cas » à l'étude des Cahiers de doléances. J'aimerais reprendre la même expérience à propos du début de *La Fille aux yeux d'or*, de Balzac.

La loi commune

Il s'agit de cette quinzaine de pages de réflexions sur la distribution interne de la population parisienne, que Balzac sert en hors-d'œuvre de son récit, et qui prennent appui sur cette proposition : « Qui donc domine en ce pays sans mœurs, sans croyance, sans aucun sentiment ? Mais d'où partent et où aboutissent tous les sentiments, toutes les croyances et toutes les mœurs ? L'or et le plaisir. » Balzac distingue six catégories de Parisiens : « l'ouvrier, le prolétaire »; le boutiquier; la petite bourgeoisie commerçante; les gens d'affaires, « avoués, médecins, notaires, avocats, banquiers, gros commerçants, spéculateurs, magistrats »; les artistes; enfin « la gent aristocratique », « la haute propriété », « le monde riche, oisif, heureux, renté ». Autant de « sphères » de la vie parisienne, ou encore de cercles de l'enfer social, qui s'intègrent ici, sans nulle crainte de l'incohérence, dans une métaphore d'ensemble : celle de l'immeuble, étageant les unes au-dessus des autres les familles de locataires. Encore cet immeuble symbolique n'est-il guère conforme au modèle urbanistique de la Restauration, qui réserve aux classes les plus riches l'entresol et les deux premiers étages, et parque les pauvres gens sous les toits : ici, au contraire, c'est le prolétaire qui occupe le rez-de-chaussée, tandis que les gens du monde, dominant toutes les autres sphères, occupent les lieux où « l'air et l'espace sont purifiés ». La figure de la verticalité, associée à celle de l'élévation vers les cimes « aérées et dorées », l'emporte sur l'exacte représentation des réalités urbaines. Là n'est d'ailleurs pas l'essentiel, mais dans une autre allégorie, qui, au lieu de séparer les classes, les réunit dans cette même course à l'or et au plaisir, pour former le théorème fondamental de la démonstration balzacienne.

La « grammaire des cas », telle que l'expose le linguiste américain Fillmore[1], distingue pour toute action six rôles principaux, qu'il désigne par une terminologie mêlée de sémantique et de grammaire : l'agent (A), être animé qui accomplit le procès, l'objet (O), entité qui fait l'objet du procès, l'instrument (I), stimulus du procès, le datif (D), être au bénéfice de qui l'action est menée, et le locatif (L), lieu où s'effectue le procès. On reconnaît là un système d'analyse des facteurs de l'action qui a beaucoup en commun avec le système actanciel de Greimas. Peu importe. L'intérêt de ces schémas, quels qu'ils soient, réside dans les suggestions qu'ils fournissent pour distinguer les configurations de base d'un récit ou, plus élémentairement et antérieurement à tout récit, les matrices de situation. Les six « cas » qui viennent d'être énumérés peuvent s'associer au noyau prédicatif (le procès proprement dit, exprimé le plus souvent par un verbe, et désigné par V), selon toutes sortes de combinaisons. Chaque situation narrative ou prénarrative se définit par un type de combinaison donné. Toutes les relations théoriques ne sont pas actualisées dans un même discours.

1. Voir Ch. Fillmore, Toward a modern theory of case, *in* Reibel et Schane, *Modern Studies in English*, New Jersey, Prentice Hall, 1969.

Le déploiement du discours réel emplit d'une manière ou d'une autre l'espace théorique. Si par exemple on désigne par A le prolétaire, par V l'action de travailler, il sera de toute première importance de considérer, dans un énoncé réalisant au minimum la structure A-V, comment se réalisent d'autre part deux autres éléments combinatoires possibles, autrement dit quelle est leur composante lexicale : D (le destinataire) et I (l'instrument).

Soit les exemples :

1. A-V : « Le prolétaire travaille. »
2. A-V-D : « Le prolétaire travaille pour le fabricant. »
3. A-V-I : « Le prolétaire travaille sous l'effet de la course à l'or et au plaisir. »

Il est clair qu'entre 1 et 3, le support idéologique de la combinaison varie notablement. La séquence 1 est un constat. La séquence 2, affirmant que le bénéficiaire du travail du prolétaire est celui qui loue sa force de travail, s'inscrit au sein d'un système d'explication de l'économie et de la vie sociale qui n'est pas éloigné de l'analyse marxiste. La séquence 3, qui neutralise le cas *datif* et privilégie la mention d'un instrumental pulsionnel, relève d'une tout autre conception du travail manuel. C'est précisément celle qui s'exprime dans le prologue de *La Fille aux yeux d'or* : « Alors ces quadrumanes se sont mis à veiller, pâtir, travailler, jurer, jeûner, marcher; tous se sont excédés pour gagner cet or qui les fascine. Puis, insouciants de l'avenir, avides de jouissances, comptant sur leurs bras comme le peintre sur sa palette, ils jettent, grands seigneurs d'un jour, leur argent le lundi dans les cabarets, qui font une enceinte de boue à la ville; ceinture de la plus impudique des Vénus, incessamment pliée et dépliée, où se perd comme au jeu la fortune périodique de ce peuple, aussi féroce au plaisir qu'il est tranquille au travail. »

Allons plus loin. Dans son tableau des « cercles », ou des paliers de la société parisienne, Balzac conserve d'un bout à l'autre de son analyse la même formule : A-V-I.

Deux des trois facteurs restent invariants : V (travailler, « s'excéder », c'est-à-dire dépenser ses forces jusqu'à l'excès) et I (l'or et le plaisir). Le troisième est une classe de six facteurs variables, selon le schéma suivant :

$$A \left\{ \begin{array}{l} \text{Prolétaire} \\ \text{Boutiquier} \\ \text{Petite bourgeoisie} \\ \text{Bourgeoisie d'affaires} \\ \text{Artiste} \\ \text{Grand propriétaire} \end{array} \right\} \left\{ \begin{array}{c} \text{V} \\ \text{« s'excède} \\ \text{pour} \\ \text{gagner »} \end{array} \right\} \left\{ \begin{array}{l} \text{l'or} \\ \\ \\ \text{le plaisir} \end{array} \right\} I$$

Ce schéma est l'objet de multiples redondances dans le discours balzacien. Non seulement Balzac en fait la base, le principe de sa représentation des classes parisiennes, mais encore il le commente à loisir : « Sans boire de l'eau-de-vie comme l'ouvrier, tous excèdent aussi leurs forces. Chez eux, la torsion physique s'accomplit sous le fouet des intérêts, sous le fléau des ambitions qui tourmentent les mondes élevés de cette monstrueuse cité, comme celle des prolétaires s'est accomplie sous le cruel balancier des élaborations matérielles incessamment désirées par le despotisme du *je le veux* aristocrate. Là donc aussi, pour obéir à ce maître universel, le plaisir ou l'or, il faut dévorer le temps. »

Ce qui est posé par ce système de cas, ou de rôles, ou plus exactement d'agents d'un même désir, c'est l'équivalence des classes, leur activité parallèle et interchangeable dans un même désir. C'est leur solidarité, leur analogie, leur identité au regard de la force qui meut la mécanique sociale. Elles ne se situent pas, l'une par rapport à l'autre, dans une relation de concurrence, ou de dépendance, ou d'antagonisme, mais dans une relation de complémentarité, de taxinomie — comme des espèces animales différentes mais tenaillées par la même faim. Il y a une équivalence fonctionnelle entre l'ouvrier, le boutiquier, le négociant, l'homme de loi, l'artiste, le grand propriétaire foncier, parce que la grande loi qui gouverne leur activité est la quête de l'or, lui-même instrument de la quête du plaisir. Et chacun trouve ce qui convient à son état.

Silence sur ce qui pourrait différencier ou opposer ces « cercles », ou ces « sphères ». Silence sur la propriété, sur la place respective de ces catégories (pourtant définies par leurs conditions de travail et leurs moyens de subsistance) dans la production des biens; silence sur le salaire et sur le profit. Balzac les inscrit sur une échelle paradigmatique, classificatoire, selon le modèle zoomorphique qui inspire l'avant-propos à *La Comédie humaine*, et non pas dans une vision dialectique des rapports sociaux. Silence enfin sur le rapport de chacune de ces classes au pouvoir politique.

Une fois installée dans le prologue de *La Fille aux yeux d'or*, cette configuration travaille sur plusieurs paliers, de manière polysémique, et produit un discours à multiples détentes. Si l'on revient à la figure de l'immeuble, on relève en effet qu'à la représentation paradigmatique de la distribution sociologique, s'ajoute — en la perturbant — une représentation à la fois hiérarchique et énergétique. De fait, chacune des classes se transforme en sa suivante, dans l'ordre généalogique comme dans l'ordre locatif, en s'élevant d'un degré dans la richesse et la considération. Le hasard a fait un ouvrier économe; celui-ci « loue une boutique ». Le fils du boutiquier « porte ses écus » à l'entresol et devient commerçant en gros, ou premier commis, ou homme « de petite banque et de grande probité ». « Le fils du riche épicier se fait notaire » et « accède au troisième cercle social... où se digèrent les intérêts de la ville et où ils se condensent sous la forme dite *affaires* »... Et ainsi de suite. La hiérarchie est doublement figurée : de manière métonymique (plutôt que métaphorique), par l'image des paliers, et dans l'ordre même du texte, qui numérote chacun des états.

Et c'est là que se produit un phénomène discursif curieux. Il faut en effet prêter garde à cette numérotation. Car elle est erronée, comme si Balzac avait commis un lapsus. Il a tout simplement oublié d'assigner un rang aux prolétaires. Que dit le texte, en effet ? « Souvent le cadet d'un petit détaillant veut être quelque chose dans l'Etat. Cette ambition introduit la pensée dans la *seconde* des sphères parisiennes. » Or, si l'on compte bien, il s'agit de la troisième : car Balzac avait fait préalablement un sort au « peuple » (au sein duquel il mêle du reste travailleurs manuels, mendiants et prostituées), puis au petit commerçant, « irréprochable cumulard ». Ce n'est pas une distraction momentanée; en effet, nous venons de le voir, c'est dans le « *troisième* cercle de cet enfer » qu'apparaît « la foule des avoués, médecins, notaires, avocats, gens d'affaires, banquiers, gros commerçants, spéculateurs, magistrats »; au terme de ce mouvement ascendant, « la haute propriété parisienne » sera présentée comme s'appuyant sur *quatre* terrains et non sur cinq. Qu'est-ce à dire, sinon que le prolétaire n'occupe même pas le rang 1, mais le rang zéro. Il n'entre pas dans la comptabilité sociale; il échappe à la liste affichée des « sphères » parisiennes; il est l'exclu, le paria, l'intouchable, ce dont on se détourne, ce qu'on ne reconnaît pas, ce dont on ne parlera pas. Le lapsus est ici, par le fait, un geste délibéré de ségrégation, qui se manifeste d'autre part dans une série de dénominations, de qualificatifs et d'images animalisant explicitement les travailleurs manuels, « ce monde de sueur et de volonté ». « Alors ces quadrumanes se sont mis à veiller, pâtir, travailler, jurer, jeûner, marcher... » Ce peuple a « les mains sales », est « laid et fort », « féroce au plaisir ». C'est la classe dangereuse par excellence[1], « préparée à l'incendie révolutionnaire par l'eau-de-vie », mais détournée de la révolution par la débauche. « Sans les cabarets, le gouvernement ne serait-il pas renversé tous les mardis ? Heureusement, le mardi, ce peuple est engourdi, cuve son plaisir, n'a plus le sou, et retourne au travail. »

1. Voir Louis CHEVALIER, *Classes laborieuses et classes dangereuses*, par Plon, 1958.

41

Le dispositif de la sociologie balzacienne repose ainsi sur une quadruple proposition. Premièrement, toutes les classes sont mues par un même appétit d'or et de plaisir qui substitue la convergence à la différence, impose à l'activité productive de chacune d'elles une même règle fondamentale et unifie le jeu social. En second lieu, il existe cependant une hiérarchie de valeurs entre ces classes, conformément au stéréotype des « basses » et des « hautes classes »; la classe ouvrière, pour sa part, reléguée avec les bas-fonds de la mendicité et de la prostitution, n'appartient pas au monde des valeurs, elle n'accède même pas à la dignité de l'humain — sauf si « le hasard fait un ouvrier économe » et « le gratifie d'une pensée ». Voilà pour la permanence, la stabilité du système. Mais cette stabilité n'exclut pas une circulation intérieure, d'une classe à une autre; au contraire, elle l'exige. En effet, troisièmement, tout se passe dans ce mythe social comme si chaque classe engendrait et nourrissait, par le mouvement des générations, celle qui lui est immédiatement supérieure sur l'échelle hiérarchique. L' « ouvrier économe entreprend un petit commerce de mercerie, loue une boutique »; les enfants du boutiquier « deviennent la proie du monde supérieur, auquel il porte ses écus et sa fille », « ou son fils élevé au collège jette plus haut ses regards ambitieux »; « le fils du riche épicier se fait notaire, le fils du marchand de bois devient magistrat... tout stimule le mouvement ascensionnel de l'argent ». Il convient donc d'ajouter à notre schéma une flèche (p. 39) symbolisant cette dynamique de passage qui assure le renouvellement et la pérennité de la société de classes.

Enfin, cette prétendue « science des mœurs » se complète et se couronne par une vision d'ensemble qui, elle aussi, appellerait une modification, un affinement de notre modèle initial. Le mouvement qui pousse toutes les classes vers l'or et le plaisir, et dans lequel Balzac voit le trait fondamental du « Paris moral », ne conserve ni une intensité constante, ni des résultats identiques, d'une étape à l'autre. Tout se paie. Et plus on monte vers « les sommités », plus est lourd le prix à acquitter pour la conquête de la fortune, du pouvoir ou des plaisirs... « Tous excèdent leurs forces ; tendent outre mesure leur corps et leur moral, l'un par l'autre ; se dessèchent de désirs, s'abîment de courses précipitées... Pour obéir à ce maître universel, le plaisir ou l'or, il faut dévorer le temps, presser le temps, trouver plus de vingt-quatre heures dans le jour et la nuit, s'énerver, se tuer, vendre trente ans de vieillesse pour deux ans de repos maladif. » Si les classes sont égales dans le désir, elles le sont aussi dans la dissipation de leurs forces. D'un cercle à l'autre, on trouve de plus en plus d'or — comme si l'activité de chacune des classes était plus productive au fur et à mesure qu'on parcourt les échelons de la hiérarchie sociale. Mais d'un cercle à l'autre aussi, la dépense des énergies est plus intense, et même plus effrayante ; car à partir du troisième niveau, c'est aux « forces intellectuelles » et aux « contractions morales » qu'il faut faire appel. Et c'est lorsque l'or coule suffisamment à flots pour procurer les plaisirs les plus nombreux et les plus variés, ou c'est lorsque — dans le cas de l'artiste — le génie se fait le plus « dévoreur » et les « fantaisies » les plus « coûteuses », c'est alors que la dépense absolue, celle de la mort, est la plus proche. « La concurrence, les rivalités, les calomnies assassinent ces talents. Les uns, désespérés, roulent dans les abîmes du vice, les autres meurent jeunes et ignorés pour s'être escompté trop tôt leur avenir. » Toutes les classes sont condamnées à l'excès, mais lorsqu'on approche du sommet, au terme de cette circulation fabuleuse de l'or, une dernière transmutation se produit, qui paraît dissiper et annuler d'un coup toute l'énergie accumulée depuis le début du cycle. « La tournoyante volute de l'or a gagné les sommités. » Mais dans « les grands salons aérés et dorés, les hôtels à jardins », « les figures sont étiolées et rongées par la vanité. Là rien de réel. Chercher le plaisir, n'est-ce pas trouver l'ennui ?... Le plaisir est comme certaines substances médicales : pour obtenir constamment les mêmes effets, il faut doubler les doses, et la mort ou l'abrutissement est contenu dans la dernière ». A la dernière halte du parcours, les reflets de l'or n'éclairent plus que l'impuissance. « L'intelligence a fui. » Tout le travail, toute l'activité accumulée dans le corps social n'aboutissent donc qu'au néant. Tout revient à zéro. Ainsi peut se comprendre et se justifier, dans la logique du discours allégorique, l'image de la sphère. Le système de la production des richesses se referme sur lui-même, harmonieusement. Aux deux pôles de la sphère, règne le néant spirituel. « Les visages de carton » et « les rides prématurées » de la physionomie des riches ne recèlent pas plus d'humanité que la « sueur » et la « laideur » des prolétaires.

Aux quatre propositions qui viennent d'être énoncées, et qui sont « posées » par le texte, il convient alors d'en ajouter deux autres, celles-ci implicites, présupposées par la logique du schéma. D'une part, un individu, par ses aptitudes propres, peut s'évader de sa classe d'origine et passer dans la classe supérieure. C'est affaire d'économie, pour l'ouvrier qui devient boutiquier, ou d'ambition, pour la petite bourgeoisie qui « tend fatalement à élever ses enfants jusqu'à la haute », ou d'effort, pour le bourgeois « qui, après une vie d'angoisses et de manœuvres continuelles, passe au Conseil d'Etat comme une fourmi passe par une fente » La loi de hiérarchie et la loi de passage se conjuguent pour empêcher tout antagonisme. L'asservissement résulte d'une fatalité naturelle ou d'une faiblesse d'âme — ce qui revient au même. La liberté existe et se gagne. Qui parle de conflits de classes ? Il n'existe qu'une sarabande d'énergies et de fureurs individuelles, lancées à la poursuite de « la tournoyante volute de l'or », et parmi lesquelles certaines, plus habiles ou plus corrompues que les autres, réussissent à transgresser les frontières immuables des six sphères qui se partagent Paris.

D'autre part, la structure et le *circulus* interne du système des classes sociales ont pour principe de fonctionnement et de reproduction cette sorte de transformisme social. L'ordre des classes est immuable, parce qu'il assure lui-même sa propre reproduction, et parce qu'il ne s'y passe rien qui puisse mettre en cause son équilibre, sa clôture, les lois de ses échanges internes. Chaque classe ne vise qu'à se transformer en celle qui occupe le cercle le plus proche; toutes s'épuisent dans ce jeu et renaissent aussitôt de ce jeu même. Nulle contradiction entre elles, mais une solidarité essentielle, une communauté d'obéissance à la même loi fondamentale qui régit l'univers social, et dont les trois composantes sont l'or, le plaisir et la mort.

Voilà de quoi est faite, partiellement, la « compétence idéologique » de Balzac dans la longue digression qui ouvre *La Fille aux yeux d'or*. Les hantises romantiques couvrent un propos sous-jacent qui expose en même temps l'anxiété et l'assurance des possédants. Anxiété devant la turbulence de l'organisme social, devant cette incessante fluence de ses cellules d'un organe à l'autre et l'inéluctable dépérissement de chacune. Assurance devant l'immuabilité des structures organiques. Il n'y a pas de révolution, au sens commun du terme, qui implique la possibilité de changer l'ordre du monde, le surgissement de tensions, de conflits, de transformations lentes ou brutales. Il n'y a qu'un flux naturel d'échanges, une physique des fluides économiques, une osmose réglée. L'or suinte à tous les niveaux, de la peine que se donnent les hommes de toutes les classes. Au fur et à mesure que l'or monte, ses rigoles deviennent fleuves. Ce qui est excès de travail dans les basses classes devient excès de plaisirs dans les zones élevées; mais un excès équilibre son contraire, pour la pérennité de la structure. Et de même chaque classe assure la survie de celle qui la suit en y déléguant ses fils, qui mutent littéralement, selon un programme génétique intangible.

Cette vision est sans nul doute rassurante, pour le narrateur et son narrataire. Elle prend la mesure du prolétariat, classe laborieuse et dangereuse; mais elle lui fixe sa place, hors de la cité et hors de la culture. Il faut bien considérer son existence animale, pourrait-on dire, puisque la production des biens matériels repose sur son labeur. Mais pour exorciser la peur qu'il inspire, d'une part on tient sur lui un discours d'apartheid, d'autre part on exclut toute éventualité de belligérance entre lui et les autres classes. Sa frénésie de débauche du lundi et la liberté laissée à certains de ses fils de se glisser dans la petite bourgeoisie font exutoire à sa violence potentielle. Tous les mécanismes naturels sont bien disposés pour désamorcer — au plan du fantasme allégorique — les pièges de l'histoire.

Sociocritique des personnages

Une anthropologie mythique :
le système des personnages dans
Thérèse Raquin et *Germinal*

On trouve dans *Thérèse Raquin* un type d'énoncé romanesque qui, depuis Balzac, est devenu un lieu commun du roman « réaliste » : le portrait physique des personnages. Cependant, tout se passe comme si le portrait était élaboré non pas à partir de l'observation de personnages réels, par la mise en œuvre de traits bruts, mais à partir d'un système acquis de caractérisants fonctionnalisés, devenus des indices où s'associent la notation physique et la connotation psychosociologique : autrement dit, à partir d'une *physiognomonie*. Il s'agit ici, à l'évidence, d'une physiognomonie dérivée de la psychophysiologie des tempéraments, que Zola a héritée de Taine.

Les variants de caractérisation

La description des personnages dans *Thérèse Raquin* s'attache aux parties du visage : *yeux, lèvres, bouche, cheveux, front, menton, cou, peau*. Le tableau suivant indique quels traits caractérisent chacune d'elles, pour chacun des personnages, dans la première partie du roman[1].
On peut pratiquer sur la répartition de ces caractérisants une réduction qui réunit les porteurs d'un même ensemble spécifique de traits. On obtient ainsi deux

---

1. Je ne tiens pas compte du nombre d'occurrences de chacun des mots relevés.

	Thérèse	Laurent	Camille	Mme Raquin	Michaud	Grivet	Olivier	Suzanne
Yeux	noirs mats ouverts fixes noirs ardents rouges luisants	noirs ardents fauves	arrondis bleus			ronds		vagues
Lèvres Bouche	minces roses chaudes entrouvertes clartés roses humides battements mouvements	rouges séchées	ouvertes grimace bête		pendantes	minces		blanches
Cheveux	sombres épais forts	noirs rudes	blond fade					
Cou	souple gras	large court gras puissant de taureau	ridé, maigre					
Barbe		rude	rare					
Menton	nerveux		grêle					
Front	bas et sec	bas						
Peau	blancheur face ardente	frais	pâle	placide	blafarde		os	pâle
Visage	mate pâle muette rigidité froide plaques ardentes passionnée	joues pleines sanguin barbe rude	blafard verdâtre tâches de rousseur barbe rare		morte plaques rouges			mou

groupes de personnages : le couple formé par Thérèse Raquin et son amant Laurent, d'une part, et le reste des personnages, d'autre part.

Il ressort, de ce second tableau, qu'au couple Thérèse-

	Thérèse-Laurent
Yeux	ouverts, fixes, mats noirs, ardents, fauves rouges, luisants
Lèvres	chaudes, rouges, roses, entrouvertes, humides, battements, mouvement
Bouche	rose
Cheveux	sombres, épais, noirs, rudes
Cou	souple, gras, large, court, gras, puissant, de taureau
Barbe	rude
Menton	nerveux
	Visage
Visage	mat, muet, ardent, frais, plein, sanguin, rigidité, passion

	Autres personnages
Yeux	arrondis, ronds, vagues, mous bleus, blancs, jaunâtres, ternes.
Lèvres	ouvertes, blanches, pendantes, grimace
Bouche	
Cheveux	blonds, fades, collés aux tempes
Cou	ridé, maigre
Barbe	rare
Menton	grêle
	Face
Visage	blafarde, verdâtre, jaunâtre, tâches de rousseur, plaques rouges, violacées, maigre, osseuse, molle, convulsionnée, grimace

	Camille éveillé	Camille endormi	Camille mort	Portrait de Camille	Camille-cauchemar
Yeux	arrondis		globe blafard	blancs orbites molles et jaunâtres yeux blancs regards ternes et morts	
Lèvres	ouvertes grimace bête	bouche ouverte tordue grimace bête	tordues bout de langue noirâtre	grimaçantes	bout de langue noirâtre
Cheveux	blond fade		collés aux tempes		
Cou		ridé, maigre			
Nez					
Menton		grêle		maigre	
Front					
Peau/Joues	barbe rare taches de rousseur petite figure pâlie	face blafarde petits poils clairsemés chair blafarde	teinte jaunâtre et boueuse tête maigre, osseuse grimace tête tannée et étirée	face verdâtre, convulsionnée face grimaçante boueuse face convulsionnée, blafarde	verdâtre

Laurent sont associés des caractérisants *positifs*, signifiant, selon les occurrences, la couleur, l'activité, la chaleur, le mouvement, la pulsation, la palpitation, le dynamisme (manifeste ou retenu) de la sensualité et de la *vie*, tandis qu'au reste des personnages sont associés des caractérisants *négatifs*, signifiant, sauf exception, le délabrement, la disparition ou l'absence de toute forme, de toute couleur, de toute chair tenue, en bref l'insensibilité, la décomposition, la *mort*.

Un troisième tableau, concernant Camille, l'époux de Thérèse, montre du reste que pour ce personnage, l'anti-Laurent, l'auteur a conçu un programme descriptif à transformation qui, de Camille vivant à Camille-cauchemar, accentue, en trois temps (veille, sommeil, mort) le signe négatif initial, le portrait du cadavre ne faisant que révéler avec une netteté définitive ce que furent la physionomie et le caractère du vivant (tableau ci-contre).

Toute physiognomonie est réductrice. Mais Zola a encore accentué ce caractère. Car la structure de portrait se réalise ici selon un modèle systématique, que l'on peut encore figurer de la façon suivante, en ne conservant que les trois personnages fondamentaux et leurs traits principaux :

		Yeux	*Cheveux*	*Lèvres*
(+)	*Thérèse* (tempérament nerveux)	noirs ardents rouges	sombres épais	minces roses chaudes humides battements
	Laurent (tempérament sanguin)	noirs ardents fauves	noirs rudes	rouges
(—)	*Camille* (tempérament lymphatique)	bleus arrondis	blonds fades collés	ouvertes

		Menton	Cou	Visage
(+)	*Thérèse* (tempérament nerveux)	nerveux	souple gras	pâle ardent rigidité passion
	Laurent (tempérament sanguin)		large court gras puissant	plein sanguin frais
(—)	*Camille* (tempérament lymphatique)	grêle	ridé	pâle blafard verdâtre

Un code descriptif

Les caractérisants de portraits constituent ainsi une sorte de code, c'est-à-dire un système de signification, à nombre restreint d'unités, dont chacune peut se répartir en traits pertinents. *Noirs* prend sa valeur par opposition à *bleus*, pour les yeux, ou à *blonds*, pour les cheveux. Les traits pertinents de signification sont par exemple les notions de couleur (sombre $\neq$ claire, nette $\neq$ terne), de densité (épais $\neq$ rare, gras $\neq$ maigre), de chaleur (chaud $\neq$ O).

Ce code renvoie à une anthropologie, puisque son fonctionnement, allié à celui d'autres codes du même genre (celui des actes, par exemple), permet à l'auteur de distinguer deux espèces d'êtres du point de vue de leur comportement physiologique, psychologique, sexuel, professionnel, social. C'est aussi un code mythique, puisque ses signes, outre leur signification brute, outre leur valeur anthropologique, sont exploités pour opposer symboliquement l'Existence et l'Inexistence, l'objet de

Désir (+) et l'objet de Répulsion (—), la Vie et la Mort. L'organisation de ce système en deux classes de valeurs [(+) et (—)] est un principe de construction et de dramatisation. Car il existe une relation fonctionnelle et génétique entre le système des portraits et le programme narratif, ou, si l'on préfère, entre le système des actants et la série des prédicats. En effet : l'union de Thérèse (+) et de Camille (—) crée un déséquilibre, tant du point de vue de la condition des personnages que du point de vue de la situation ainsi imaginée. La rencontre de Laurent (+) rétablit l'équilibre sur le plan sexuel, mais accentue l'instabilité de la situation. Le meurtre de Camille (—) semble devoir rendre une assise à la situation. Mais il n'en est rien, car (—) a des substituts multiples : la cicatrice, le portrait, Mme Raquin, le chat, etc. Les réincarnations successives ou simultanées du personnage que tout condamnait à mort, et qui effectivement est tué sous les yeux du lecteur, introduisent dans le roman un élément fantastique, avatar du naturalisme.

Le système de traits simples que Zola utilise ici pour produire ses portraits comporte non seulement une morphologie, mais aussi une syntaxe.

Au plan de la morphologie, l'inventaire révèle :

a / des unités qu'on pourrait appeler unités de *constitution*, ou supports de caractérisation. Signifiants/signifiés : *yeux, lèvres, cheveux*, etc. ;

b / des unités qu'on pourrait appeler unités *de caractérisation*. Signifiants/signifiés : *mat, noir, blafard, épais*, etc.

Au plan de la syntaxe, il révèle :

a / des syntagmes qui fonctionnent, en ce qui concerne le contenu du roman, comme des structures descriptives minimales, et qu'on peut représenter par la formule suivante :

$$D = Co + Ca,$$

où D est le trait de physionomie, Co l'unité de constitution, Ca le caractérisant, et où D est généralement un syntagme nominal (S), C*o* un nom (N) et C*a* un adjectif ou un syntagme de substitution (A).

Exemple : *yeux noirs*
cheveux épais.
Sa peau qui se plissait par endroits comme vide de chair.

b / des propositions, à partir desquelles se construit le texte qui définit un personnage, et qu'on peut poser sous la forme :

$$P + a + D,$$

où P est le personnage, *a* le présent du verbe *avoir*, et D le syntagme descriptif.

Exemple : Suzanne a *les yeux vagues*
Suzanne a *les lèvres blanches*
Suzanne a *la face pâle et molle,*

trois propositions qui suffisent, dans le roman, à constituer le portrait de Suzanne.

Tout cela, somme toute, est banal. Pourtant, à partir de ces considérations élémentaires, on pourrait concevoir une analyse *générative*, qui s'attacherait au processus de production d'un texte romanesque, non pas en pratiquant l'étude traditionnelle de ses sources (ce qui est l'étude *génétique*), mais en dégageant les règles implicites par lesquelles se sont constitués les éléments du texte. L'exemple de ce qu'on appelle le *personnage* est, à cet égard, assez commode.

Les personnages se classent en deux séries, à l'intérieur desquelles ils se différencient par la constitution des syntagmes descriptifs et le nombre des propositions descriptives qui servent à développer leur portrait. De plus, si certains, comme les comparses, sont des personnages à modèle constant, d'autres, comme Mme Raquin ou Thérèse, subissent, du début à la fin du roman, des variations de types divers, dont les programmes sont en interdépendance étroite avec le développement de ce qu'on appelle l'*action*. Par exemple le signe de Thérèse se renverse (— → +) lorsque celle-ci se trouve en présence de Laurent. Mais ces variations s'inscrivent à l'intérieur des limites posées par le modèle générateur. C'est ce que Zola entendait lorsqu'il insistait sur la nécessaire *logique* des personnages.

Je ne me dissimule pas que ces recherches devraient être poussées beaucoup plus avant, et leur méthode mieux élaborée. Les significations et les valeurs, dans cette machine fort compliquée qu'est le texte d'un roman, s'entrecroisent de mille manières. Un personnage aussi simple que Suzanne, que trois phrases suffisent apparemment à produire, reçoit une valeur supplémentaire de son association avec les autres comparses, de son opposition à Thérèse, des « situations » au sein desquelles il fonctionne. Au fur et à mesure qu'on lit, d'autre part, se produit une rétroaction du déjà lu sur ce qui reste à lire. Au fur et à mesure, les personnages portent le poids, de plus en plus lourd, de leurs états et de leurs actes passés. Les étudier en balayant toute la *surface* du texte sans tenir compte de l'*ordre* de leurs occurrences revient à concevoir une écriture et une lecture sans durée.

Cela pose le problème des unités d'énoncé sur lesquelles porte l'investigation, et celui du programme de cette investigation. On parle volontiers de « l'analyse transphrastique » des énoncés. Le caractère à la fois narratif et imaginaire du texte romanesque rend son analyse transphrastique plus difficile que celle de l'énoncé quotidien ou du texte didactique. Il en va de même pour le théâtre. Car ce sont des genres dans lesquels les énoncés sont en transformation perpétuelle, où les définitions, implications ou présuppositions initiales peuvent être à tout moment démenties, corrigées, réorientées. La description de l'ensemble des mécanismes sémantiques qui conduisent la chaîne textuelle de son début jusqu'à sa fin est une tâche de dément. Seul un « bricolage » partiel, opéré soit au niveau de la *page* pour tous les éléments de contenu, soit à travers l'œuvre entière, pour un élément unique (par exemple le *portrait*), est relativement aisé, surtout si l'on

57

dispose d'un index ou d'une concordance du lexique. C'est par là qu'il faut, de toute manière, commencer, pour chercher une méthode d'analyse. De proche en proche, si nous ne disons pas tout ce qu'il faudrait dire pour expliquer la genèse et le fonctionnement sémantique et esthétique du texte, du moins avons-nous chance de découvrir quelques traits d'organisation de sa matière verbale.

Il en irait de même pour une étude du portrait dans *Germinal*. Cette œuvre répond au modèle classique du roman français du xixᵉ siècle, par la place qu'y prennent l'intrigue, la narration, la chronologie, les conflits de forces et de personnages, la curiosité pour la vie sociale, l'entrelacement de la narration et de la description, etc., et parce qu'elle porte à un très haut degré la rigueur de la construction. On s'en convainc mieux encore lorsqu'on étudie ses dossiers préparatoires. Le mot de *découpage* peut donc s'appliquer à Zola plus qu'à aucun autre romancier de son temps. Le mot de *structure* aussi. Non qu'il existe des œuvres d'art non structurées. Même les plus informelles ont encore une forme, à un degré extrême de complexité, de subtilité, de sophistication. Mais dans les romans de Zola, la structure est particulièrement apparente et efficace, ce qui ne veut pas dire qu'elle soit simple et banale.

Il en résulte que ce roman, plus que d'autres, se prête à l'emploi de l'analyse structurale, et notamment à l'étude du récit. A l'inverse, les recherches théoriques sur le fonctionnement, les lois, la logique, les structures types, les mécanismes du récit, de tout récit, trouveraient dans *Germinal* un objet adéquat d'application et de concrétisation.

En ce qui concerne le personnage, *Germinal* est trompeur, comme tout roman « réaliste ». Il donne des êtres de fiction et de langage pour la représentation, le reflet, le double d'êtres réels, concrets, singuliers. On s'interroge par exemple sur le modèle, ou les modèles, de Souvarine, ou sur ceux de Rasseneur. D'un certain point de vue, cette question des sources mérite d'être posée, puisque c'est en partie ainsi que Zola a travaillé. Mais comme cela est loin d'épuiser les problèmes de la genèse ! Et comme, surtout, cela risque de faire méconnaître le véritable fonctionnement littéraire du « personnage » ! Car ce fonctionnement est la seule réalité perçue par le lecteur profane, qui peut tout ignorer de l'histoire des anarchistes ou des socialistes possibilistes à la fin du xixe siècle, et n'être pas moins frappé par l'opposition entre Souvarine et Rasseneur, entre Souvarine et Lantier. D'autre part, le statut romanesque du personnage repose précisément sur un jeu d'oppositions, ou plus généralement de corrélations, tel qu'aucun personnage ne peut être étudié isolément sans que l'étude risque de tomber en dehors du domaine de la critique. Chaque personnage est déterminé dans *Germinal* avant tout par la manière dont il s'apparente et/ou s'oppose aux autres, à l'intérieur d'un ensemble plus large groupant les personnages dénommés et les personnages qui restent dans l'anonymat. Chacun est à étudier comme une pièce d'un système, qui est avant tout un système textuel, et qui est original en tant que tel. Il existe, bien sûr, des rapports entre le système et sa référence extralittéraire avouée, la société, dans la mesure où le système est à sa façon un discours sur la société, un discours où la société se parle et projette ses problèmes. De ce point de vue, la relation entre la vie des mineurs et ce roman n'est pas immédiate, mais médiate. Chaque personnage, pris à part, n'est à vrai dire qu'une silhouette, sinon une caricature. Son aspect documentaire ne va pas loin; en revanche, l'ensemble des personnages, comme rouage d'un récit construit, devient un discours au second degré sur la société, donc le véhicule d'un savoir et d'une mythologie, une construction hautement didactique et poétique tout à la fois.

Deux observations, pour écarter encore davantage toute tentation de recherche documentaire et sourcière, et lui substituer celle d'une analyse fonctionnelle :

La genèse. — La création des personnages, on le sait, est postérieure à l'Ebauche, et elle dépend de celle-ci. Or l'Ebauche définit d'abord les structures abstraites d'un conflit, en des termes fortement marqués par une vision idéologique et mythique et par un modèle narratif. Rappelons-en les premières lignes, qui sont devenues fameuses : « Ce roman est le soulèvement des salariés, le coup d'épaule donné à la Société, qui craque un instant : en un mot la lutte du capital et du travail. C'est là qu'est l'importance du livre, je le veux prédisant l'avenir, posant la question la plus importante du xxᵉ siècle »[1].

Il y a donc quelque chose de plus important que le modèle réel du personnage, c'est son modèle logique et son modèle symbolique. Lantier dérive de ces lignes, plus encore que de tel individu que Zola aurait rencontré au cours de son enquête. Génétiquement, le personnage est d'abord une force orientée, agissante.

Les premières lignes du roman. — « Dans la plaine rase, la nuit sans étoiles, d'une obscurité et d'une épaisseur d'encre, un homme suivait seul la grande route de Marchiennes à Montsou, dix kilomètres de pavé coupant tout droit, à travers les champs de betteraves. » Une double articulation est ici mise en place, qui subsistera tout le long du roman :

— un personnage pris comme conducteur du récit et par là même distingué des autres (Lantier). Cette phrase ne forme d'ailleurs pas une ouverture originale en soi : sur elle pèse le poids des modèles littéraires antérieurs;

1. Emile ZOLA, *Les Rougon-Macquart*, Ed. Gallimard, Bibliothèque de la Pléiade, t. III, p. 1825.

— un tête-à-tête, le dialogue muet d'un personnage et d'un décor, qui se prêtent mutuellement leurs caractères, par une sorte de métonymie dont Roman Jakobson a étudié le principe. Le tissu textuel ne se prête donc pas au jugement de vérité de l'historien ou du sociologue, mais crée un récit autonome. Il donne naissance à une logique du récit, à un jeu de conflits, d'obstacles, d'épreuves, de performances, qui a son dynamisme propre. Ainsi s'engage tout le programme de l'œuvre, et notamment le programme d'apparition, de classement, de construction des personnages. Le personnage acquiert un rôle sans commune mesure, sinon sans point commun, avec celui que peut jouer un individu réel dans la vie réelle, puisqu'il s'agit de son rôle dans une machinerie narrative.

Le personnage se trouve ainsi enserré, à l'intérieur du roman, dans un réseau de dépendances. On en distingue clairement deux sortes, qui sont elles-mêmes en corrélation, comme le sont les morphèmes d'une langue et ses règles d'agencement syntaxique. La première dépendance tient à la distribution des personnages en classes (non au sens social, mais du point de vue plus général de leurs traits caractéristiques). La seconde tient à la place et à la fonction de chacun dans le processus narratif du roman, qui est aussi, et indissolublement, un processus créateur de sens. Il n'existe pas de système simple des personnages, au sens où l'on peut dire que le système phonologique d'une langue est simple; au contraire le système est d'autant plus complexe que la machine romanesque met en imbrication plusieurs champs de corrélations, et qu'au fur et à mesure qu'elle met en ligne ses personnages, elle les transforme.

Posons tout de même en hypothèse, quitte à nous corriger ultérieurement, qu'il existe une organisation intemporelle des personnages de *Germinal*, et essayons de la décrire partiellement. Nous sommes devant un problème semblable à celui qui se pose au linguiste, lorsque, devant une suite d'énoncés produits dans un idiome donné, il s'efforce de reconstituer la structure phonologique ou morphologique de cette langue. Notre étude, répétons-le, doit être immanente, intérieure au texte de *Germinal*. Nous ne pouvons pas plaquer sur ce texte une grille de classement externe, telle que par exemple l'opposition *bourgeoisie-prolétariat*. Si nous sommes amenés à utiliser ces mots, ce sera *a posteriori*, faute d'une terminologie plus appropriée pour désigner les oppositions que nous repérons dans l'analyse des variations de l'énoncé. Car nous n'avons à retenir, pour la classification des personnages, que les traits pertinents, ceux qui entrent dans un système de ressemblances ou de différences identifiées à l'échelle du seul récit.

Pour prendre un exemple simple, le texte nous dit, ici et là, que les *mineurs grelottent*. Jamais le texte, devant *grelottent*, ne substitue *Hennebeau* ou *Grégoire* ou *ingénieur* à *mineurs*. Une classe de personnages A, dont le nom ou une désignation quelconque peut se trouver en position de sujet du verbe *grelotter*, s'oppose donc à une classe B de personnages, exclus dans le même voisinage. De même, les *petits pâtés* sont à la classe B ce que le *briquet* — le quignon de pain — est à la classe A. Il ne s'agit là que de deux traits de variation possibles : le trait « confort » et le trait « alimentation ». Il existe plusieurs dizaines de variations concomitantes de cette sorte, dont l'inventaire est à faire si l'on veut décrire avec précision ce que la critique appelle volontiers l'univers de l'œuvre. On dispose, pour cela, de passages clés dans l'œuvre, comme par exemple le chapitre 2 de la Ire partie et le chapitre 1 de la IIe, lesquels, visiblement construits de manière contrastive, livrent à peu près l'essentiel du système de caractérisation.

La matrice

La plupart des énoncés relatifs aux personnages peuvent se réduire à une forme canonique, ou encore, pour employer la terminologie de Roland Barthes dans *Le système de la mode*[1], à une « matrice signifiante », qui associe trois éléments :

— la désignation du personnage, par exemple *Catherine*;
— la désignation du support de la caractérisation, ou unité de constitution, par exemple le *visage* ;
— le variant de caractérisation, par exemple *blême*.

| Ainsi Catherine | a le visage | blême. |
| Cécile | a le visage | d'une fraîcheur de lait. |

Indiquons tout de suite que l'opposition entre *blême* et *fraîcheur de lait*, qui est une opposition sémantique, une opposition de signifiés, devient une opposition signifiante à un second palier de la signification, puisque, rapportée à la totalité du texte romanesque, elle connote l'existence de deux significations opposées, du point de vue de la santé : *blême* signifie secondairement « en mauvaise santé », *fraîcheur de lait*, « en bonne santé ». Les variants de physionomie, système dénoté dans le langage apparemment descriptif, objectif, du narrateur, engagent un autre système de signification qui, lui, renvoie à la geste sociale construite par le discours romanesque. Rappelons ici la proposition de Roland Barthes : « Un système connoté est un système dont le plan d'expression est constitué lui-même par un système de signification. » Il est clair que le système des personnages devient, de ce point de vue, un système connotant, par lequel le récit produit ses propres significations.

Si l'on se livre à une étude contrastive des deux chapitres que je viens de citer, on établit facilement l'inventaire des supports de la caractérisation, à deux degrés différents d'accommodation sur le texte. Tous les supports retenus pour les Maheu le sont également pour les Grégoire. Ce sont les suivants, à un premier degré de repérage, et dans l'ordre du texte, pour le chapitre 2 de la

1. Roland BARTHES, *Le système de la mode*, Paris, Ed. du Seuil, 1967.

Ire partie : description de la demeure; ameublement et décoration; éclairage; odeurs; chauffage; conditions du réveil des habitants de la demeure; vêtements; conditions d'habitat; nombre des membres de la famille; leur aspect physique; leur langage; leurs relations mutuelles; la toilette; l'éducation; les ressources; l'alimentation; les sujets de conversation; les travaux ménagers; le mode d'insertion dans la société. En somme et pour résumer : le corps et le mode de vie.

Chacun de ces supports doit faire l'objet d'une analyse plus fine, à un second degré de l'inventaire. Ainsi, traçant le portrait physique de ses personnages, l'auteur choisit sa matière dans un ensemble qui comporte : les cheveux, la nuque, la tête, le visage (face, bouche, dents, gencives, oreilles, yeux, front, barbe, teint), le tronc (courbe, épaisseur), les membres (pieds, bras), la taille, les seins.

Les phrases minimales auxquelles peut se réduire ce qu'il est convenu d'appeler le portrait du personnage associent à ces unités-support des unités de caractérisation. Je ne prendrai, pour les deux chapitres considérés, qu'un seul exemple, celui des *cheveux*. Voici Catherine Maheu : « Ses cheveux roux, qui lui embroussaillaient le front et la nuque... » On relève trois caractérisants : *roux*, en broussailles, épars.

Zacharie Maheu a les cheveux *jaunes*. Jeanlin Maheu les a *crépus*; Maheu, le père, *jaunes, coupés très courts*. Mais Mme Grégoire a « une grosse figure poupine et étonnée sous la blancheur éclatante de ses cheveux ». Les caractérisants sont ici : *blancs, éclatants,* bien peignés. De même pour M. Grégoire : « La neige de ses cheveux bouclés. » Caractérisants : blancs, éclatants, *bouclés*. Enfin, Cécile a les cheveux *châtains* et *relevés*.

On dégage aisément les traits pertinents autour desquels s'ordonnent les variants textuels, explicites ou implicites, dans la caractérisation des cheveux des personnages. Ce sont la couleur, la brillance et la disposition. Le paradigme de la couleur est : *blanc, jaune, roux, châtain,* où s'opposent, du point de vue de la corrélation avec le personnage caractérisé, le groupe *blanc, châtain*, et le groupe *jaune, roux*. Le paradigme de la brillance oppose l'éclatant au non-éclatant. Le paradigme de la disposition oppose *bouclés, relevés* (bien peigné), à *en broussailles, épars, crépus, coupés très courts*.

Mais on peut simplifier ce réseau. *Blanc* et *châtain* sont des couleurs franches, nettes, *jaune* et *roux* des couleurs bâtardes; *bouclés, relevés* s'oppose à *en broussailles, crépus, épars, coupés très court*, comme le peigné au non-peigné. On voit que, pour ces trois traits de caractérisation de la chevelure, les Grégoire sont marqués du signe positif (présence d'une qualité, d'un trait valorisé comme qualité dans la conception commune, dans ce qu'on pourrait appeler la morale capillaire de la bonne société française en 1885...), les Maheu du signe négatif (absence du trait).

| | *Cheveux* | | |
	Couleur	*Brillance*	*Disposition*
Maheu	—	—	—
Grégoire	+	+	+

Or ces trois traits n'appartiennent pas au même ordre de caractérisation. Tandis que la couleur et l'éclat sont de l'ordre de la caractéristique naturelle, innée, la disposition est de l'ordre de l'acquis, du cultivé. On choisit, dans une certaine mesure, sa coupe de cheveux, mais non sa couleur. Le propre du texte est de confondre les deux et d'attribuer une fonction commune au trait naturel et au trait culturel.

Une surdétermination

Il faut s'interroger sur la présence et le sens de ce tableau, qui fonctionne comme un modèle, ou plutôt comme un des sous-modèles de la distribution des personnages dans l'œuvre. Citons ici Michel Serres : « On dira qu'il y a structure et critique structurale lorsque la structure n'est pas un principe d'organisation de la totalité de l'œuvre mais quand elle est une matrice organisante dont un modèle figure à l'intérieur de l'œuvre elle-même. C'est dans la réitération des modèles successifs de cette structure que l'on trouve alors le principe de l'élucidation de l'œuvre. » La « matrice organisante » répond ici à la mise en œuvre d'une rhétorique « réaliste », avec le *topos* du portrait. Mais cette rhétorique réaliste est détruite aussitôt que posée, par la rigueur même du système. Dans la nature, la distribution des traits physiques est dans une large mesure aléatoire. La présence d'un ordre, d'une règle, non seulement vide de l'intérieur le parti-pris naturaliste, mais atteste la présence d'une surdétermination formelle et idéologique.

Nous avons vu que les Maheu et les Grégoire constituent deux catégories, deux classes distinctes de personnages, à partir de l'analyse des contextes dans lesquels apparaît leur nom. Ils s'opposent notamment par toute une série de traits d'ordre socioculturel (habitat, alimentation, langage, conduites, etc.). Mais voilà que le texte les oppose également par une série de traits, où, pour un même support physique, le naturel acquiert le même statut que le culturel. Autrement dit, l'appartenance à une classe est justifiée en termes de nature, de biologie, de race. « Catherine est ouvrière et elle a les cheveux roux » devient implicitement « Catherine est ouvrière parce qu'elle a les cheveux roux », à moins qu'elle n'ait les cheveux roux parce qu'elle est ouvrière... L'éclat des cheveux, signifié de dénotation, devient un signifiant de connotation. Un code de classification biologique recouvre le code de classification sociale, pour constituer en somme l'anthropologie sociale de *Germinal*, laquelle, on le voit, est, dans d'assez larges proportions, une anthropologie mythique, faisant aux idées reçues, c'est-à-dire au discours social, une large place.

Là surgit le problème du type. Que signifie : Grégoire

est « le type » du bourgeois, Maheu le type de l'ouvrier ? On voit que les critères sont immanents au texte, qu'ils apparaissent dans le processus de lecture du texte, en référence avec d'autres discours. La notion de type implique une analyse idéologique.

Voilà une première direction possible pour la description du système des personnages. Un inventaire et un classement exhaustifs, à vrai dire, nous livreraient les traits permanents de cette population, sa répartition a-chronique, hors récit, telle qu'elle apparaît actuellement dans le déroulement du récit, mais aussi telle qu'elle était virtuellement avant que le récit ne commence, et telle qu'elle subsistera lorsqu'il sera achevé (mis à part les morts).

Les personnages ne sont personnages que parce que, précisément, un récit existe, dont ils assurent la marche, mais aussi dont ils vivent. Après avoir relevé dans le texte les *indices*, il faudrait donc le parcourir pour y relever les *fonctions*. Quels types d'actions, faites ou subies, sont mis en corrélation avec quels types de personnages ? Quel est le poids de chacun dans la poussée qui fait avancer le roman ? Quelles sont les fonctions de chacun, en chacune des phases où il se passe quelque chose, et, à un autre niveau, dans le modèle général du roman ? Il ne s'agit plus ici d'un système morphologique, mais plutôt d'un système syntaxique ou logique, comme le montre par exemple une étude détaillée du personnage d'Etienne Lantier.

Fonction narrative,
fonction mimétique,
fonction symbolique :
Etienne Lantier

Les deux premiers paragraphes de *Germinal* dirigent le regard du lecteur vers un personnage unique, un homme qui marche, « sous la nuit sans étoiles », dans « la plaine rase » du pays minier. Dans sa structure superficielle, le texte développe un *topos* « réaliste ». Le romancier décrit un décor et trace quelques éléments d'un portrait. Les pièces du costume sont nommées et caractérisées dans leur matière et leur volume : « Le coton aminci de sa veste et de son pantalon de velours. » A ces traits s'apparente la mention du mouchoir à carreaux. Rien sur le visage, mais une référence aux mains : « Des mains gourdes que les lanières du vent d'est faisaient saigner. » Des mains nues, pas de gants, seulement les poches pour les protéger du froid. Le degré positif de la description (ce qui est montré) et le degré négatif (ce qui est dénié) spécifient le personnage. Ce pourrait être un trimardeur, un rôdeur de grands chemins. Mais l'ensemble des composants descriptifs trouve une détermination supplémentaire et décisive dans la désignation sociologique qui clôt cette brève séquence : « Une seule idée occupait sa tête d'*ouvrier* sans travail et sans gîte. »

Voilà donc, en apparence, un roman qui s'ouvre par la

présentation d'un ouvrier d'industrie. L'homme, on le saura quelques instants plus tard, vient de Lille, où il travaillait dans les ateliers du chemin de fer. Il va pénétrer dans un autre univers industriel, celui de la mine. Deuxième *topos* réaliste : la désignation des alentours du puits, brasiers, palissades, cheminées, voie ferrée, constructions...

A partir de là, on peut suivre plusieurs pistes de lecture. Par exemple une lecture « réaliste » de surface : quelle est l'exactitude documentaire du portrait, ou du décor ? Autrement dit, le texte peut-il se lire comme un document d'histoire économique et sociale ? Ou une lecture stylistique : selon quels « procédés » le portrait et le décor se construisent-ils ? et selon quels procédés sont-ils mis en corrélation ? Tentons-en une troisième : la lecture fonctionnelle, qui s'efforcerait de situer les personnages dans le système du texte, et non par référence à la réalité extra-textuelle.

En fait, dans sa structure profonde, *Germinal* commence par l'entrée en scène d'un personnage unique, qui devient le sujet de l'énoncé, le conducteur du récit, celui à partir duquel s'articuleront désormais tous les événements et tous les points de vue sur le décor. D'entrée de jeu, un personnage se trouve distingué de tous les autres personnages à venir. Rien ne sera plus comme s'il n'était pas entré. A partir du premier tête-à-tête entre ce personnage et le monde où il pénètre, une action commence, un drame se met en place. Modèle connu, un des grands paramètres initiaux du genre romanesque. Zola s'en est servi plusieurs fois, avec des variantes (début de *La Curée*, du *Ventre de Paris*, de *La Terre*, etc.). La forme narrative et descriptive préexiste à la substance narrée et décrite. Le réalisme de surface dépend d'une rhétorique.

Le récitant

Quelques paragraphes plus loin, Etienne Lantier — il s'est présenté de lui-même — rencontre Bonnemort, le père de Toussaint Maheu, « vieillard » de cinquante-huit ans, devenu charretier sur le carreau de la mine, après avoir occupé successivement tous les postes du fond : galibot, herscheur, haveur, remblayeur, raccommodeur. Pendant qu'un manœuvre vide sur le terril les six berlines que Bonnemort y a conduites, la conversation s'engage. Elle est rapportée tantôt en énoncé narratif, tantôt en style direct, tantôt en style indirect. Entre deux parcours du charretier, Etienne regarde le paysage, à travers les ténèbres qu'éclairent les torchères. Page après page, dans le dialogue, le récit, la description, se tisse une information sur la topographie des installations minières, sur la distribution des industries complémentaires, sur la crise économique, sur la division du travail dans la mine, sur l'histoire de la Compagnie, sur la généalogie d'une famille de mineurs. Ne nous demandons pas si cette concentration de renseignements divers, où s'allient l'économie, la technique, la géographie, l'histoire, avec un sens remarquable de la synthèse, est vraisemblable dans la bouche du charretier. C'est un faux problème, qui cacherait la fonction véritable de Bonnemort. Il est de toute nécessité que ce personnage tienne les discours qu'il tient, non pas selon les lois du réel et du vrai, mais plus simplement selon celles de la narration.

La rencontre de Bonnemort est en effet la première de celles que fait Lantier et qui marqueront l'initiation du jeune ouvrier à la vie de la mine. Bonnemort fait fonction de guide, d'initiateur, de premier « adjuvant ». A l'entrée du héros dans un monde qui lui est inconnu, il lui donne les premiers éléments de la connaissance. Prenons pourtant bien garde à ceci : le savoir que le « vieillard » fournit au jeune homme ne vaut que pour le décor de la mine, pour le dehors, pour l'envers. Car le texte nous indique, avec insistance, que les galeries sont interdites à Bonnemort en raison de son âge et de ses infirmités : « Il leur a fallu me sortir du fond, parce que le médecin disait que j'allais y rester. Alors, il y a cinq années de cela, ils m'ont fait charretier (...). Et voilà cinq ans que je ne remets pas les pieds au fond »[1]. Si l'on considère l'ensemble de la population minière, Bonnemort appartient à un sous-ensemble dont le trait pertinent est précisément l'exclusion hors du fond, comme Jeanlin après son accident, comme la Brûlé, comme Maigrat, et aussi comme Souvarine. Dégradé par la vieillesse et la maladie, Bonnemort l'est plus encore par sa marginalité. On le voit seul sur le terri : il n'est jamais avec les autres sur les lieux du travail productif, de l'*abattage*. C'est encore un Maheu par l'appartenance familiale, non plus par l'appartenance à l'équipe. Mais, en même temps, il résume en lui toute la carrière du mineur : il a connu toutes les époques, et tenu tous les postes.

Par là même, Bonnemort apparaît comme un intermédiaire naturel entre le néophyte et ceux qui se battent, au fond, contre la terre, contre la nuit, contre l'enfer — et dont il fut. Une fois de plus, le héros entre en scène guidé par un vieillard, vers la fin de la nuit, au début d'une journée qui sera longue et chargée de drames. Le prologue de *Germinal* retrouve la structure et le tempo des légendes et des tragédies antiques.

N'abandonnons pas tout de suite Bonnemort. Il faut également relever l'abondance de sa parole, en ce premier chapitre. Privé du *faire*, le vieillard possède, en propre, le *dire*. C'est lui qui raconte à Lantier l'histoire de la mine et des mineurs : « Devant les flammes qui s'effaraient, le vieux continuait plus bas, remâchant ses souvenirs. Ah ! bien sûr, ce n'était pas d'hier que lui et les siens tapaient à la veine ! La famille travaillait pour la Compagnie des Mines de Montsou, depuis la création, et cela datait de loin, il y avait déjà cent six ans (...) Cent six ans d'abattage, les mioches après les vieux, pour le même patron : hein ? beaucoup de bourgeois n'auraient pas su dire si bien leur histoire ! » (p. 1140). Il n'a plus que la fonction du récitant. Mais chacun en reconnaît l'importance — et

1. *Les Rougon-Macquart*, Gallimard, 1964, Bibliothèque de la Pléiade, t. III, p. 1139.

l'auteur tout le premier. Car le récit de Bonnemort inscrit l'action de *Germinal* à la suite d'un long passé, et en dégage le sens. Le vieux charretier est la mémoire des mineurs. Dans la forêt de Vandame (IVᵉ partie, chap. VII), c'est lui qui racontera les souffrances et les combats d'autrefois et inscrira dans l'histoire la révolte d'aujourd'hui : « Des huées s'élevaient, et l'on fut surpris d'apercevoir, debout sur son tronc, le père Bonnemort en train de parler au milieu du vacarme. Jusque-là, Mouque et lui s'étaient tenus absorbés, dans cet air qu'ils avaient de toujours réfléchir à des choses anciennes. Sans doute il cédait à une de ces crises soudaines de bavardage, qui, parfois, remuaient en lui le passé, si violemment, que des souvenirs remontaient et coulaient de ses lèvres, pendant des heures. Un grand silence s'était fait, on écoutait ce vieillard, d'une pâleur de spectre sous la lune » (p. 1382).

On voit les déterminations qui jouent là derrière, et comment, sous la phrase « réaliste » (avec ses notations de physionomie, de vêtement, d'attitude, de gestes, de comportements, sociologiquement et historiquement marqués), apparaît un rôle dramatique, une *dramatis persona*, qui est proprement sans âge, car elle vient du fond de l'histoire.

Le mentor

Entre Etienne et Bonnemort, une place vide est à prendre. Le chapitre I s'achève sur un manque, dans la chaîne de personnages qui se met en place. Entre le jeune homme non initié et l'aïeul expérimenté mais dégradé, manque l'homme qui posséderait à la fois le savoir et l'agir. Il manque le père. La rencontre de Lantier et de Bonnemort en prépare une autre, autrement plus riche de conséquences. Celle-ci aura lieu au chapitre III. Mais elle apparaît d'autant plus nécessaire qu'à la fin du chapitre I s'annonce, comme dans les vieux mythes, l'affrontement du héros et du monstre. « Quand il eut repris son paquet, Etienne ne s'éloigna pas encore (...). Cependant, une hésitation le troublait, une peur du Voreux, au milieu de cette plaine rase, noyée sous une nuit si épaisse (...). Et le Voreux, au fond de son trou, avec son tassement de bête méchante, s'écrasait davantage, respirait d'une haleine plus grosse et plus longue, l'air gêné par sa digestion pénible de chair humaine » (p. 1142).

Laissons de côté le chapitre II, dont l'action, simultanée à celle du chapitre I, se passe dans la petite maison qu'occupent les Maheu — « au numéro 16 du deuxième corps » —, et passons directement au chapitre III. « Etienne, descendu enfin du terri, venait d'entrer au Voreux » (p. 1151). C'est ici le lieu de nouvelles configurations. Le sujet de l'action est toujours Etienne. Il quitte le terri, pénètre dans le hangar du criblage, dans la salle de recette, dans la baraque, dans la lampisterie, et enfin dans une berline de descente, dans le puits et dans les galeries. Le lecteur le suit, découvrant les lieux en même temps que lui. C'est le côté « visite guidée » du roman naturaliste. Mais ce qui fait le récit est ailleurs : dans les rencontres de Lantier. Leur ordre n'est nullement indifférent : Catherine, puis Maheu, puis Chaval.

Le premier échange avec Catherine Maheu est ambigu. Etienne la prend pour un garçon. « Merci, camarade... Ah ! vous êtes un bon bougre, par exemple » (p. 1156). Il n'empêche que des signes érotiques apparaissent immédiatement, dans l'environnement symbolique de « la rouge lueur des foyers ». « Elle se mit à rire (...). Lui riait aussi de contentement; et ils restèrent un instant tous deux à se rire à la face, les joues allumées » (p. 1157). Un peu plus tard, dans la cage de descente, Etienne est « tassé » contre Catherine, « dont un coude lui laboure le ventre ». « Elle ne prononçait pas un mot, il la sentait seulement contre lui, qui la réchauffait. » En fait de coude, c'est de son sein qu'il s'agit. « Etienne, en se tournant, se trouva de nouveau serré contre Catherine. Mais, cette fois, il devina les rondeurs naissantes de la gorge, il comprit tout d'un coup cette tiédeur qui l'avait pénétré.

« — Tu es donc une fille ? murmura-t-il, stupéfait » (p. 1160 et 1163). L'intimité sexualisée a précédé le désir conscient. Mais une corrélation vient de s'instituer : celle qui unit le héros quêteur à la valeur désirable.

La corrélation qui associe Etienne et Maheu n'est pas moins importante pour la marche du roman, et pour son sens. Maheu, chef d'équipe, embauchant Etienne, lui donne l' « ouvrage », le travail, le moyen de survivre. « Tiens ! et cet homme qui cherchait de l'ouvrage ! Justement, Dansaert passait devant la baraque. Maheu lui conta l'histoire, demanda l'autorisation d'embaucher l'homme » (p. 1156). Maheu prend également le relais de Bonnemort, en « expliquant les choses au jeune homme » : « Regardez, au-dessus de la cage, il y a un parachute, des crampons de fer qui s'enfoncent dans les guides, en cas de rupture... » Et la leçon continue pendant la descente. « Maheu disait : « C'est le premier accrochage. Nous « sommes à trois cent vingt mètres... Regardez la vitesse » » (p. 1158 et 1159). Dans les galeries, Etienne « suit avec attention, devant lui, les moindres gestes de Maheu ». Celui-ci conseille, guide, avertit. « Il faut monter, reprit Maheu. Pendez votre lampe à une boutonnière, et accrochez-vous au bois » (p. 1162). Il est le Mentor du fond, comme Bonnemort avait été celui du terri. Mais le vrai savoir est celui du fond, car il s'identifie au faire. Maheu montre moins par la parole que par l'acte. « Lui-même disparut. Etienne dut le suivre. » Le profane refait les gestes du maître, il imite, et agit après lui. Maheu, plus que l'adjuvant, figure l'attributeur : attributeur du travail — c'est-à-dire de la vie — et du savoir; attributeur aussi de la valeur désirée : Catherine, fille de Maheu. En ce dernier, Etienne trouve à la fois un maître et un père de rechange, Maheu, au fond des galeries, est le Roi, dispensateur des biens primordiaux, lui aussi figure archétypale.

Au terme de ce chemin, Lantier rencontre Chaval.
« Mais comme il arrivait en effet, une autre voix cria du
fond de la taille. « Eh bien ! quoi donc ? est-ce qu'on se
« fout du monde ? (...) J'ai deux kilomètres à faire de
« Montsou, et je suis là le premier ! » C'était Chaval,
un grand maigre de vingt-cinq ans, osseux, les traits forts,
qui se fâchait d'avoir attendu. Lorsqu'il aperçut Etienne,
il demanda, avec une surprise de mépris : « Qu'est-ce que
« c'est que ça ? » Et Maheu, lui ayant conté l'histoire, il
ajouta entre les dents : « Alors, les garçons mangent le
« pain des filles ! » Les deux hommes échangèrent un
regard, allumé d'une de ces haines d'instinct qui flambent
subitement » (p. 1163). Au désir d'instinct qui a jailli
entre Etienne et Catherine, répond cette haine d'instinct
qui flambe d'emblée entre Etienne et Chaval. Le héros a
trouvé son rival : concurrent dans le travail, concurrent
auprès de la fille, concurrent auprès du père. Etienne-
Catherine, Etienne-Maheu, Etienne-Chaval. Des structures se fixent : constituants narratifs en incidence directe
sur l'événement et le sens à venir.

Sur les talons de Maheu, le lecteur lui aussi a parcouru
les galeries et les veines de la mine de charbon. Les expli-
cations de Maheu valent pour le lecteur autant que pour
Etienne. Le tissu descriptif et les gloses métalinguistiques
amalgament un reportage documentaire au récit. Le discours technique, garant de véracité, dissimule sous le
didactisme la fictivité de la narration. Mais à l'inverse il
ne se fait accepter par le lecteur de roman que s'il n'est
pas exclusivement perçu comme tel. C'est pourquoi il se
laisse pénétrer par l'image, qui perturbe la fonction référentielle en y mêlant les traits de l'expressif, de l'impressif
et du poétique. « Des trains de berlines pleines ou vides
passaient continuellement, se croisaient, avec leur tonnerre emporté dans l'ombre par des bêtes vagues, au trot
de fantôme. Sur la double voie d'un garage, un long
serpent noir dormait, un train arrêté, dont le cheval

s'ébroua, si noyé de nuit que sa croupe confuse était comme un bloc tombé de la voûte » (p. 1161). Ailleurs, l'inscription du réel matériel, économique et social est encodée dans une phrase narrative, où le point de vue du héros filtre la description : « Etienne avait manqué d'être écrasé. Ses yeux s'habituaient, il regardait en l'air filer les câbles, plus de trente mètres de ruban d'acier, qui montaient d'une volée dans le beffroi, où ils passaient sur les molettes pour descendre à pic dans le puits s'attacher aux cages d'extraction » (p. 1152).

Les deux héros

Voilà donc un double espace narratif, ou plutôt un espace constitué d'une substance, l'univers de la mine, et d'une forme, ce carré de figures : le héros, la fille, le père, le rival. A partir de ces quatre personnages, et des trois combinaisons initiales, nouées successivement au cours du chapitre III — qui forme ainsi la véritable base de *Germinal* —, toutes sortes de structures dérivées sont imaginables. Si l'on ne retient que celles où apparaît Etienne, on obtient les structures triangulaires suivantes : Etienne-Catherine-Maheu ; Etienne-Catherine-Chaval ; Etienne-Maheu-Chaval. Avant d'en rappeler la fortune dans le roman, revenons sur chacun des personnages constituants, pris à part.

D'abord Etienne. C'est un homme qui vient d'ailleurs, étranger à la population de Montsou, à l'ensemble des mineurs et de leurs familles, comme aussi des bourgeois. A la fin de l'histoire, il repartira ailleurs. Il y a en lui une disponibilité d'aventure. Il a appartenu et appartiendra à d'autres univers, à la différence de tous les autres personnages, dont l'horizon n'a jamais dépassé et ne dépassera jamais les limites de Montsou. Au début du roman, nous l'avons vu, Etienne apparaît sans liens de famille ni d'amitié. Au contraire, tous ceux qu'il rencontrera (sauf Souvarine) sont inclus dans des groupes, familiaux et sociaux. Jusqu'au terme, Lantier restera seul. Et c'est en solitaire qu'il repartira. Il n'y a nulle contradiction entre ce statut et le fait que, seul aussi de son espèce en la matière, il aura pour interlocuteurs tous les personnages qui ont dans le roman un rôle actif. Seul, il dialogue à la fois avec tous les mineurs et avec Hennebeau, porte-parole de la classe antagoniste. En un autre langage, on pourrait dire qu'il est à l'intersection de tous les sous-ensembles de personnages. Il est l'élément commun de plusieurs combinaisons différentes, sans pourtant constituer avec qui que ce soit un sous-ensemble. Sinon, peut-être, brièvement, avec Souvarine et avec Rasseneur : mais encore chacun reste-t-il enfermé dans son propre système de pensée; aucun point commun ne réunit les trois hommes. Une proposition romantique et petite-bourgeoise s'exprime là-dessous : le révolutionnaire est un isolé, un aventurier.

Cette solitude confère la liberté et l'ubiquité. Etienne Lantier est présent à tous les points stratégiques du récit. Par exemple, en tête du premier et du dernier paragraphe d'un chapitre (chap. I, chap. III). De même qu'il a de multiples interlocuteurs, il séjourne en de multiples lieux : la mine, au fond et à la surface, le café de Rasseneur, le logement des Maheu, le bureau de Hennebeau, la forêt, la route, le puits de mine abandonné, les terris, les champs, la ducasse, le café du Bon Joyeux. Ce sont ses allées et venues qui créent la topographie du roman. L'aire de ses déplacements est plus vaste que celle d'aucun autre personnage. Il y a d'autres parcours dans le roman (celui de la Maheude à la recherche d'une aumône, ou celui des joueurs de cholette); ils contribuent à donner au lecteur la mémoire des lieux; mais celui de Lantier est le plus divers. Au reste, son passage à Montsou ne forme qu'une halte sur un itinéraire de plus longue envolée, qu'il reprendra à la fin du roman. Ceci se perçoit à la lecture, et c'est ce qui assure au roman, pour une part, sa dynamique. L'action naît sous les pas d'Etienne. C'est aussi cette disponibilité du personnage qui permet pour une part l'illusion réaliste. Si le romancier confinait Lantier chez les Maheu et au fond de la mine, que resterait-il du reportage documentaire ?

Et si Etienne n'entre pas, à la fin de la nuit initiale, dans la salle de recette, le lecteur ne fera jamais la connaissance des Maheu. Les autres personnages n'existent que par lui, ils ne surgissent dans le livre qu'au fur et à mesure de son cheminement. Tout se noue autour de son embauche dans la taille de Maheu. La logique des actions dépend de lui. Il a un vouloir, un programme. Il n'a rien, mais il fait. Il organise. Il fera des individus un ensemble, de la foule une force qui va.

Les autres personnages, l'un après l'autre, servent ses actes, sont ses acolytes : Maheu, Rasseneur, Bonnemort, la Maheude, Jeanlin, Souvarine. Le sabotage même du Voreux entre dans le grand dessein dont il est devenu le champion. A la fin de l'aventure, il tue son rival et possède la femme désirée. Un moment renié par ses disciples, il reçoit la vie sauve de ceux mêmes qui lui lançaient des pierres après l'avoir reconnu pour leur chef. De quelque point de vue qu'on le considère, pourvu qu'on s'en tienne aux modalités de la narration, il est bien le héros du livre, le premier héros de *Germinal*.

Maheu ne serait-il pas le second ? Comme Bonnemort, et à la différence d'Etienne, il est à la mine depuis sa naissance; il y mourra. Il est exclusivement et totalement mineur. C'est là, sur le carreau, qu'il est rencontré par Etienne (j'emploie le passif à dessein). Son *avoir* est riche — non du point de vue d'une économie matérielle, mais du point de vue de l'économie narrative. Il est possesseur de la famille; c'est lui le « chef » de la famille Maheu. Il est le père, possesseur et destinateur de la fille à marier. Il a le savoir technique. Il détient, à un certain niveau, l'embauche, le travail. Il a l'équipe, qu'il précède dans les galeries et « sur la montée du front de taille », et dont il est le porte-parole face à l'ingénieur et au directeur. De là son *faire*. Dans la mine, pour l'instruction d'Etienne et du lecteur, et pour le « réalisme » de l'œuvre, le savoir de

Maheu complète les regards d'Etienne. Il adopte celui-ci dans son équipe; un peu plus tard, dans sa maison, sous son toit, dans la chambre même où dort sa fille.

A partir de là s'arrête en Maheu le rôle de l'attributeur. Le rôle de l'adjuvant s'y substitue. Tandis qu'Etienne et Catherine se tutoient rapidement, comme tous les compagnons de travail, Maheu vouvoie Etienne, comme si une distance déférente devait être marquée de l'initiateur à l'initié. Lorsque Etienne devient propagandiste de l'Association internationale des Travailleurs, et secrétaire de la Caisse de Prévoyance des Mineurs, Maheu lui apporte son aide. Ils parcourent ensemble le coron, le jour où la Compagnie baisse le tarif du marchandage[1]. Comme Maheu avait fait l'éducation technique d'Etienne, c'est Etienne qui fait l'éducation syndicale et politique de Maheu. Lors de l'audience chez Hennebeau, Maheu parle le premier, et expose les revendications des mineurs; mais Etienne lui succède, et « dès ce moment, la lutte continua entre M. Hennebeau et lui, comme si les autres mineurs n'avaient plus été là » (p. 1322). Désormais, Etienne sera « le chef incontesté ». Au rassemblement du Plan-des-Dames, Maheu le soutient contre Rasseneur. Ils sont ensemble dans le défilé, « Etienne, au centre », et « Maheu, derrière ». « Dès la Fourche-aux-Bœufs, Etienne avait pris le commandement. Sans qu'on s'arrêtat, il criait des ordres, il organisait la marche » (p. 1417). Chef incontesté dans le travail, Maheu n'est dans la lutte que le compagnon le plus proche.

Mais sur un autre plan, il se trouve à un des points cardinaux de l'œuvre. Il a donné à Etienne sa propre fille pour compagne de travail. Accueillant Etienne sous le toit familial, il est pour lui un père de rechange. Etienne partage la chambre de Catherine, comme ses *autres* frères. Le désir qui naît entre les deux jeunes gens ne peut être désormais qu'un désir incestueux. Sœur, Catherine ne peut être amante. Maheu, possesseur et attributeur de la

1. *Germinal*, IIIe partie, chap. IV.

valeur désirée, est en même temps un obstacle infranchissable à l'accomplissement du désir. Pour que l'ombre de l'inceste, et son interdit, disparaissent, il faut que Maheu meure. C'est lui qui empêche Etienne de toucher Catherine, et non pas Chaval.

La mort du père s'inscrira au terme d'une double nécessité, et elle opérera sur Etienne un double déniaisement, sexuel et politique. Un premier lien s'était rompu avec l'entrée d'Etienne dans la clandestinité du puits désaffecté, où il a retrouvé Jeanlin, lui aussi détaché de la famille Maheu. La mort de Maheu sera la rupture libératrice. Etienne peut désormais prendre Catherine. Mais cette mort enseigne d'autre part à Etienne la vanité de ses utopies politiques, et la réalité meurtrière de la lutte des classes.

C'est en ce sens qu'on peut tenir Maheu, lui aussi, pour un héros, le second héros de *Germinal*. L'adoption d'Etienne, le héros quêteur, par Maheu, chef de famille et chef d'équipe, chef d'une tribu de « damnés de la terre », constitue la première phase, indispensable, d'une double quête : la quête de la femme, et celle de la justice. Les deux quêtes ne font qu'une, en raison de la valeur symbolique du personnage de Catherine. Mais pour que le lecteur perçoive le texte comme roman, il les faut distinctes, encore que liées. L'éducation d'Etienne, et la naissance de son double désir, de son double dessein, résultent de cette adoption. Dans la dialectique du récit, cette phase nécessaire est transitoire, et sa négation n'est pas moins nécessaire. L'arrachement libérateur se fait en deux étapes : la reconquête de la solitude, dans les ténèbres du puits Réquillart, puis la destruction du lien filial, avec la mort de Maheu sous les balles des soldats. C'est à ce prix qu'Etienne échappe à la castration, sexuelle et politique. Sans la rencontre de Maheu, la quête n'aurait jamais commencé. Sans la mort de Maheu, elle n'aurait jamais abouti.

Au second plan, le personnage de Chaval. Celui-là, d'un bout à l'autre du roman, est le rival, l'antagoniste, et, pis encore, le traître. Bien qu'il appartienne à l'équipe de Maheu, il fait bande à part. Au chapitre III de la première partie, il est arrivé sur le front de taille avant ses camarades. Lui aussi vient d'ailleurs : « Il n'est pas d'ici, voilà six mois qu'il est arrivé du Pas-de-Calais », précise Catherine. Mais, à la différence d'Etienne, il ne sera jamais adopté par le clan Maheu. Il prend Catherine, presque de force, et l'emmène. Avec ses moustaches « rouges », « son visage noir », et son « grand nez en bec d'aigle », il figure le ravisseur, le prédateur, l'être de proie, le violeur, le pillard. Le provocateur aussi. Et le « jaune ». Quand la Compagnie réduit sa production, il abandonne l'équipe Maheu et s'embauche avec une autre, « mordu peu à peu d'envie » contre Etienne, « ce dernier venu qui se posait en maître, et dont tout le coron, disait-il, léchait les bottes ». Quand la grève éclate à la Compagnie de Montsou, il s'engage au puits Jean-Bart. Dénoncé comme traître à la réunion du Plan-des-Dames, il déclenche la révolte à Jean-Bart, puis, cédant à la flatterie et aux promesses de Deneulin, il stoppe le mouvement. Dès lors, de traîtrise en humiliation, c'est entre lui et Etienne une haine à mort. A deux reprises Etienne manque de le tuer ou d'être tué par lui. Au fond de la mine inondée, il lui écrase le crâne avec un bloc de roche.

L'inondation a ainsi restitué, dans la nuit et le silence du fond, une des trois configurations nucléaires qui forment le noyau du roman, et dont la foule des figurants ou l'entassement des décors dissimulent la simplicité. Ces trois configurations ont débouché sur la liquidation d'un conflit. A l'intérieur du triangle Etienne-Catherine-Chaval a éclaté dès le début un conflit de rivalité sexuelle, qui ne pouvait se régler que par la mort d'un des deux hommes. Car nous sommes ici non dans l'univers du vaudeville, mais dans celui du drame — ou du mélodrame.

Le conflit sexuel s'est doublé d'un antagonisme politique, avec sa violence propre. C'est un renouvellement du modèle triangulaire. On lit le meurtre de Chaval comme l'exécution — différée — d'un traître, autant que comme le meurtre d'un rival. Dans le triangle Etienne-Maheu-Chaval, il s'agit d'un conflit de rivalité à la fois professionnelle et familiale. Jusqu'à l'arrivée d'Etienne, Chaval se trouvait en position de fils adoptif : lui aussi, étranger à l'origine, avait été adopté doublement par Maheu, dans l'équipe, et auprès de la fille. Mais à cette relation de fait, Etienne a substitué, par son mérite propre, une relation de droit. Catherine, qui appartient à Chaval, aime Etienne. Des deux « fils » adoptifs, l'un est désormais de trop. Dans le triangle Etienne-Catherine-Maheu, enfin, le conflit, nous venons de le voir, reposait sur l'inceste, ou sur un fantasme d'inceste, qu'a réduit la mort du père.

Une fin heureuse aurait éliminé seulement les deux personnages-obstacles, l'un totalement antagoniste, Chaval, l'autre, compagnon tragique, Maheu. Elle aurait laissé la vie sauve au personnage-enjeu, Catherine. Or, à la fin de l'œuvre, des quatre figures du carré, trois sont anéanties. Seul reste Etienne. C'est la preuve par neuf d'un système narratif fondé sur la logique des conflits à la manière classique. La logique du roman condamnait Catherine à mort, aussi bien que son père et son premier amant. Ou plus exactement l'échec de la grève porte en lui la mort de Catherine. Pour que le roman dégage pleinement sa leçon, il faut que la déception du lecteur soit totale, au plan politique et au plan affectif — sous peine d'une déception esthétique qui du coup détruirait l'œuvre en tant que telle. Figure de la femme et figure de la justice, objet du désir et terme de la quête du héros, Catherine ne peut périr à demi, pour un seul de ses deux signifiés. L'unité du texte est à ce prix; et, de même, la valeur allégorique du départ d'Etienne. Imaginons un instant Etienne et Catherine mariés, et vivant à leur tour la vie des Maheu : l'hémorragie affective est jugulée, mais c'est à la fois le système narratif et le système mythique de *Germinal* qui s'écroulent. En revanche, que la Maheude survive, et prenne à la mine la place de « son homme », ne compromet nullement l'infrastructure du roman. Il faudrait étudier quelle est la place de la Maheude dans le système des personnages. Malgré son importance comme source de pathétique, elle semble, du point de vue fonctionnel, un personnage de second ou de troisième plan. Comme toutes les autres femmes du roman, sauf Catherine.

L'étude des personnages de Zola est donc un terrain privilégié pour mettre en procès le concept esthétique de « réalisme », et, plus précisément, le concept stylistique d' « écriture réaliste ». Et pourtant, Zola lui-même s'est gargarisé de tous ces termes qui entrent peu ou prou dans la compréhension du réalisme : *vérité, vraisemblance, observation, description, expérience, nature, naturalisme...* Et pourtant, la tradition critique et pédagogique s'obstine à répéter les mêmes définitions étriquées et superficielles du Naturalisme, présenté comme un avatar du Réalisme — le grand, celui de Balzac bien entendu.

Types et stéréotypes

Dans son admirable *Mimesis*, Auerbach n'est pas à l'abri de ces travers. Il présente *Germinal* à partir de deux pages, l'une extraite du chapitre sur la ducasse (« Jusqu'à dix heures, on resta. Des femmes arrivaient toujours... Il n'y a qu'une chose qui me chauffe le cœur, c'est l'idée que nous allons balayer les bourgeois »), l'autre rapportant les conversations qui ont lieu, le soir venu, chez les Maheu (« Dame ! répondait Maheu, si on avait plus d'argent, on aurait plus d'aise... Eh ! justement, les choses changeraient bientôt, parce que l'ouvrier réfléchissait à cette heure »[1]). Ses commentaires sont d'assez bons exemples

1. Eric AUERBACH, *Mimesis*, Gallimard, 1968, p. 501 à 508. Les deux passages cités se trouvent dans *Les Rougon-Macquart*, Gallimard, 1964, Bibliothèque de la Pléiade, t. III, pp. 1271-1272 et 1275-1276.

de ce qu'on pourrait appeler une analyse naïve, où le système de représentations du commentateur, se retrouvant dans celui du romancier, fait de cet effet de miroir un critère de vérité : « Joies misérables et frustes; dépradation précoce et usure rapide du « matériel » humain; vie sexuelle dissolue et natalité trop élevée par rapport aux conditions d'existence, attendu que la copulation est le seul plaisir qui ne coûte rien; brochant sur le tout, haine révolutionnaire qui tend à se traduire par la violence chez les plus énergiques et les plus intelligents; tels sont les motifs de ce texte... L'art du style a complètement renoncé à produire des effets agréables au sens traditionnel du mot; il est mis au service de la déplaisante, oppressante, désespérante vérité. Mais cette vérité est en même temps un appel à l'action, à la réforme sociale. »

Est « réaliste », en somme, ce qui vous donne l'impression de la vérité. Soit par la dissémination, à la surface du texte romanesque, d'un énoncé informatif, d'un savoir, d'une description-reflet : « Zola connaît dans le détail la technique de l'extraction minière, il connaît la psychologie des différentes catégories ouvrières et de l'administration, il connaît le fonctionnement de la direction centrale, la lutte qui oppose les groupes capitalistes, la coopération des intérêts capitalistes avec le gouvernement, l'armée. » Soit par la projection, sur le texte, des idées reçues du lecteur. De là la notion de « type » ou de « typique ». « Tout cela, écrit Auerbach, forme un tableau typique de la classe ouvrière aux premiers temps du socialisme. » Quelle proposition aventureuse, ne serait-ce que par le flou de sa détermination temporelle (« aux premiers temps du socialisme »), mais plus encore par l'emploi du mot *typique* ! Imagine-t-on comme trait caractéristique du comportement des familles ouvrières, vers 1880, ces soirées sous la lampe, où chacun, grand-père, mari, femme, enfants, médite et discourt sur la promiscuité, le travail, la misère, et s'exalte à la pensée des révolutions futures ? Auerbach ne semble pas voir que dans la page sur la soirée au coron jouent d'autres contraintes que celles de l'énoncé référentiel, de la pure et exacte *mimesis* du réel social. A supposer que le langage de chacun des personnages (Maheu, la Maheude, Bonnemort, Lantier) soit typique de sa condition, il est non moins typique de son rôle narratif, de sa fonction dramaturgique, de sa relation fonctionnelle aux autres personnages, de ses surdéterminations littéraires. Et cela suffit pour parasiter son « réalisme », sa « vérité », ou pour que ces mots n'aient plus guère de valeur instrumentale, sauf à les employer avec beaucoup de précautions. L'ordre même des interventions n'est pas dû au hasard, mais déterminé par les attributs des personnages : il revient évidemment à Lantier, dans cette séquence, de parler le dernier.

Poussons même un peu plus avant l'analyse de ce passage, dont Auerbach fait un modèle de typique historique et social. Il suffit de placer en opposition paradigmatique, et non plus en succession syntagmatique, les répliques des quatre personnages, et l'on verra à quel point tout ceci est formalisé, selon un modèle systématique sous-jacent, étroitement dépendant des structures narratives, mythiques et idéologiques qui supportent l'ensemble du récit (voir le tableau page suivante).

Les propos de Lantier répondent à ceux de Maheu, comme ceux de Bonnemort font écho à ceux de la Maheude. Le dialogue du Père et du Fils encadre le lamento de la Femme et du Vieillard. Le discours de la misère est modulé sur quatre voix : deux pour l'acceptation (elles-mêmes sur deux tons différents), deux pour le refus; deux pour le langage de l'affect, deux pour le langage de l'analyse et du raisonnement (hypothétique chez l'un, catégorique chez l'autre). Tout ceci est soumis à des parallélismes et à des symétries. « Zola, écrit Auerbach, sait ce que ces hommes ont pensé et dit. » Voire... Ne les fait-il pas plutôt parler conformément à ce qu'exige leur situation, non dans un système de *types*, mais de *stéréotypes* ? Le mode de distribution de ces thèmes et de ces voix, sous l'apparente objectivité du reportage, constitue à vrai dire un des signifiants du discours qui circule implicitement

Personnage	Réplique	Sexe	Age	Statut familial	Statut professionnel	Statut dramaturgique	Ordre dans la succession des répliques	Sens de la réplique
Maheu	Dame, si l'on avait plus d'argent, on aurait plus d'aise... Tout de même, c'est bien vrai que ça ne vaut rien pour personne de vivre les uns sur les autres. Ça finit toujours par des hommes soûls et des filles pleines.	Masculin	Adulte	Père	Mineur de fond	Dominant	Premier	Critique économique Absence d'analyse causale Espoir posé Prophétie hypothétique
Maheude	L'embêtant, voyez-vous, c'est lorsqu'on se dit que ça ne peut pas changer... Quand on est jeune, on s'imagine que le bonheur viendra, on espère des choses; et puis, la misère recommence toujours, on reste enfermé là-dedans... Moi, je ne veux du mal à personne, mais il y a des fois où cette injustice me révolte.	Féminin	Adulte	Mère	Sans profession	Secondaire	Second	Révolte Constat d'impuissance Espoir dénié Résignation
Bonnemort	Faut cracher sur rien. Une bonne chope est une bonne chope... Les chefs, c'est souvent de la canaille; mais il y aura toujours des chefs, pas vrai? Inutile de se casser la tête à réfléchir là-dessus.	Masculin	Vieillard	Aïeul	Charretier en surface	Secondaire	Troisième	Constat d'impuissance Résignation Refus de l'analyse
Lantier	Comment! La réflexion serait défendue à l'ouvrier? Eh! justement, les choses changeraient bientôt, parce que l'ouvrier réfléchissait à cette heure.	Masculin	Adulte	Fils adoptif	Mineur de fond	Dominant	Dernier	Analyse causale Espoir posé Prophétie catégorique

sous le texte, et qui est la parole intérieure du romancier, elle-même préformée par le discours de l'époque. Ce discours intérieur, qui est à la fois celui d'un intellectuel bourgeois de la fin du XIXe siècle, et celui d'un technicien du genre romanesque, véhicule des modèles idéologiques et des modèles narratifs, ceux-ci servant d'expression à ceux-là. Lantier représente en même temps le « Meneur » et le Héros quêteur. Le texte répond à un double engendrement : celui de la thèse et celui du récit, chacun avec sa « grammaire ». La poussée génétique de cette double détermination équilibre, pour le moins, celle qui vient des motifs réels, de l'observation et du savoir délibérément accumulés, de l'enquête documentaire. Zola le sentait plus ou moins clairement, lorsque, dans sa terminologie théorique, il associait la *logique* à l'*observation* : la « logique », propriété du je narrateur, marque de l'énonciation, emprisonne la mimesis dans les schèmes préimposés de la vision subjective, et subvertit le parti-pris prétendu de « naturalisme ».

Le filtre

Après tout, n'est-ce pas dans ce sens qu'on pourrait lire la définition que Zola proposait dès 1864 : « L'œuvre d'art est un coin de la nature vu à travers un tempérament ? » Selon qu'on retient le premier élément (« un coin de la nature ») ou le second élément (« vu à travers un tempérament ») du groupe attributif, on justifie la conception traditionnelle du réalisme — l'œuvre-reflet, *mimesis* du référent historique et social —, ou une conception moins banale, qui reconnaîtrait la trace inévitable du sujet dans l'œuvre. Le travail de l'énonciation est affirmé trois fois dans cette formule : dans *vu*, dans *tempérament*, et dans *à travers*. C'est peut-être devant cet *à travers* que la critique d'aujourd'hui pourrait rester le plus longtemps en arrêt. Car tout tient à la structure et au fonctionnement du filtre par lequel passe la matière « naturelle et sociale », avant de devenir matière scripturale.

Il n'est certes pas indifférent de poser que *Germinal* fait écho au développement des grèves ouvrières à partir de 1880, et que la vie des personnages est décrite à l'image de celle des mineurs du Nord. On peut aller très loin dans ce sens, démontrer avec précision que Souvarine renvoie aux nihilistes russes, acteurs réels de l'histoire européenne, ou que la topographie de Montsou est calquée sur celle d'Anzin. La recherche des sources est indispensable à qui veut étudier le problème, nullement épuisé, des rapports entre le texte et le référent, entre le littéraire et l'historique, entre le roman et le réel. Mais cela dit, la définition même de l'œuvre d'art par Zola oblige à s'interroger sur la manière dont la source réelle est saisie. Disons pour simplifier qu'elle se trouve soumise à un double filtrage, à une double réfraction sélectrice et transformatrice, de nature à la fois idéologique et sémiotique. Zola a vu les mineurs d'Anzin, dans leurs demeures, et dans la mine; c'est un fait. Mais, aussi bien, il les a *lus* : dans les journaux, les romans d'Yves Guyot ou de Talmeyr, dans les adaptations françaises de Karl Marx et les propos de Guesde, dans les récits et les descriptions d'un informateur comme Alfred Giard, dans les gravures de Louis Simonin et dans la toile de Roll, qui est à *lire* autant qu'à regarder[1]. La chose vue (le spectacle de l'objet même) et la chose lue (l'empreinte des discours dominants) se mêlent — selon quels processus ? — pour composer dans *Germinal* un nouveau discours sur la classe ouvrière, sur lequel retombent en bloc toutes les représentations antérieurement accumulées dans la conscience du sujet Zola. Au cours de cette genèse, qui médiatise la source objective par le « discours préconstruit »[2], surgit, non pas encore Maheu,

---

1. A. ROLL, *La grève des mineurs*, exposée au Salon de 1880.
2. Voir Régine ROBIN, *Histoire et linguistique*, A. Colin, 1973, pp. 105-106. « Le préconstruit, écrit Régine Robin, renvoie à ce que chacun sait, aux contenus de la pensée du « sujet universel », à ce que chacun dans une situation donnée peut voir et entendre, aux contenus du « contexte

mais — si l'on peut dire — l'embryon du mineur romanesque, avec ses attributs idéologiquement marqués. Et là-dessus, ou plus exactement dans le même processus — dès le début de la genèse — intervient le travail de la construction romanesque, qui surimpose ses propres objectifs, ses propres modèles actanciels, ses propres dispositifs, pour donner naissance au *personnage* achevé. L'histoire d'Etienne, le haveur, et de Catherine, la herscheuse, se trouve, d'entrée de jeu, réinterprétée en fonction d'un autre « code », celui des situations dramatiques. Il en va de même pour les personnages secondaires. La mise en équivalence de Bonnemort, de Jeanlin et de la Brûlé, qui a pour corollaire la mise en équivalence de leurs trois meurtres et de leurs trois victimes (Cécile, le petit soldat et Maigrat), répond à des contraintes mythiques, peut-être peu conscientes chez l'écrivain[1], mais qui constituent une structure fortement autonomisée par rapport au référent socio-historique. Une compétence narrative, héritée, vient heurter de plein fouet une compétence discursive, également héritée, et le matériau documentaire recueilli par observation directe. De ce carambolage naît un texte qui n'est rien moins que (seulement) mimétique.

Le problème serait maintenant d'évaluer le rapport qui s'institue entre les structures discursives liées à la conjoncture idéologique (par exemple le propos que se tient l'écrivain bourgeois devant le développement du mouvement ouvrier, et que manifestent métaphoriquement les titres primitifs de *Germinal*), et les structures narratives

situationnel » présupposé par la communication. Le préconstruit renvoie aux représentations et en particulier à l'image de « la réalité », à l'évidence empirique (...). Une évidence qui implique un discours préalable, sédimenté sous la forme d'une représentation correspondant au référent dont il est question et dont on a effacé les conditions de production pour pouvoir mettre à la place le sujet universel. »

1. Voir cette déclaration de Zola : « Les romanciers naturalistes veulent sortir du conte, refusent cette banalité du récit pour le récit » (citée par Philippe HAMON, *Qu'est-ce qu'une description ?*, *Poétique*, n° 12, 1972, pp. 466-485).

réemployées pour les besoins du produit-roman, sachant que les éléments de ces dernières sont eux-mêmes des signifiants idéologiques — non conjoncturels, mais exploitables sur une longue durée et renvoyant à des phénomènes sociaux de grande amplitude temporelle (par exemple la condition de la femme, dont Catherine est une des figures possibles). La narratique et la sociocritique trouveraient un champ commun dans cette étude des conditions réelles de la production romanesque[1].

---

1. Voir Régine ROBIN, *op. cit.*, p. 107 : « Tout un travail est à élaborer sur les traces linguistiques, dans le discours, des systèmes de représentations, et ce n'est qu'à ce prix que pourra voir le jour une théorie matérialiste du discours. » Ce n'est qu'à ce prix, également, qu'on pourra tenir sur le « réalisme » un discours qui cesserait d'être asservi à une rhétorique critique dépassée et pourtant encore florissante dans sa simplicité idéaliste.

Nègres et négriers dans
Le Voyage au bout de la nuit

On se rappelle l'étape coloniale de Bardamu. Parvenu en Bragamance, pays imaginaire de l'Afrique noire, le personnage du *Voyage* pénètre dans le magasin que tient un Européen pour le compte de la « Compagnie pordurière ». Là, il est le témoin d'une scène typique du commerce colonial :

Comme nous étions là, jamais las de l'entendre, une famille de récolteurs, timide, vient se figer sur le seuil de sa porte. Le père en avant des autres, ridé, ceinturé d'un petit pagne orange, son long coupe-coupe à bout de bras.

Il n'osait pas entrer le sauvage. Un des commis indigènes l'invitait pourtant : « Viens bougnoule ! Viens voir ici ! Nous y a pas bouffer sauvages ! » Ce langage finit par les décider. Ils pénétrèrent dans la cagna cuisante au fond de laquelle tempêtait notre homme au « corocoro ».

Ce noir n'avait encore, semblait-il, jamais vu de boutique, ni de blancs peut-être. Une de ses femmes le suivait, yeux baissés, portant sur le sommet de la tête, en équilibre, le gros panier rempli de caoutchouc brut.

D'autorité les commis recruteurs s'en saisirent de son panier pour peser le contenu sur la balance. Le sauvage ne comprenait pas plus le truc de la balance que le reste. La femme n'osait toujours pas relever la tête. Les autres nègres de la famille les attendaient dehors, avec les yeux bien écarquillés. On les fit entrer aussi, enfants compris et tous, pour qu'ils ne perdent rien du spectacle.

C'était la première fois qu'ils venaient comme ça tous ensemble de la forêt, vers les blancs en ville. Ils avaient dû s'y mettre depuis bien longtemps les uns et les autres pour récolter tout ce caoutchouc-là. Alors forcément le résultat les intéressait tous. C'est long à suinter le caoutchouc dans les petits godets qu'on accroche au tronc des arbres. Souvent, on n'en a pas plein un petit verre en deux mois.

Pesée faite, notre gratteur entraîna le père, éberlué, derrière son comptoir et avec un crayon lui fit son compte et puis lui enferma dans le creux de la main quelques pièces en argent. Et puis : « Va-t'en ! qu'il lui a dit comme ça. C'est ton compte !... »

Tous les petits amis blancs s'en tordaient de rigolade, tellement il avait bien mené son business. Le nègre restait planté penaud devant le comptoir avec son petit caleçon orange autour du sexe.

— Toi, y a pas savoir argent ? Sauvage, alors ? — que l'interpelle pour le réveiller l'un de nos commis débrouillards habitué et bien dressé sans doute à ces transactions péremptoires. — Toi y en a pas parler « francé » dis ? Toi y en a gorille encore hein ?... Toi y en a parler quoi hein ! Kous kous ? Mabillia ? Toi y en a couillon ! Bushman ! Plein couillon !

Mais il restait devant nous le sauvage la main refermée sur les pièces. Il se serait bien sauvé s'il avait osé, mais il n'osait pas.

— Toi y en a acheté alors quoi avec ton pognon ? intervint le « gratteur » opportunément. J'en ai pas vu un aussi con que lui tout de même depuis bien longtemps, voulut-il bien remarquer. Il doit venir de loin celui-là ! Qu'est-ce que tu veux ? Donne-moi-le ton pognon !

Il lui reprit l'argent d'autorité et à la place des pièces lui chiffonna dans le creux de la main un grand mouchoir très vert qu'il avait été cueillir finement dans une cachette du comptoir.

Le père nègre hésitait à s'en aller avec ce mouchoir. Le gratteur fit alors mieux encore. Il connaissait décidément tous les trucs du commerce conquérant. Agitant devant les yeux d'un des tout petits noirs enfants, le grand morceau vert d'étamine : « Tu le trouves pas beau toi dis morpion ? T'en as souvent vu comme ça dis ma petite mignonne, dis ma petite charogne, dis mon petit boudin, des mouchoirs ? ». Et il le lui noua autour du cou d'autorité, question de l'habiller.

La famille sauvage contemplait à présent le petit orné de cette grande chose en cotonnade verte... Il n'y avait plus rien à faire puisque le mouchoir venait d'entrer dans la famille. Il n'y avait plus qu'à l'accepter, le prendre et s'en aller.

Tous se mirent donc à reculer lentement, franchirent la porte, et au moment où le père se retournait, en dernier, pour dire quelque chose, le commis le plus dessalé qui avait des chaussures le stimula, le père, par un grand coup de botte en plein dans les fesses.

Toute la petite tribu, regroupée, silencieuse, de l'autre côté de l'avenue Faidherbe, sous le magnolier, nous regarda finir notre apéritif. On aurait dit qu'ils essayaient de comprendre ce qui venait de leur arriver.

C'était l'homme du « corocoro » qui nous régalait. Il nous fit même marcher son phonographe (Bibl. de la Pléiade, I, pp. 136-138).

Ce texte indique en deux mots son contenu : c'est le récit d'une « transaction péremptoire ». Transaction, parce qu'il s'agit d'un échange : le producteur, africain, noir, rend visite au négociant, européen, blanc, pour tenter d'échanger contre de l'argent la marchandise qui est le produit de sa terre et de son travail (la récolte). Péremptoire, parce que le négociant règle lui-même, sans discussion, les conditions de l'échange, qui va se transformer de vente en troc, par substitution d'une autre marchandise à l'argent.

Représentation des personnages de la société coloniale — colonisateur et colonisé — et de leur comportement, cette scène illustre, de plus, les lois, ou plutôt les pratiques du marché en pays africain après la conquête. Elle développe un *topos* souvent exploité par le roman ou le conte : la rencontre, la confrontation de deux êtres ou de deux groupes placés chacun aux deux pôles d'une relation sociale contradictoire : ici, le Blanc spoliateur et le Noir spolié[1].

Tout ceci est facile à saisir. A ce niveau, le texte peut

---

1. Dans *Germinal*, par exemple, ZOLA met face à face le représentant du capital (Hennebeau) et ceux du prolétariat (Maheu, Lantier).

être pris comme un reportage, une *mimesis*. Il est moins aisé, si l'on ne dispose pas d'informations sur l'histoire de la culture et du commerce du caoutchouc en Afrique, d'apprécier le degré d'exactitude ou de vraisemblance de ce reportage. Mais ce n'est pas le problème que je voudrais évoquer. Je préfère m'attacher à décrire le montage et le fonctionnement de ce prélèvement textuel, dans l'espoir d'en dégager les traits de deux discours idéologiques imbriqués l'un dans l'autre, dont le second est implicitement une mise en question du premier : le discours explicite et/ou implicite d'une des deux classes de personnages, et le discours du narrateur.

Modèles structuraux

Plusieurs modèles structuraux s'amalgament dans ce récit.

1 / Le premier, qui est un modèle chronologique, découpe la narration en quatre phases successives :

— l'entrée de la famille des récolteurs dans le magasin, et la pesée du caoutchouc;
— le premier échange : argent contre caoutchouc;
— le deuxième échange : mouchoir contre argent;
— la sortie de la famille.

2 / Le second est un modèle scénique, théâtral. En effet, des personnages entrent en un lieu; en ce lieu, se déroule une série d'actes et de propos; puis sortent les mêmes personnages qui étaient entrés. Ce n'est pas un effet de structure innocent. Les récolteurs indigènes quittent pour un moment le milieu naturel et culturel qui est le leur, pour pénétrer dans un décor qui leur est étranger, se prêter à un programme d'actions (à un *drama*) dont ils ne sont les initiateurs, ni les conducteurs. Tout processus théâtral tient à la fois de la contrainte (pour les personnages embarqués dans la logique irréversible d'une situation) et de l'illusion (pour les spectateurs). Or, la

famille nègre se trouve ici en même temps dans la position de l'acteur — la voici sur la scène de l'échange, personnage muet d'une comédie montée pour la berner — et du spectateur : devant elle, un décor et des êtres mensongers, mystificateurs, dont le paraître (la « transaction ») cache l'être (le vol). La théâtralisation de cet épisode porte en elle-même un sens idéologique : le colonisateur offre au colonisé un lieu censé d'échange et de dialogue, devant témoins, mais tout est truqué en ce lieu — comme au théâtre. Le colonisateur monte à sa victime, et se monte à lui-même, la comédie de l'échange. Le discours du commerce forme, en cette situation définie qu'est la situation coloniale, la version idéologisée de l'acte de spoliation.

3 / Un troisième plan de structuration du texte se constitue sur l'opposition parole/non-parole. Il clive le texte à la verticale, et non plus à l'horizontale comme le font les moments successifs de la « transaction ». Les personnages du récit se divisent en deux classes. D'un côté, les silencieux : aucun des récolteurs ne prend à aucun moment la parole. Les récolteurs noirs ne disposent que du mouvement et du regard. Ils n'ont même pas la mimique, ni le geste. Ils sont privés des deux signes fondamentaux de la communication dans la société occidentale : la parole et l'argent. Bien entendu, à plus forte raison, l'acte leur est interdit. De l'autre côté, ceux qui possèdent tous les pouvoirs, et notamment ceux de la parole et de l'argent. Ni le négrier, ni ses commis indigènes ne se privent de parler.

Dans les rapports entre le maître et l'esclave, la parole joue un rôle essentiel. Le maître parle quand il veut et comme il veut. Ici, on trouve la forme extrême de ce rapport, puisque l'esclave reste totalement muet : il ne parle même pas pour demander, même pas pour répondre. Il n'y a pas, dans cette scène, le minimum d'échange qu'impliquent l'ordre et son exécution : le maître profère les questions et les réponses. Il monopolise la parole, comme il monopolise la richesse. Il donne l'ordre et, sans attendre de réponse, il l'exécute lui-même : « Donne-moi-le ton pognon ! — Il lui reprit l'argent d'autorité. » Cet usage de la parole implique une situation objective d'asservissement de l'un par l'autre, la domination absolue du récolteur par le négociant. Il présuppose, chez le colon, la conviction de sa supériorité sur le colonisé dans l'ordre des rapports sociaux, dont le langage est un instrument. Ceci est bien une donnée idéologique, si l'on définit l'idéologie comme une représentation intériorisée des rapports du sujet aux rapports de production. « L'idéologie, écrit Louis Althusser, imprègne toutes les activités de l'homme, y compris sa pratique économique et sa pratique politique; elle est présente dans les attitudes envers le travail, envers les agents de la production; elle est présente dans les attitudes et les jugements politiques, le cynisme, la bonne conscience, la résignation ou la révolte, etc.; elle gouverne les conduites familiales des individus et leur comportement envers les autres hommes, leurs attitudes envers la nature, leur jugement sur le sens de la vie en général, leurs différents cultes »[1].

Cette inégalité dans la possession et l'emploi de la parole présuppose enfin la conviction du colonisateur que toute communication est impossible avec le colonisé. Pas de code commun entre deux mondes dont l'un est reconnu comme détenteur de la culture, comme civilisé, et dont l'autre est défini comme « sauvage ». De là deux traits caractéristiques du langage négrier : le « petit-nègre », langue dégradée, langue minimale qui suffit pour duper et faire obtempérer les sauvages; et le tutoiement.

4 / Un quatrième modèle de construction pénètre les trois autres, celui qu'on pourrait appeler modèle de dégradation.

Quel est, en effet, le processus de l'échange, sous sa forme plus générale ? Un vendeur cherche à obtenir pour sa marchandise un prix équivalent à la valeur de cette

1. *Théorie, pratique théorique et formation théorique. Idéologie et lutte idéologique*, avril 1965, ronéotypé, cité par Saül KARSZ, *Théorie et politique : Louis Althusser*, Ed. Fayard, 1974, p. 199.

marchandise : dans le cas précis, cette valeur représente la valeur de la matière première, plus la rémunération du travail effectué pour la récolter et la transporter jusqu'au lieu de la vente.

Le procès de l'échange colonial

Traduisons ceci en un double système actanciel, articulant le procès d'échange économique successivement du point de vue du vendeur et du point de vue de l'acheteur. Du point de vue de la famille « sauvage » (vendeuse), le sujet du procès est « le père nègre ». Le prédicat n'est jamais désigné par le verbe *vendre* dans le texte : disons qu'il s'agit d'une quête, au sens le plus large du terme : d'une recherche. L'objet recherché est l'argent. Le destinataire de la recherche : « la famille sauvage ». Le destinateur : le négociant, « tenancier d'un comptoir au centre du quartier des Européens ». L'adjuvant ? Nul adjuvant pour le « père nègre » : ni biens, ni argent, ni parole, ni pouvoir, ni armes. Femmes et enfants ne peuvent compter pour adjuvant. En revanche, un opposant, multiple et oppressant : le destinateur d'abord, qui syncrétise les deux fonctions, et avec lui le système colonial, dont toute la logistique est ici présente : les commis, les témoins, l'installation du comptoir, le matériel, l'argent, la parole, le pouvoir, l'armée (l'avenue sur laquelle donne le comptoir ne s'appelle-t-elle pas l'avenue Faidherbe ?).

Du point de vue de l'acheteur, la situation n'est pas moins claire. Le sujet est le négociant, le colonisateur. Le prédicat : une quête aussi. La quête de la marchandise, et, au-delà, de l'argent, du profit qu'elle rapportera. Le destinateur : le colonisé. Le destinataire : la compagnie coloniale, lointaine, dont le négrier n'est lui-même qu'un agent. La quête du profit a les multiples adjuvants que lui offre le système colonial. L'opposant est inexistant, sans force, sans résistance. La « famille sauvage », volée, se retire sans un mot.

97

Le narrateur met en scène deux quêtes contradictoires, et inégales. De là, la dynamique du récit. Je rappelle ce que Claude Brémond écrivait dans le n° 8 de *Communications* : « Tout récit consiste en un discours intégrant une succession d'événements d'intérêt humain dans l'unité d'une même action. Où il n'y a pas succession il n'y a pas récit, mais, par exemple, description. Où il n'y a pas implication d'intérêt humain, il ne peut y avoir de récit, parce que c'est seulement par rapport à un projet humain que les événements prennent sens et s'organisent en une série temporelle structurée. »

Un projet étant donné, les événements peuvent le favoriser ou le contrecarrer. Deux processus peuvent se manifester : ou l'amélioration, ou la dégradation de la situation initiale. Or la situation d'échange économique offre un cas remarquable de développement projectif : chacun des deux enquêteurs peut voir sa situation améliorée ou dégradée. Observons ce qui se passe ici, pour le projet du père nègre.

Entrant dans le local du négociant européen, il espère une amélioration. Le caoutchouc ne se mange pas. Deux voies sont possibles. Si l'échange prend les formes de la vente (argent contre marchandise) et sur des bases honnêtes, la famille noire pourra se procurer des subsistances : amélioration. Si l'échange se fait contre une somme inférieure au prix de marché du produit, le père nègre est volé. Une première phase de la scène se termine par la réalisation de cette deuxième hypothèse : « le sauvage » n'a rien compris au « truc de la balance », aucun prix unitaire ne lui a été proposé, d'autorité l'Européen lui enferme « dans la main quelques pièces en argent ». « Tous les petits amis blancs s'en tordaient de rigolade, tellement il avait bien mené son « business » ». Première dégradation.

Il y en aura d'autres, successives, en effet. Si le Noir partait à ce moment, il emporterait néanmoins quelque argent. Mais la mise en scène coloniale n'a pas épuisé toutes ses vertus. Il reste à récupérer l'argent, signe par excellence des valeurs européennes : « Toi, y a pas savoir argent ? Sauvage, alors ? ». Nouveau « truc du commerce conquérant » : on remplace l'argent par un mouchoir. La vente n'a été qu'un relais illusoire : l'échange s'achève en troc. Deuxième dégradation.

Que le père nègre s'en aille alors, prestement et sans rien dire, il partirait volé, dépouillé, par un tour de passe-passe à double détente, mais il éviterait une nouvelle détérioration de son projet original. Une fois de plus, cette voie lui est fermée. Après deux dégradations qui sont la dérision de l'échange économique, en voici deux autres qui sont la dérision de la communication entre deux cultures : le « mouchoir très vert » qui affuble le petit enfant noir, « question de l'habiller », met à mal le code du costume africain; le « grand coup de botte en plein dans les fesses » achève la scène en humiliation.

Le projet du trafiquant, lui, a réussi sur toute la ligne. La mise en scène de l'échange, phase par phase, simulacre après simulacre, apparaît comme indispensable à cette réussite. Il faut une double substitution de fausses équivalences, pour que le glissement de valeur soit efficace. Il faut un double changement de signes (argent contre marchandise, pacotille contre argent), pour désorienter et performer le sauvage, pour transformer sans dommage la transaction en escamotage. « Il n'y avait plus rien à faire puisque le mouchoir venait d'entrer dans la famille. Il n'y avait plus qu'à l'accepter, le prendre et s'en aller. »

Le « sauvage » repart plus pauvre qu'il n'était venu. La transaction coloniale a appauvri le colonisé, l'a dégradé dans son statut matériel. Elle a dégradé le produit noble en produit vil : le caoutchouc, récolté à force de temps et de peine (« Ils avaient dû s'y mettre depuis bien long-temps les uns et les autres pour récolter tout ce caout-chouc-là »), s'est changé en « un grand morceau vert d'étamine ». Elle a dégradé la valeur d'usage et d'échange en non-valeur. Elle a dégradé la transaction en vente à perte, puis en troc. Le troc, qui a sa noblesse économique et rituelle dans l'économie « sauvage », devient ici une caricature de l'échange. Récupéré par la société « civilisée », il est travesti en instrument de pillage et d'exploitation; il change de signe. La dévastation colonisatrice atteint non seulement la situation matérielle du colonisé, mais aussi les éléments de son système d'échange et de communication, les fondements de son code social, de sa culture.

Céline et les colons

Peu importe qu'on voie dans cette « transaction péremptoire » un reportage ou une parabole. Les présupposés de son principal actant — le négociant européen — constituent la structure profonde du discours colonial, tel que l'entend et le rapporte Louis-Ferdinand Céline :

« Moi, négrier, je pose une différence de nature entre civilisés et sauvages, entre Blancs et Noirs. Le travail des sauvages est naturellement sous-évaluable. Au surplus, le sauvage est sans défense. Pas besoin de discuter ni de négocier avec lui. Je suis ici par droit de conquête. Il est licite de gagner de l'argent par tous les moyens. C'est la juste rémunération de l'adresse et de la force. Au reste, les sauvages adorent la pacotille colorée, ce n'est pas les voler que les payer en cette monnaie. »

En situation, les phrases de base de ce discours sont la phrase impérative, qui exprime un rapport d'ordre légitime, la phrase interrogative n'appelant pas de réponse, qui est le déguisement d'une phrase impérative ou d'une phrase affirmative, et enfin la phrase affirmative de jugement, du type :

— Nous sommes bons; nous avons l'esprit et la force;
— Le Noir de la brousse est un sauvage, parce qu'il ne parle pas français et ne connaît pas la valeur de l'argent;
— C'est à nous qu'il revient de décider et d'agir.

Ce n'est même pas un discours de justification. C'est tout au plus un discours d'accompagnement. C'est la variante boutiquière, cynique, du discours colonial officiel. Celui-ci, qui n'est pas donné à entendre dans cette page, évoquerait par exemple la mise en valeur des terres vierges, la mission civilisatrice de la nation conquérante, etc. Les actes et les paroles du « gratteur » relèvent d'une idéologie plus primitive, mise plus directement au service du désir de profit. Il pourrait ne pas y avoir de discours du tout. Et pourtant, le petit blanc et ses commis parlent. C'est que la parole fait partie des « trucs du commerce conquérant » ; elle joue son rôle dans la farce de l'échange.

Croisant le discours de son personnage, celui du narrateur. Bardamu-personnage ne s'isole guère du groupe des « petits amis blancs ». Avec eux il finit son apéritif, sous le regard de la petite tribu regroupée « de l'autre côté de l'avenue Faidherbe ». Mais Bardamu-narrateur prend sa distance — de manière ambiguë, contradictoire.

Il ne profère aucun jugement explicite, ni sur la scène à laquelle il a assisté, ni sur les aspects généraux de la colonisation, sinon par quelques réflexions incidentes sur l'économie ou la culture africaine : « C'est long à suinter le caoutchouc dans les petits godets qu'on accroche au tronc des arbres », etc.; « Il n'y avait plus rien à faire puisque le mouchoir venait d'entrer dans la famille. Il n'y avait plus qu'à l'accepter, le prendre et s'en aller ». Son récit n'en est pas moins investi d'une vertu à la fois didactique et polémique, dans la mesure où la description des comportements, apparemment amusée et indifférente, met en œuvre une élucidation systématique du mercantilisme colonial.

Le texte, sous les dehors débraillés du style populaire, a la rigueur logique et structurelle d'une démonstration, d'une épure. Il a l'efficacité de la dérision, sans doute encore plus sensible à l'époque de sa publication (1932), qui coïncidait avec le succès de l'exposition coloniale et la diffusion massive des thèses et des mythes colonialistes. Il est difficile de trouver, dans le roman français du XXᵉ siècle, plus forte satire de l' « empire colonial ». Car celle-ci mobilise, en même temps, les compétences de l'économiste, du sociologue, de l'anthropologue, sans parler du narrateur et du poète. Elle s'achève même par une version prophétique. Jusque-là, la « petite tribu » noire a été objet du regard des Blancs. Un effet de contre-champ en fait soudain le sujet d'un regard qu'elle porte sur les Blancs, de l'autre côté de l'avenue Faidherbe. « On aurait dit qu'ils essayaient de comprendre ce qui venait de leur arriver. » Ici s'annonce, antagoniquement à la jouissance du maître (« C'était l'homme du corocoro qui nous *régalait* »), la prise de conscience de l'esclave. Le mépris se retourne, la dignité reçoit sa place. Le silence, qui était, un moment auparavant, la marque de l'impuissance, change de sens et devient la marque de la résistance. Le déchiffrement, même muet, des codes de l'oppression est le premier acte de la libération.

Et pourtant, le discours latent du narrateur, si lucide, si perspicace, si démystificateur, reste trouble. A le scruter d'un peu près, on découvre l'ambiguïté de sa prise de distance, et le moralisme fondamental de son propos. Passons sur le fait que Bardamu-personnage demeure, pendant toute la scène, totalement intégré au groupe des Blancs, et s'amuse, comme eux, des « sauvages ». Ce qui compte, c'est le tour et le ton du récit, comme signifiants du discours inhérent à l'acte narratif. Or, le vocabulaire du narrateur est le vocabulaire raciste, celui-là même des Blancs : *sauvage, nègre, la famille sauvage*. Est-ce un effet de style indirect, un écho du langage colonial ? Je parierais plutôt pour une prise en compte de ces mots par le langage naturel, personnel, de Céline. Celui-ci, d'un même mouvement, met à nu les mécanismes de la spoliation, et méprise ces nègres issus d'une improbable forêt, victimes trop faciles de l'astuce et de la brutalité blanches.

Mépris et pitié ne sont pas contradictoires. Dégoût et complicité non plus. Les marques du dégoût affectent la mise en scène de l'homme au corocoro et de ses acolytes. La familiarité du langage petit-nègre est obscène; c'est le langage du vol et du viol mêlés, vol et viol de l'enfant noir, vol et viol de la culture africaine. Les marques de la pitié, ou du moins de la sympathie, vont à la famille noire. Notons l'insistance — nostalgique peut-être ? — avec laquelle le narrateur souligne la cohérence, la solidarité du groupe familial, la dignité de ses relations internes, l'élégance de ses attitudes. La vraie sauvagerie n'est pas du côté que l'on pense.

C'est précisément ce monologue intérieur, implicite, sous-jacent, du narrateur, sur l' « éminente dignité » du sauvage, qui paraît marquée au coin de l'idéalisme. En fin de compte, le discours profond qui se tient ici ne serait-il pas celui de l'idéologie chrétienne ? D'un côté, l'être qui symbolise les perfidies et les violences d'une civilisation fondée sur la recherche du profit et de la jouissance. De l'autre, celui qui symbolise les candeurs et les vertus de la famille primitive. L'un bourreau, l'autre martyr. Il en est ainsi depuis l'origine des temps, c'est la forme du mal sur la terre. Contre cela, que peut le témoin, sinon conter, et jeter l'anathème ? Chez Céline, l'anathème prend pour forme la dérision et pour signifiant l'argot populaire.

Ceci ne retire rien à ce que j'écrivais plus haut sur la force du modèle qu'utilise Céline pour représenter la visée coloniale, au point d'aboutissement extrême de sa chaîne de signes : l'acte commerçant entre l'acheteur européen et le producteur africain. Mais cela permet d'en apprécier la portée idéologique et politique. La satire du système colonial, limitée à la dénonciation du petit Blanc, est une sorte de discours colonialiste au second niveau : les objectifs de la colonisation sont licites, c'est la bassesse de l'exécutant qui gâche tout. Le discours humaniste intemporel brouille les contours précis de la structure historique. Tout est sordide, tout est moche, tout est grotesque. La passivité de l'esclave s'harmonise au sadisme du maître. Ils relèvent tous les deux du même éclat de rire, ou du même blasphème. L'envers du démasquage corrosif que nous offre cette page du *Voyage*, c'est le silence sur les instruments politiques de la colonisation, sur les structures d'arrière-plan du pouvoir métropolitain, sur les circuits du profit dont « notre gratteur » n'est qu'un rouage infime, enfin sur la dialectique de l'oppression et de la lutte libératrice, bref sur le système et l'histoire vrais de la colonisation. Le gros plan sur l'homme au corocoro reste sans lointains. Mais on sait bien que Louis-Ferdinand Céline n'avait pas la tête politique.

Personnages emblématiques :
Une saison dans la vie d'Emmanuel
de Marie-Claire Blais

J'accepte par avance le reproche d'outrecuidance, ou de naïveté. Je prétends en effet tenter une lecture d'*Une saison dans la vie d'Emmanuel*, alors que je ne suis pas Québécois, mais Français, que je connais fort mal le roman québécois contemporain, et que je ne sais à peu près rien de l'œuvre — ni de la personne — de Marie-Claire Blais. Beaucoup des informations qu'on pourrait juger indispensables pour ce genre d'exercice me manquent : en particulier une compétence vécue sur l'univers social et mental du Québec au xxe siècle. J'ignore l'essentiel du *code* (culture nationale, rites, pratiques religieuses et sociales, connotations de langage, etc.). Je ne puis même pas procéder de manière contrastive, en comparant le discours de Marie-Claire Blais à celui d'autres écrivains du Québec.

Or, comment repérer le propos idéologique d'un roman, sinon à partir d'un horizon culturel commun au codeur (l'écrivain) et au décodeur ? De même, un locuteur natif, de formation scientifique équivalente, sera toujours plus apte qu'un allophone à décrire sa langue. Disons, tout au plus, à ma décharge, qu'en matière de culture et de politique un observateur extérieur peut parfois plus facilement qu'un « natif » échapper à certains tabous, à certaines pudeurs, à certaines censures. On ne psychanalyse pas volontiers sa mère...

Peut-on parler d'une intrigue, d'une « diégèse », comme on dit maintenant ? Non. Tout au plus quelques « tranches de vie », selon la terminologie naturaliste. Et encore, non pas au sens naturaliste de l'expression. Car cette chronique d'une famille du Québec n'est pas située dans le temps historique, ni dans l'espace géographique, comme le souligne Jacques-A. Lamarche[1]. La durée même est insaisissable, partagée entre l'espace d'une saison — les premiers mois de la vie d'Emmanuel — et de multiples retours en arrière remontant jusqu'à la venue au monde de Jean le Maigre. Plusieurs points de vue gouvernent la conduite du récit, qui n'est même pas un récit, mais une convergence de discours dont quelques-uns prennent parfois le tour narratif : le point de vue de la grand-mère Antoinette, celui de Jean le Maigre, celui d'Emmanuel. Des voix différentes se succèdent ou se croisent, elles-mêmes orchestrées alternativement par l'auteur (à la troisième personne) et par Jean le Maigre (à la première). Le langage n'est pas celui du roman réaliste avec un narrateur extérieur unique — mais celui d'une sorte de geste, ou plus simplement encore d'une parabole familiale, chacun des membres de la famille venant à son tour sur le devant de la scène réciter et commenter l'événement. Encore ne faut-il pas prendre le mot *geste* dans son sens épique.

A quoi accrocher une exploration des contenus ? L'auteur se tait : pas de glose sur l'événement ou sur le personnage, pas de thèse, pas de « morale » ni de conclusion, pas d' « intrusion d'auteur », selon l'expression convenue. Aucune démonstration explicite. Non qu'un discours du texte ne se fasse pas entendre : mais il faut aller le chercher sous chacun des éléments de la structure. Plus que jamais,

---

1. Jacques-A. LAMARCHE, La thématique de l'aliénation chez Marie-Claire Blais, *Cité libre*, juillet-août 1966, pp. 27-32. — Les passages de l'œuvre de Marie-Claire Blais que je cite dans ce chapitre sont extraits de l'édition originale, publiée à Montréal aux Editions du Jour en 1965.

il faut prendre le mot *idéologie* dans son sens althussérien (la représentation des rapports imaginaires du sujet aux rapports de production), conduire la recherche en observant les rapports qui relient les sujets de l'énoncé au monde et entre eux, et de là remonter au travail du sujet de l'énonciation, à savoir le sujet-écrivain, et peut-être, à travers lui, une classe de sujets. Bien entendu, tout ceci est hypothétique, et doit se garder des clins d'œil avantageux qui caractérisent certaines lectures, prétendument averties des métalangages à la mode de Paris. J'évite donc — qu'on m'en excuse — les grammes, les traces, les disséminations du signifiant, les paragrammes, les phéno- et génotextes... A ce jeu, on manque trop souvent ses sauts périlleux, et j'en connais plus d'un qui s'est noyé piteusement dans des confusions qu'une information linguistique élémentaire lui aurait évitées.

Commençons par la distribution des personnages. On peut les disposer selon une hiérarchie. En tête, la grand-mère Antoinette, personnage central. Elle est, de fait, jusqu'au bout, le principal sujet de l'énoncé. Dans le schéma fonctionnel peu ou prou commun à Souriau et à Propp, elle occuperait vraisemblablement la place du donateur, de l'attributeur. C'est elle qui a dispensé la vie, à l'origine de cette famille; c'est elle qui dispense la nourriture, le nom de baptême, la chaleur, la sécurité — et les sanctions. « Elle leur distribuait avec quelques coups de canne les morceaux de sucre qu'ils attendaient la bouche ouverte » (p. 10). Elle raconte des histoires à Emmanuel, commente à haute voix « les mauvaises nouvelles ». De tous les personnages qui participent en acteurs à l'événement, elle seule ne subit aucun processus de dégradation. Pas d'amélioration non plus, au reste. Elle semble là depuis l'éternité, inaltérable; elle « mourra d'immortalité dans un âge avancé ». Rien n'est simple, à vrai dire : la grand-mère Antoinette échoue à maintenir autour d'elle la cohésion familiale. En ce sens, il y aurait tout de même, de la première à la dernière page, une lente dérive négative.

Immédiatement auprès d'elle, Jean le Maigre. Si la

grand-mère est la donatrice, lui est une sorte de héros. Héros à la fois malheureux et triomphateur : il mourra, avant la fin, victime du combat pour la lucidité, mais laissant derrière lui la victoire de son texte. Il a aussi — ce n'est pas contradictoire avec sa fonction principale — un rôle de donateur. Si Antoinette distribue la nourriture matérielle, Jean le Maigre dispense la poésie. Si Antoinette possède le *faire*, Jean le Maigre possède le *dire*. Si la grand-mère est la force et le cœur de la famille, Jean le Maigre en est le cerveau, la conscience, la parole — plus que cela : l'écriture. De plus, au palier méta-linguistique, ou, pour mieux dire, méta-diégétique (qui ferait du récit même l'objet d'un échange), Jean le Maigre est l'attributeur : il offre le récit au lecteur, et au Québec la vérité de son être. En quoi il fonctionne à la fois comme sujet de l'énoncé, et comme figure du sujet de l'énonciation, du narrateur.

En arrière d'Antoinette et de Jean le Maigre, au troisième rang d'importance, le Septième et Héloïse; personnages reparaissant d'un bout à l'autre du roman, dont la carrière parcourt plusieurs péripéties, plusieurs tournants, et dont le destin prend valeur de symbole. Le Septième, sorte de faux héros, compagnon de Jean le Maigre; Héloïse, emblème du calvaire féminin. Un peu plus loin encore, sur l'arbre hiérarchique, les trois autres garçons, Alexis, Pomme, Emmanuel. Et puis, accidentellement évoqués, les autres enfants, notamment les filles, dénommées les A : les petites A, Héléna, Maria et les grandes A, Aurélia, Anita, Anna. Tous destinataires et bénéficiaires du service d'Antoinette, des histoires de Jean le Maigre, ou des niches du Septième. Dans l'environnement immédiat (au moins dans son environnement *narratif*), le curé, l'institutrice, le Frère Théodule, Mme Octavie, le vieil Horace, et quelques autres que j'oublie.

Encore faut-il nuancer cette sorte d'examen. Tel personnage qui, enfant, apparaît comme un bénéficiaire, plus tard sera investi d'un rôle de donateur, à un échelon secondaire : Héloïse, par exemple, pour ce qui concerne le don du plaisir. Tels personnages qui semblent avoir pour le moins un rôle d'auxiliaires, d'adjuvants, pourraient aussi bien, à un autre palier de l'analyse, se voir définis au contraire comme des forces d'antagonisme, de résistance : c'est un peu le rôle ambigu du curé, qui aide, certes, au départ de Jean le Maigre et d'Héloïse vers la ville, mais qui d'autre part les fourvoie dans une aliénation plus radicale encore que leur misère première. C'est aussi le rôle du père, qui refuse aux enfants le don d'éducation ou à la mère celui de la douceur.

Je répugne à tenter d'algébriser tout cela, comme on le fait parfois en bonne règle sémiotique. Il est clair en tout cas qu'*Une saison dans la vie d'Emmanuel* n'échappe pas à la pression des schémas canoniques du roman. Chassé par une porte (dans l'éclatement des points de vue et la multiplicité des voix, et des voies, narratives), le modèle romanesque rentre par l'autre, avec son petit capital d'archétypes intemporels, venant à la traverse de l'engagement conjoncturel.

Des sous-classes se constituent à l'intérieur de la famille, en intersection mutuelle. La forme manuelle ou non manuelle du travail oppose d'un côté le père, la mère, le Septième, Pomme, et de l'autre Jean le Maigre, Emmanuel, Léopold. Où situer Héloïse ? Chez Mme Octavie, elle a mis son corps en esclavage; on la rangerait donc dans la première sous-classe. En revanche, par son âge, la grand-mère Antoinette semble se ranger plutôt dans la seconde. Une seconde opposition, celle du maintien à la terre et du départ pour la ville, sépare le père et la mère de quatre de leurs enfants, Jean le Maigre, le Septième, Pomme et Héloïse. Ce sont les plus jeunes qui s'en vont. Les aînés restent avec le père. Quant au trait culture, éducation, il oppose encore le père et la mère, ensemble, à Jean le Maigre. On pourrait aussi tester les personnages au point de vue de leur participation à la marche du récit. On verrait qu'un personnage est plus que les autres exclu de l' « aventure », ou de la « conjointure » (au sens médiéval de ces termes) : c'est le père, qui au surplus est fortement péjoré (« la paresseuse violence de son père ») et se voit attribuer un attachement exclusif, régressif, quasi animal, aux besoins élémentaires du corps : manger, fumer, frapper, copuler. Par comparaison et malgré l'effacement de la mère, « toujours épuisée et sans regard », la femme se trouve valorisée, en raison des rôles assignés à Antoinette et à Héloïse. Aucun de ces personnages, en tout cas, ne se révolte ouvertement contre la donnée familiale, matérielle, et sociale. Chacun s'accommode de la circonstance, au besoin par l'acte clandestin. Il n'y a pas ici de meneur... La mise en question n'est pas à chercher dans les postures des sujets représentés (à la différence d'un roman comme *Germinal*, par exemple), mais dans celle qui conduit le narrateur à inventer, au Québec, en 1965, une telle histoire, résonnant comme « un coup de pistolet » au milieu du concert des géorgiques québécoises[1].

Protagonistes

Deux personnages émergent donc, qui méritent un examen plus attentif : Antoinette et Jean le Maigre. Que l'avatar favori du récit naturaliste soit le récit mythique, on le constate aisément, à suivre les gestes et les mots d'Antoinette. L'âge a conféré à celle-ci la sagesse, la liberté et l'autorité. Elle ne subit plus la loi du mâle. Nourricière et protectrice, abritant sous ses jupes une nichée d'enfants, elle figure à la fois la mère Gigogne, l'*Alma mater*, la Mère paysanne et la Terre, et aussi la Sainte Mère des litanies : images interchangeables, par le jeu symbolique. « Je suis forte, mon enfant. Tu peux m'abandonner ta vie. Aie confiance en moi » (p. 8). Elle fédère, elle rassemble, elle maintient le lien familial, de la naissance à la mort. Elle intègre toutes les valeurs, fait

---

1. STENDHAL, *Le Rouge et le Noir*, II, chap. 22 : « La politique au milieu des intérêts d'imagination, c'est un coup de pistolet au milieu d'un concert. »

respecter tous les rites : « Une belle tombe, dit grand-mère Antoinette, après un moment de silence — je veux que Jean le Maigre soit fier de moi, jusqu'au bout, une belle mort, dit-elle, avec candeur et humilité, beaucoup de messes pour son âme; beaucoup de fleurs, il aimait tant les cérémonies » (p. 83). Elle raconte les histoires qui unissent le présent au passé, commente les mauvaises nouvelles, et tire les leçons : « Oui, ce sera un beau printemps, disait grand-mère Antoinette, mais Jean le Maigre ne sera pas avec nous cette année » (p. 128). Elle dit le regret et l'espérance, dans la même phrase.

Chercherons-nous du sens à tout cela ? L'herméneutique a mauvaise presse. On lui oppose la métaphore du texte comme texture, tissu, tissage, tapis tissé, ou encore cercle sans point de départ, ni clôture, ni point d'arrêt du sens. Il n'y a pas d'image dans le tapis; seuls des fils qui s'entrecroisent, dans une trame dont on ne peut tirer aucun fil sous peine de la détruire... Mais le moyen de ne pas *voir* des images dans le tapis ? Et de ne pas prêter du sens aux textes ? C'est du reste ce que s'empressent de faire les partisans les plus résolus de la « dissémination ».

Je verrais donc dans la grand-mère Antoinette la figure, valorisée, d'une sorte de matriarcat rural, que le texte dénote pourtant comme archaïque. Au moment où la famille québécoise traditionnelle éclate, se déchire, mise en péril par la rupture des attaches à la terre, par l'attraction de la ville, par l'extinction de la fécondité, Antoinette exprime la nostalgie d'une structure familiale fortement unitaire. Mais une nostalgie incertaine d'elle-même : Antoinette ne sait plus bien où elle en est. Tout va mal : Héloïse se prostitue, Pomme s'est coupé trois doigts, le Septième est maltraité par l'oncle Laframboise, « à la ville ». Tout va bien : Héloïse gagne beaucoup d'argent, le Septième envoie son salaire à la maison, Pomme est bien soigné à l'hôpital. Antoinette pleure, Antoinette rit. Cependant, elle dit à Emmanuel : « Toi aussi tu seras battu si tu poses des questions. Vaut mieux te taire et aller couper du bois, comme les autres » (p. 101). Le

Québec est en état de fracture. De quel côté se trouvent la vérité et le bien ? Ne seraient-ils pas du côté où reste Antoinette ? Elle seule, après tout, garde la confiance, le courage, et, plus encore, le pouvoir d'inspirer l'un et l'autre au dernier-né : « Mais grand-mère Antoinette avait pris Emmanuel dans ses bras, et lui parlait à l'oreille : « Tout va bien, disait grand-mère Antoinette, il ne faut « pas perdre courage » » (p. 128).

Ainsi, seule une aïeule tient encore à la maison des champs, seule elle a souci de ressouder la famille dispersée, seule elle garde le lien avec toute la descendance. La génération intermédiaire n'en a cure. Le père « chasse ses enfants dès qu'ils ne se nourrissent pas tout seuls comme des hommes » (p. 101). Si le Québec paysan s'allégorie et se valorise dans une vieille femme, qu'en est-il de son avenir ? Devant les cahiers de Jean le Maigre, Antoinette se scandalise. Mais aussi elle s'émeut. « Malédiction, oh ! Malédiction, s'écriait grand-mère Antoinette, mais des confidences de Jean de Maigre disparu, de cette âme silencieuse jusqu'au blasphème, elle fortifiait son amour, nourrissait son orgueil » (p. 91). Elle seule, l'aïeule, la paysanne, est capable de comprendre et de préserver les blasphèmes — et les « prophéties » — de l'écrivain, son petit-fils. N'existerait-il pas une solidarité profonde entre la paysanne du vieux Québec et les intellectuels malpensants de 1960, par-delà les mirages et les corruptions de la ville industrielle ? Rien n'est simple. Antoinette revendique l'école pour Jean le Maigre, mais c'est celle qui ne coûte rien, et où les enfants « sont bien domptés » : le noviciat — d'où Jean le Maigre s'évadera dans la mort.

Jean le Maigre, organiquement et narrativement complémentaire d'Antoinette, protégé par elle au-delà de la mort, est lui aussi un personnage allégorique. Incarnant l'opposition du savoir et de la vie, il reflète le vieux stéréotype populaire, selon lequel l'excès de pensée conduit à la tuberculose, à la méningite — et réciproquement (car ces idées reçues sont réversibles). Symbolise-t-il l'écrivain québécois, comme l'indiquent Michel Brûlé et Marie-

Louise Ollier[1] ? Soit. A travers Jean le Maigre, la classe intellectuelle du Québec observerait ses propres structures familiales et sociales en transformation. Elle mettrait en question la validité des itinéraires traditionnels et des valeurs imposées. Elle dirait la jouissance du savoir, contre les superstitions. A son père qui menace de lui arracher son livre, Jean le Maigre réplique en montrant « son front blanc » : « Il est trop tard, j'ai lu toutes les pages. On ne peut pas brûler les pages que j'ai lues. Elles sont écrites là » (p. 15). Mais alors cette même classe apparaîtrait aussi impuissante à faire déboucher cette prise de conscience et cette mise en question sur autre chose que sur la poésie et sur la mort. Destin tragique en vérité : est-il celui de tous les écrivains québécois, même en 1965 ?

Tout ceci, pourtant, n'épuise pas les échos du personnage de Jean le Maigre. Il faut faire un détour par les récurrences thématiques qu'orchestre *Une Saison dans la vie d'Emmanuel*. Et d'abord, les constantes structurelles de la société d'avant 1960 : les servitudes du travail et les misères de la subsistance sur la terre québécoise, quand on a seize enfants et peu d'arpents ; le poids de ce que l'idée reçue appelle les fatalités, pour en dissimuler le caractère non inéluctable : la tuberculose, les maternités innombrables, l'ignorance, le suicide ; les aliénations de la ville, qui sont d'une autre sorte que celles de la terre, mais non moins asservissantes : le pensionnat religieux, l'usine, le bordel, l'accident, la délinquance ; et, contrôlant et alourdissant toute cette misère physique et intellectuelle, l'omniprésence de l'Eglise. Partout des abbés, partout des Frères, qui se relaient pour conduire les pécheurs au repentir, et les assurer de la miséricorde. M. le Curé, le jour des funérailles, mange à la droite de la grand-mère. Autour de la tombe de Jean le Maigre, la voix forte des prêtres recouvre le murmure des petits Frères.

1. Michel BRULÉ, Introduction à l'univers de Marie-Claire Blais, in *Sociologie de la littérature*, Bruxelles, Editions de l'Université de Bruxelles, 1973, pp. 175 à 185 ; Marie-Louise OLLIER, Une saison dans la vie d'Emmanuel, *Etudes françaises*, vol. 12, n° 2, juin 1966, pp. 224 à 227.

Thèmes et stéréotypes se confondent. Or il y a dans ce roman deux espèces de stéréotypes. Et tout le texte, au fond, met en scène leur conflit. Aux discours et aux rites du catéchisme, s'opposent les gestes et les actes que dicte la nature. L'éducation religieuse craque sous les coups de la paillardise. Le plaisir du corps éteint la crainte du péché. La foi exaltée d'Héloïse déguise une tentation qui finit par se satisfaire sans relais, ni délai : « Mon frère et moi, écrit Jean le Maigre, avons été très surpris, et heureux de l'être — en découvrant que notre sœur faisait par elle seule ce que nous aimons faire à deux, ou à quatre, quand Alexis et Pomme sont réveillés, mais ils sont si paresseux qu'ils préfèrent dormir » (p. 39-40). Seule la paresse peut concurrencer le désir. Le discours de la sensualité submerge allégrement celui de la vertu. Certes, il n'a rien d'original. Mais ses stéréotypes — les enfants masturbateurs, le notaire salace, le mari violeur — se voient attribuer ici un pouvoir sans commune mesure avec celui de l'effort têtu des prêtres pour les maintenir dans la nuit et le silence. Dits, proclamés par le texte de Jean le Maigre, ils transforment le fait en valeur. La confession, l'école, la maison de correction, ne sont que croûtes vides. Les démons l'emportent. L'œuvre de Jean le Maigre s'intitule : *Journal d'un homme à la proie des démons.* L'école même flambe. Jean le Maigre descend en enfer, où son frère Léopold, qui s'est pendu le jour du Vendredi saint, l'a précédé. Mais c'est visiblement le seul chemin de la libération. Il faut passer par le mal et la mort pour dépouiller les vieilles servitudes. Il faut passer par l'acceptation de tous les désirs qui travaillent et le corps et la pensée.

Le discours impossible

Ce qui est donc mis en question ici, c'est d'abord l'organisation de la famille traditionnelle, notamment le pouvoir du père. L'autorité paternelle, instituée en loi absolue par l'institution civile et l'institution religieuse, encourage le viol légal, l'asservissement de la femme et des enfants. A époux borné et indifférent, famille nombreuse, nichée pléthorique, qui condamne les enfants mâles à la prolétarisation (agricole ou citadine), et les filles à l'esclavage familial, à la réclusion conventuelle, ou à la prostitution.

Désobéir au père n'est qu'un péché parmi tous ceux contre lesquels l'Eglise met en garde. Le message religieux, par le pouvoir impératif, performatif, dont le revêt la société de référence, aliène littéralement ceux qui l'écoutent : il les rend fous, délirants, schizophrènes, au moins aussi longtemps que la nature, en eux et malgré eux, engendre le péché. Dans la complicité de la nuit, les enfants ne se privent guère de jouer, solitairement ou en groupes. Le matin venu, ils se précipiteront à la confession. Chacun, ainsi, se divise. Seule la prolifération familiale bénit le désir. Celui qui prétend échapper à l'inquisition du dogme n'a d'autre issue que le suicide (Léopold), la mort (Jean le Maigre), ou la dépravation (le Septième). Car le départ pour la ville n'apporte qu'illusion... Ce n'est qu'un autre clivage, un autre éclatement intérieur. D'une certaine façon, la ville libère. Le père et le prêtre y sont moins proches. Mais la ville aussi désagrège; elle meurtrit, détruit, viole. Et même elle règle, tarifie, institutionnalise la violence et le viol. Pomme, à l'hôpital, Héloïse, à l'Auberge de la Rose publique, ont seulement changé de lois, et de prison. Le Christ entre les images obscènes dénonce une duperie fondamentale, la coexistence pacifique, voire la complicité des deux instances où la femme est à la fois reine et esclave sous le regard et le contrôle de l'homme : l'Eglise et le bordel. On n'est pas tout à fait loin de Jean Genêt. « Monsieur l'Abbé, dit Madame Octavie, ma charge est aussi grande que la vôtre, vous n'allez pas encore me contredire là-dessus »... (p. 114).

Si ce dispositif de personnages, le destin assigné à chacun d'eux, l'opposition mutuelle des actes, des lieux et des modes de l'action, peuvent se déchiffrer, constatons qu'ils s'efforcent de saccager ironiquement les structures et les valeurs qui sont chères au Québec : à la ville comme à la terre. Cela posé, on n'en est que plus à l'aise pour montrer les limites de ces audaces. Toute littérature de scandale vise à démasquer le refoulé social et politique des idées et des langages reçus, à déplacer les censures qui le cachent. Mais toute littérature de scandale a aussi ses propres censures, son propre refoulé, historiquement explicables.

Les silences qui me frappent le plus sont ceux qui gomment toute allusion à l'argent, au régime de la propriété, aux formes économiques du travail agricole et du travail urbain, aux mécanismes de la rémunération, au fonctionnement des pouvoirs. Ce père et ces fils aînés, « assoupis autour de la table, protégeant leur assiette comme un trésor », de quoi vivent-ils ? Sont-ils journaliers, ou propriétaires de leur terre, et de quelle étendue ? Où va la plus-value de leur travail ? Silence également, sur les corrélations de cette famille avec les autres unités et les autres niveaux de la stratification sociale. Tout se passe comme si elle vivait en autarcie, n'ayant de rapports qu'avec la terre et avec l'Eglise. Certes, le père a mené à la ville ses deux « vagabonds », Pomme et le Septième, « comme apprentis dans une manufacture de souliers ». Certes, Héloïse a pour clients fidèles des marchands, des médecins, des notaires et des étudiants. Mais ces silhouettes archétypales ne dépassent pas en épaisseur celles des « Physiologies » de l'époque romantique, ou du théâtre de Labiche, en plus lubriques. La mise en scène dérive vers une satire de mœurs déjà vue ailleurs, où le notaire, le maire et le curé suffisent à figurer les satisfactions de l'être bourgeois. N'est-ce pas un théâtre d'ombres ?

D'où quelques questions. La main qui écrit *Une saison dans la vie d'Emmanuel*, et qui désigne ce qui est devenu intolérable, n'en méconnaîtrait-elle pas les facteurs profonds, ou ne se trouverait-elle pas, au moins momentanément, dans l'incapacité de les inscrire dans le roman ? Jean le Maigre ne connaît pas le verbe *mentir*. « Le directeur, pense le Septième, va nous demander de conjuguer le verbe *mentir* et Jean le Maigre ne le sait pas » (p. 36). Peut-être faut-il aussi comprendre qu'il ne sait pas, au fond, mentir. Mais il ne sait pas non plus porter en tous lieux la lumière. « Il voyait déjà le titre : *Poème obscur écrit sur le dos de mon frère pendant son sommeil irréprochable* » (p. 37). *Une saison dans la vie d'Emmanuel* serait-il à l'image des écrits de Jean le Maigre ? Non un déplacement radical de la vision critique, mais un « poème obscur », ou, comme dit aussi Jean le Maigre, une « prophétie de famille ».

La prophétie est le langage de ceux qui croient au destin — au fatum. Dans les rêves de ses derniers jours, Jean le Maigre ne voit plus « que des fruits pourris dans les branches ». « C'est l'hiver partout. Il fait froid » (p. 73). Chacun de ses cahiers « trahit une ardeur heureuse et triste » (p. 82). Grand-mère Antoinette peine pour les déchiffrer. Elle peut y lire l'annonce que chacun des enfants suivra fatalement la pente de sa destinée, et la certitude blasphématoire que le malheur est d'abord de naître. Emmanuel « aujourd'hui pleure les pleurs amers du berceau » (p. 91). Pomme va vers la prison, le Septième vers l'échafaud, Héloïse vers la luxure salariée. Le passage à la ville n'a rien changé. Quelles que soient les mutations matérielles qui l'affectent, la condition de l'homme est promise au malheur, parce que le mal est dans la nature humaine. Livrés à eux-mêmes dans la liberté de la nuit, les enfants de l'homme deviennent naturellement les insouciants complices du Diable. De là leur familiarité avec le sexe, avec le feu et avec la mort. De là leur satanisme. Et aussi leur puritanisme, par la complaisance que Jean le Maigre met à décrire, en lui et en ses frères, l'instinct de mort mêlé à l'instinct de plaisir.

C'est pourquoi je discuterais volontiers l'analyse de Lucien Goldmann et de Michel Brûlé, qui laïcisent et optimisent à l'excès la vision de Marie-Claire Blais. « Le mépris et la haine de Marie-Claire Blais pour la société traditionnelle, écrit Lucien Goldmann, n'ont, bien entendu, pas changé d'un roman à l'autre [c'est-à-dire de *La*

Belle Bête à *Une saison dans la vie d'Emmanuel*]; mais à l'absence d'avenir de *La Belle Bête* se substitue maintenant la perspective de l'urbanisation, de la création d'une communauté canadienne-française urbaine, qui n'est certes pas un idéal mais a, malgré tout, un caractère positif »[1]. Tout indique que l'urbanisation n'est pas la libération, mais la substitution d'un système de contraintes à un autre, le changement de décor du Mal. Le pessimisme de Jean le Maigre, Christ qui meurt pour une rédemption improbable de la terre québécoise, ne connaît ni le doute, ni la consolation. Face au jésuitisme des prêtres, qui admettent toujours un accommodement avec le péché pourvu que le rite demeure sauf, Jean le Maigre tient un discours de type janséniste : hors de la grâce, point de salut, et la grâce n'est pas la chose du monde la plus répandue.

A vrai dire, l'optimisme incurable de la grand-mère Antoinette ne vérifie pas davantage le jugement que je viens de citer. Le roman s'achève avec l'arrivée du printemps. « Emmanuel n'avait plus froid. Le soleil brillait sur la terre. Une tranquille chaleur coulait dans ses veines, tandis que sa grand-mère le berçait » (p. 128). Thème connu. C'est la résurrection, la pâque, germinal... Le fils de l'homme, Jean le Maigre, est mort, mais la vie l'emporte. « Ce sera un beau printemps. » Le couple que forment l'aïeule et le nouveau-né symbolise la permanence du Québec dans l'union de ses deux époques, si éloignées l'une de l'autre, et pourtant si unies : le passé et l'avenir. Antoinette a lu les poèmes de Jean le Maigre. Emmanuel ressemble au frère qui vient de mourir : à eux deux, ils assurent le relais. Oui, signifient-ils, l'univers familial, rural, urbain, les structures contingentes de la société québécoise sont inhumaines. Mais la bonté résignée d'Antoinette, autant que le langage lucide de Jean le Maigre, y réintroduisent l'humanité. Le cœur et le langage

---

1. Lucien GOLDMANN, Note sur deux romans de Marie-Claire Blais, dans *Structures mentales et création culturelle*, Paris, UGE, 1970, « 10-18 », p. 362.

parlent pour la puissance de l'homme, là résident le salut, l'espoir, la liberté. Au surplus, ils justifient le rôle de l'écrivain, qui conteste et qui lyrise en même temps l'univers de ses aïeux et de ses frères. Sujets majeurs et associés du roman, prophètes contradictoires et complémentaires, Antoinette et Jean le Maigre attestent que l'homme, parce qu'il peut parler son destin (sur les deux portées de la folie — « Son exquise folie », dit de Jean le Maigre le Frère Théodule — et de la résignation), est plus fort que son destin. Image de l'écrivain en abîme dans le roman, Jean le Maigre atteste l'éminente dignité du Verbe. Quoi de mieux pensant ?

La lecture « réaliste » et étroitement « sociocritique » d'*Une saison dans la vie d'Emmanuel* me paraît donc en sous-estimer l'originalité, et faire fausse route. Paradoxalement, la lecture classique, idéaliste, qui y voit un roman « à la gloire de l'homme », affirmant « la conscience de l'être libre »[1], en repérait avec une intuition plus exacte les phrases idéologiques de base. L'humanisme chrétien, sous ses deux couleurs — la sombre et la claire, l'hivernale et la printanière, la lucidité fiévreuse de Savonarole et l'optimisme patient de la mère de Dieu — colle à ce roman, en dépit de ses furieux sursauts d'anticléricalisme. Qui y verrait, par une superficielle application du modèle goldmannien ou lukacsien, la mise à nu des contradictions fondamentales du Québec, et l'ouverture vers une « culture nouvelle », pis encore « une poésie de la société francocanadienne modernisée et urbanisée »[2], se méprendrait et sur sa vraie richesse et sur sa véritable portée historique. Aussitôt après avoir mis à nu les contraintes et les scléroses, le roman de Marie-Claire Blais les allégorise et les naturalise, au lieu de les *politiser* (au sens profond du terme), donc de les historiser. Oscillant entre la prétendue lucidité du pessimisme et la prétendue lucidité de l'espérance, il s'enferme dans les limites conceptuelles de l'idéologie qu'il

---

1. Marie-Louise OLLIER, *op. cit.*
2. Lucien GOLDMANN, *op. cit.*

semble vouloir faire éclater. C'est en quoi il témoigne historiquement. Bien naïf, tout de même, celui qui trouverait dans les données de cette fable une homologie avec celles du référent social. Sa valeur symptomale est ailleurs : non point primordialement dans son énoncé, mais dans une situation d'énonciation qui mériterait une analyse sociopolitique précise : celle de l'écrivain québécois en 1965, déterminé, quoi qu'il en ait, par son appartenance à un type de société où le débat politique demeure refoulé. *Une saison dans la vie d'Emmanuel* parle pour une époque où la révolution québécoise, pour des raisons d'histoire sociale et culturelle, ne dispose encore ni de forces ni de langages politiques, mais seulement du blasphème. Là est sa vraie grandeur. Modernisation, urbanisation ? Ce n'est pas le problème de ce roman ! Ni non plus la liberté abstraite du sujet abstrait. Ce qu'il dit, à l'aide du discours même que la culture nationale lui impose en héritage, c'est que ce discours n'est plus possible. Or, rien n'est long comme la mutation des codes idéologiques... C'est le roman du dégel, mais non pas encore celui de la débâcle. Aussi bien, ce qui fait dresser l'oreille au lecteur, ce sont les craquements qui semblent venir d'entre les lignes. Rares sont les œuvres où l'on perçoit ainsi un bruit des profondeurs — ambigu, comme tous les grondements lointains. Ce sont ces œuvres-là qui laissent le lecteur en proie au songe critique. Ce sont les vraies œuvres réalistes.

Savoir, idéologie, mythe

Le savoir et l'imaginaire :
Germinal et les idéologies

Zola revient de loin. En 1868, il semble accepter les stéréotypes louis-philippards, en plaçant l'ouvrier dans un monde à part, au voisinage des intellectuels, des artistes, des prêtres et des filles — somme toute parmi les classes dangereuses. Dans *Germinal*, en 1885, il proposera une vision toute différente, ennoblissant la classe ouvrière, ses souffrances et sa révolte.

Germinal est en un sens un roman d'apprentissage. Le prolétariat de la mine, qui n'a pas besoin d'apprendre le travail, la misère, la mort, fait l'apprentissage de la révolte, et, mieux, de la lutte organisée, pour conquérir de meilleures conditions d'existence et transformer la société. La bourgeoisie, pour sa part, fait une découverte importante, celle de son insécurité, face à une population qui a cessé de se résigner à son sort.

C'est, du même coup, un roman allégorique. L'aventure d'Etienne Lantier est une allégorie de la fermentation qui travaille la classe ouvrière française à la fin du XIXᵉ siècle, et qui pèse alors d'un si grand poids sur l'évolution des idées et des mentalités.

Comment Zola a-t-il représenté ce double apprentissage, comment en a-t-il fait surgir les signes, dans les conduites de ses personnages, et en particulier dans leurs conduites verbales, leur langage ? A travers les propos que tiennent les porte-parole des deux classes, on entend la voix même du romancier, qui étudie et commente les signes d'une crise nouvelle de la société contemporaine, et dessine sa propre vision d'un monde déchiré, fracturé, d'une société antagonique. Mais, à travers cette voix, on perçoit le discours que se tient la société française, sur ses propres conflits. C'est dire l'ambiguïté de cette œuvre complexe, depuis si longtemps scrutée, et si souvent commentée; comme aussi l'ambiguïté du « naturalisme ».

D'un côté, *Germinal* se donne pour l'étude de ce qui est, pour l'expression d'un savoir. Zola répond à un journaliste du *Figaro*, le 18 septembre 1884 : « Le naturalisme ne se prononce pas. Il examine. Il décrit. Il dit : Ceci est. C'est au public de tirer les conclusions. » D'un autre côté, le roman se donne pour un avertissement, donc pour un projet idéologique. On connaît les premières lignes, célèbres, de *L'Ebauche* : « Le roman est le soulèvement des salariés, le coup d'épaule donné à la société, qui craque un instant : en un mot la lutte du capital et du travail (...). Je le veux prédisant l'avenir, posant la question la plus importante du xxᵉ siècle (...). Il faut que le lecteur bourgeois ait un frisson de terreur »[1]. Il se produit donc une sorte de conflit de fonction à l'intérieur de l'œuvre. Elle livre un double point de vue sur l'histoire : elle fonctionne à la fois comme un miroir des aspects typiques de la formation du mouvement ouvrier français, et comme un reflet de la conscience qu'en prend l'écrivain. Elle exprime un savoir et une idéologie, dans le sens que Louis Althusser donne à ce dernier mot, lorsqu'il commente et approfondit *L'Idéologie allemande* de Marx : « Toute idéologie représente, dans sa déformation nécessairement imaginaire, non pas les rapports de production existants (et les autres rapports qui en dérivent), mais avant tout le rapport (imaginaire) des individus aux rapports de production et aux rapports qui en dérivent. Dans l'idéologie est donc représenté non pas le système des rapports réels qui gouvernent

---

1. *Les Rougon-Macquart*, Paris, Gallimard, Bibliothèque de la Pléiade, t. III, p. 1825.

l'existence des individus, mais le rapport imaginaire de ces individus aux rapports réels sur lesquels ils vivent »[1]. L'histoire est ici doublement vécue : par les personnages que Zola dépeint, et par Zola les dépeignant. Le déchiffrement de ce roman suppose donc, dans un premier temps, qu'on en décante les différents niveaux. On peut en distinguer, par commodité, au moins trois :

— celui du vécu immédiat des personnages (mineurs et bourgeois). Chacune des deux classes en présence parle par la voix de ceux qui la symbolisent, et, de ce discours, surgit une représentation du réel, déformée de diverses façons ;
— celui des théories économiques et politiques que commentent et diffusent certains des personnages (mineurs ou anciens mineurs), et qui sont censées servir tant à transformer la société qu'à l'expliquer ;
— enfin, celui du texte même en tant que discours de l'auteur, qui se donne et nous donne une représentation *en travesti, en hallucination, en rêve,* des faits mêmes que, par d'autres aspects du texte, il décrit de manière documentaire.

Le rapport réel et le rapport imaginaire se recouvrent et s'interpénètrent à tous les paliers de la lecture que Zola opère dans l'histoire contemporaine. A nous de lire sa lecture de la manière la moins réductrice possible.

Le discours ouvrier

Zola saisit la classe ouvrière quelque temps avant sa mise en mouvement. Et il fait entendre le discours qu'elle se tient sur sa propre condition : ceci, dès les premières pages de l'œuvre, avec les propos du vieux Bonnemort. Certes, les conversations et les récits par lesquels les mineurs décrivent et interprètent leur vie matérielle sont

---

1. Idéologie et appareils idéologiques d'Etat, *La Pensée*, juin 1970, p. 26.

loin de composer un système. Mais on distingue aisément quelques traits marqués.

Leur langage est d'abord celui de la résignation, avec ses variantes. Bonnemort, l'aïeul, affirme le caractère inéluctable du travail : « Que faire, d'ailleurs ? Il fallait travailler. On faisait ça de père en fils, comme on aurait fait autre chose »[1]. Son fils, Maheu, lui fait écho : « Tout ça n'empêchera pas qu'on descende, et tant qu'on descendra, il y aura du monde qui en crèvera »[2]. La misère n'est pas moins fatale. « Va te faire fiche ! s'écrie la Maheude. On était dans le pétrin jusqu'à la mort »[3]. Et son époux : « Le vieux a raison, ce sera toujours le mineur qui aura la peine, sans l'espoir d'un gigot de temps à autre, en récompense »[4].

Une des formes de cette « peine » se manifeste dans la subordination, que tous ont appris à accepter. Chez Catherine, les « idées de subordination, d'obéissance passive », sont « héréditaires »[5]. Et le narrateur note : « La force de la hiérarchie les retenait seule, cette hiérarchie militaire qui, du galibot au maître-porion, les courbait les uns sous les autres »[6]. La plus courbée de toutes est la femme, sur laquelle pèse une autorité supplémentaire, celle de l'homme, qu'il soit son époux ou son amant.

Parmi les variantes de la résignation, Zola relève la satisfaction relative de n'être pas encore parmi les plus misérables. Au début du roman, Maheu prend en pitié Etienne : « Ce pauvre diable d'ouvrier, perdu sur les routes, l'intéressait (...). Hein ! On pourrait être comme ça (...). Faut pas se plaindre, tous n'ont pas du travail à crever »[7].

De toute manière, il n'y a pas d'issue. Ne sachant rien

1. *Les Rougon-Macquart, op. cit.*, p. 1140.
2. *Ibid.*, p. 1191.
3. *Ibid.*, p. 1212.
4. *Ibid.*, p. 1277.
5. *Ibid.*, p. 1170.
6. *Ibid.*, p. 1177.
7. *Ibid.*, p. 1154.

de ceux auxquels il a donné son travail et sa vie, Bonnemort éprouve, rien qu'à en parler, une sorte de frayeur sacrée : « De la main, il désignait dans l'ombre un point vague, un lieu ignoré et reculé, peuplé de ces gens pour qui les Maheu tapaient à la veine depuis plus d'un siècle. Sa voix avait pris une peur religieuse, c'était comme s'il eût parlé d'un tabernacle inaccessible, où se cachait le dieu repu et accroupi, auquel ils donnaient tous leur chair, et qu'ils n'avaient jamais vu »[1]. Citons ici, en contrepoint, la définition que Marx fournit de l'aliénation dans *L'Idéologie allemande* : « La puissance sociale apparaît alors comme une force propre, indépendante du vouloir et du développement humains. »

Cette aliénation s'exprime d'autre part, et se renforce, par la soumission dans laquelle les familles des mineurs se tiennent envers les valeurs enseignées. Et d'abord celles de la mythologie politique. Maheu ne veut pas « faire de la politique » : « Vous savez, dit-il à Lantier, que je ne suis pas du tout pour votre politique »[2]. Mais, parmi les pauvres images qui ornent son intérieur, figurent les portraits de l'Empereur et de l'Impératrice, ainsi que des gravures représentant des soldats. Autres images sacrées : celles de « saints bariolés d'or ». Et la Maheude se prend quelquefois à rêver : « Encore si ce que les curés racontent était vrai, si les pauvres gens de ce monde étaient riches dans l'autre ! »[3]. Ce sentiment religieux ne fait pas mauvais ménage, au contraire, avec les superstitions. Catherine croit, sans en démordre, à l'Homme noir, « le vieux mineur qui revient dans la fosse et tord le cou aux vilaines filles »[4]. L'art se réduit au bariolage des saints, aux enluminures des portraits, et à un « coucou peinturluré ». Quant à la morale, celle que professe la Maheude devant les Grégoire n'est pas de nature à menacer l'ordre établi : « Le mieux encore, n'est-ce pas ? Monsieur et Madame,

1. *Les Rougon-Macquart, op. cit.*, p. 1141.
2. *Ibid.*, p. 1330.
3. *Ibid.*, p. 1277.
4. *Ibid.*, p. 1172.

c'est de tâcher de faire honnêtement ses affaires, dans l'endroit où le bon Dieu vous a mis »[1]. Pierron, le mari complaisant et prudent, ne pense pas autrement : « Quand on se conduit bien, c'est la meilleure caisse de secours »[2]. Et le porion Richomme : « Quand on n'est pas les plus forts, on doit être les plus sages »[3]. « L'économie politique de la morale, écrit Marx dans les *Manuscrits de 1844*, est la richesse en bonne conscience, en vertu, etc. Mais comment puis-je être vertueux si je n'existe pas, comment puis-je avoir une bonne conscience si je ne sais rien ? La nature de l'aliénation fait que chacune des deux sphères me propose une norme différente et contraire, car chacune est une aliénation déterminée de l'homme. »

Si les causes réelles de leur misère leur restent inconnues, les mineurs s'en prennent aux représentants les plus proches et les plus apparents de l'autorité patronale, les supérieurs immédiats, ou ceux qu'ils suspectent d'être leurs agents : les mouchards ou les « jaunes ». Au puits Jean-Bart, la violence déferle principalement sur les camarades de travail et de misère qui n'ont pas cessé le travail. Les ouvriers se perdent en querelles chauvines, fratricides : le jour de la ducasse, il s'en faut de peu que les mineurs n'en viennent aux mains avec les travailleurs des clouteries. Dans le coron, les femmes se déchirent en commérages. Sur le terri, les cribleuses se disputent âprement les meilleurs morceaux de charbon. La division entre toutes ces catégories d'une même classe malheureuse diminue les chances d'une lutte que l'exaspération pourrait rendre enfin unie.

Car la colère monte, parmi les mineurs de Montsou. Sourde d'abord, puis croissante. Elle est née sur les lieux du travail, pour une affaire de salaires, de paiement du boisage : « Le mécontentement grandissait (...). Des exclamations accueillaient ce projet, une rébellion germait dans

1. *Les Rougon-Macquart, op. cit.*, p. 1213.
2. *Ibid.*, p. 1270.
3. *Ibid.*, p. 1184.

ce coin étroit, à près de six cents mètres sous terre »[1].
En même temps, s'affirment l'espoir que cette situation
prendra fin et la certitude que la fin sera brutale : « Derrière lui, on criait que ça ne durerait pas toujours et qu'un
beau matin la boutique sauterait »[2].
Mais il s'agit d'une espérance « millénariste » à sa
manière. On attend l'explosion pour une époque déterminée : la fin du siècle, sinon du millénaire. « Les enfants
verraient sûrement cela, si les vieux ne le voyaient pas,
car le siècle ne pouvait s'achever sans qu'il y eût une autre
révolution, celle des ouvriers cette fois, un chambar-
dement qui nettoierait la société du haut en bas, et qui la
rebâtirait avec plus de propreté et de justice »[3]. La révolution attendue est donc proche, et elle réussira d'un
coup. « Il n'y a qu'une chose qui me chauffe le cœur, s'écrie
Etienne, c'est l'idée que nous allons balayer les bourgeois »[4].
Sous l'effet des paroles d'Etienne, devenu tout à la fois le
militant, l'apôtre et le guide, une sorte de foi religieuse, de
confiance mystique dans l'approche du miracle révolutionnaire, pénètre les consciences : « En face des jours
terribles qui commençaient, pas une plainte ne se faisait
entendre, tous obéissaient au mot d'ordre, avec un tranquille courage. C'était quand même une confiance absolue,
une foi religieuse, le don aveugle d'une population de
croyants. Puisqu'on leur avait promis l'ère de la justice,
ils étaient prêts à souffrir pour la conquête du bonheur
universel. La faim exaltait les têtes, jamais l'horizon fermé
n'avait ouvert un au-delà plus large à ces hallucinés de la
misère. Ils revoyaient là-bas, quand leurs yeux se trou-
blaient de faiblesse, la cité idéale de leur rêve, mais prochaine à cette heure et comme réelle, avec son peuple de
frères, son âge d'or, de travail et de repas en commun. Rien
n'ébranlait la conviction qu'ils avaient d'y entrer enfin »[5].

1. *Les Rougon-Macquart*, *op. cit.*, p. 1184.
2. *Ibid.*, p. 1184.
3. *Ibid.*, p. 1256.
4. *Ibid.*, p. 1272.
5. *Ibid.*, *op. cit.*, p. 1327.

Aucune rationalisation, donc, du mouvement de revendication et de lutte pour la transformation de la société. Aucune visée politique précise, aucune stratégie. Seules la lassitude, l'attente mystique, puis l'impatience, l'exaspération, et de nouveau l'espoir du miracle. La lassitude débouche sur « un cri de massacre », sur un « rêve d'incendie et de sang ». Même après la défaite, alors que Lantier se cache pour échapper à l'arrestation, son annonciation des temps nouveaux conserve un écho. « On continuait à croire en lui, des bruits mystérieux couraient : il allait reparaître avec une armée, avec des caisses pleines d'or; et c'était toujours l'attente religieuse d'un miracle, l'idéal réalisé, l'entrée brusque dans la cité de justice qu'il leur avait promise »[1].

Tel est le cheminement d'une conscience politique hallucinée, avec son double aspect. L'idéologie des mineurs devient révolutionnaire, sans cesser d'être aliénante. Ils ne conçoivent pas encore leur situation réelle dans la société et dans l'histoire, mais ils en ressentent désormais le caractère intolérable et transitoire. Ils ne s'en forment pas une conception objective, mais une représentation mythique, qui rejoint les anciens mythes d'utopie, d'âge d'or et de rédemption. Le discours et les actes de leur révolte sont eux-mêmes habités par le mythe. Ils symbolisent, en tant que tels, une étape infantile du mouvement ouvrier.

Le discours bourgeois

Si l'on se tourne du côté des personnages de bourgeois, pour écouter leurs propres propos, on y découvre une complémentarité au langage des mineurs, plus qu'une opposition. Là non plus, aucun système idéologique explicitement construit, et exprimé, mais seulement des déclarations dispersées qu'il faut interpréter.

1. *Les Rougon-Macquart, op. cit.*, p. 1474.

L'exemple des Grégoire est sans doute le plus significatif. Leur satisfaction, leur quiétude, sont, par rapport à la résignation des mineurs, ce que serait, sur une médaille, l'envers par rapport à l'endroit. « Deux fauteuils profonds trahissaient l'amour du bien-être, les longues digestions heureuses. » De la Piolaine, qui n'est « pas assez grande pour lui causer des soucis », Grégoire tire « tous les bonheurs du propriétaire »[1].

La superstition, chez les Grégoire, va à des valeurs plus tangibles que celles auxquelles les Maheu portent respect. Mais le romancier use du même vocabulaire. « Les Grégoire avaient maintenant une foi obstinée en leur mine (...) A cette croyance religieuse se mêlait une profonde gratitude pour une valeur qui, depuis un siècle, nourrissait la famille à ne rien faire »[2]. Ils vivent de cette rente en petits bourgeois de juste milieu, sans goûts dispendieux ni cupidité, et recommandent l'économie. « Toute dépense qui ne profitait pas leur semblait stupide. » L'opinion « du propriétaire de la Piolaine, de goûts si raisonnables, était que ces messieurs manquaient parfois de mesure, dans leur amour exagéré de l'argent »[3].

De là, dans leur confort douillet, une parfaite bonne conscience. Ils s'effarent à l'idée que l'on puisse contester la légitimité de leur fortune, et affirment le caractère intangible de l'héritage. « De l'argent volé, ma fortune ! Est-ce que mon bisaïeul n'avait pas gagné, et durement, la somme placée autrefois ? Est-ce que nous n'avons pas couru tous les risques de l'entreprise ? Est-ce que je fais un mauvais usage des rentes, aujourd'hui »[4] ? L'exercice de la charité sanctifie la propriété et doit la protéger des revendications abusives : « Nous qui vivons sans fracas, comme de braves gens que nous sommes ! Nous qui ne spéculons pas, qui nous contentons de vivre sainement avec ce que nous avons, en faisant la part des pauvres !

1. *Les Rougon-Macquart, op. cit.*, p. 1195.
2. *Ibid.*, p. 1198.
3. *Ibid.*, p. 1203.
4. *Ibid.*, p. 1313.

Allons donc ! Allons donc ! Il faudrait que nos ouvriers fussent de fameux brigands pour voler chez nous une épingle »[1].

L'inégalité des conditions, avec son pôle de misère, ne les trouble pas. Tout est en ordre dans le meilleur des mondes. Chacun est à sa place, selon sa condition naturelle. Si les pauvres sont malheureux, c'est qu'ils sont ivrognes, ou qu'ils font des dettes, ou qu'ils ont trop d'enfants. La pauvreté des uns est naturellement compensée, chez les autres, par l'exercice de la bonté : c'est le rôle dévolu à Cécile, prototype de la jeune fille de bonne famille. Elle est compensée aussi par un autre aspect du paternalisme, l'enseignement des grands sentiments. « Avec de tels sentiments, ma brave femme, on est au-dessus de l'infortune »[2], répond Grégoire à la Maheude, qui affirme devant lui son humilité et sa résignation. La Maheude est une « bonne ouvrière », aussi longtemps qu'elle accepte l'ordre du monde.

Au surplus, la classe ouvrière n'est pas de même race, de même espèce que la bourgeoisie. La différence est de nature, non de contingence historique et sociale. « M. Hennebeau convint que les années heureuses avaient gâté l'ouvrier (...) Aujourd'hui, naturellement, ça leur semblait dur, de revenir à leur frugalité ancienne »[3]. L'ouvrier est frugal, comme le chameau. Mais c'est aussi en raison de sa constitution qu'en somme il se dévergonde. « Ma brave femme, dit encore paternellement Grégoire à la Maheude, il faut dire aussi que les ouvriers ne sont guère sages »[4].

Il faut donc bien user parfois de la force, quand la sauvagerie naturelle l'emporte sur la patience acquise. Lorsque les Hennebeau, les Grégoire, Deneulin et Négrel se retrouvent à table, après la collision meurtrière entre les grévistes et l'armée, « il y avait du triomphe dans la joie générale, le dîner tournait à la célébration d'une vic-

1. *Les Rougon-Macquart, op. cit.*, p. 1314.
2. *Ibid.*, p. 1213.
3. *Ibid.*, p. 1340.
4. *Ibid.*, p. 1212.

toire ». « Une allusion fut discrètement faite aux morts dont la boue du Voreux avait à peine bu le sang : c'était une leçon nécessaire et tous s'attendrirent, quand les Grégoire ajoutèrent que, maintenant, le devoir de chacun était d'aller panser les plaies, dans les corons »[1]. La grève a échoué, le monde a repris son immobilité, recouvré son harmonie, résorbé ses contradictions. L'histoire, comme l'écrit Roland Barthes, s'est évaporée. Les Grégoire « avaient repris leur placidité bienveillante, excusant leurs braves mineurs, les voyant déjà, au fond des fosses, donner le bon exemple d'une résignation séculaire »[2].

Germinal met donc en évidence la correspondance des deux discours : celui de la résignation ouvrière et celui de la bonne conscience bourgeoise. Tous les deux traduisent une même idéologie, celle de la classe dominante. « Le statut de la bourgeoisie, note Roland Barthes dans *Mythologies*, est particulier, historique : l'homme qu'elle représente sera universel, éternel. » Ce qui nous renvoie à *L'Idéologie allemande* : « Si les hommes et leurs conditions apparaissent dans toute l'idéologie renversés comme dans une chambre noire, ce phénomène découle de leur processus vital historique. » La classe dominante a réussi, au stade dont témoigne *Germinal*, à faire partager par la classe dominée « le discours silencieux de son désir »[3], qui nie l'antagonisme des deux classes et le caractère historique, transitoire, de leur ségrégation.

Le mérite de Zola est d'avoir su mettre à distance les deux discours, côté pile et côté face d'un même langage, d'en avoir montré le caractère mythique, et d'en avoir construit un énoncé ironique. Par là, il se situe lui-même à l'avant-garde de la pensée de son temps. Son mérite est aussi d'avoir compris que la classe ouvrière ne reste pas éternellement la dupe de ses maîtres, et d'avoir donné pour temps fort à son œuvre le temps de la révolte.

1. *Les Rougon-Macquart, op. cit.*, p. 1522.
2. *Ibid.*, p. 1522.
3. Louis ALTHUSSER, *Lénine et la philosophie*, Paris, Maspero, 1969, p. 36.

Germinal répond alors à ces lignes de Marx dans *La Sainte Famille* (1845) : « La classe possédante et la classe prolétarienne sont les deux faces du processus par lequel l'homme devient étranger à lui-même, c'est-à-dire de l'aliénation humaine. La première se complaît dans sa déshumanisation, s'y sent établie solidement, sent cette aliénation comme sa propre puissance, et possède en elle l'apparence illusoire d'une existence humaine; la seconde, au contraire, se sent anéantie dans cette aliénation, découvre en elle son impuissance et la réalité d'une existence inhumaine. Elle se trouve, pour employer une expression de Hegel, dans la déréliction, en révolte contre cette déréliction, révolte à laquelle elle est poussée nécessairement par la contradiction qui existe entre sa nature humaine et sa situation qui constitue la négation franche, résolue de cette nature ».

Un « roman socialiste » ?

Zola ne s'en tient pas à représenter une classe ouvrière dénuée de toute capacité d'analyse sur elle-même et sur la société. Il a bien vu que le mouvement ouvrier était traversé de courants de pensée qui tentaient une explication et une orientation, de théories politiques qui prenaient la classe ouvrière pour objet et se définissaient en même temps comme son instrument. Il fait une place de choix à des personnages qui commentent la condition ouvrière, et dont certains, à des degrés divers — deux au moins, Rasseneur et Etienne — essaient d'organiser et de guider les mineurs. C'est là un reflet de la situation objective du mouvement ouvrier vers 1880, au sein duquel rivalisaient des thèses tout à la fois opposées à celles des hommes politiques de la bourgeoisie, et plus ou moins influencées par l'idéologie bourgeoise.

Il faudrait étudier en détail les propos et la conduite de Rasseneur, Souvarine, Lantier. On connaît assez bien les sources de ces personnages, et leur rapport à l'histoire réelle des théories socialistes. Une autre question serait de décrire leur rôle dans l'économie du roman, et la part faite à chacun d'eux dans le processus qui conduit de la révolte verbale à la grève, puis à l'échec, avec ses différentes phases : la violence, le meurtre, l'écrasement sous la répression armée, le sabotage. Parmi les discours proprement politiques que l'on entend dans *Germinal*, seul celui de Lantier est en prise directe, malgré son confusionnisme, sur l'évolution des sentiments, des idées et des actes collectifs.

On peut donc admettre que *Germinal* nous transmet un savoir réel sur l'histoire des luttes de la classe ouvrière en même temps qu'une représentation sérieuse de son mode d'existence.

Il faut le souligner si l'on veut comprendre la complexité de ce roman, et ses effets sur le public.

Zola ne se borne pas à décrire la situation matérielle des mineurs qu'il a visités. Il établit un rapport explicite entre leur misère et les règles de l'économie capitaliste. L'action du roman, sous chacun de ses aspects, est une illustration de la ségrégation et de l'antagonisme des classes. C'est sur le lieu de travail que les ouvriers prennent conscience de leur situation, de leur rôle, et de leur force. L'importance accordée aux causes immédiates de la grève, la diminution des tarifs du marchandage et le paiement du boisage à part, est significative. La lutte pour le socialisme commence sur le chantier, par la lutte pour de meilleurs salaires. D'un autre côté, les forces de l'Etat (préfet, gendarmerie, armée) apparaissent sans fard dans leur rôle répressif, au service de la bourgeoisie.

Germinal met en évidence le rôle des masses, et la nécessité d'une action collective organisée. La force profonde du prolétariat, c'est son nombre; encore faut-il une volonté générale d'action, une organisation, une discipline, une stratégie, une théorie. L'échec de la grève a précisément pour cause, entre autres, l'insuffisance des mineurs de Montsou en ces domaines. Mais le roman symbolise une étape nouvelle du mouvement ouvrier, en montrant que le caractère massif de la révolte, la conjonction d'une revendication économique et d'une espérance politique, la présence d'un dirigeant qui apparaît à la fois comme un militant ouvrier et un théoricien, ont changé les conditions de l'affrontement entre la classe ouvrière et le patronat. C'est en quoi Zola pouvait parler, à propos de *Germinal*, de son roman « socialiste ». *Un peu vite* cependant. Car l'analyse économique, sociale et politique demeure incomplète, la réflexion tourne court, l'accumulation du savoir est détournée en parabole idéologique, et par là même contrariée.

La lézarde

Passons sur la brume des perspectives politiques et sociales. Zola ne voit pas avec netteté ce que Marx, dans *L'Idéologie allemande* appelle « la nécessité et la condition d'une transformation de l'industrie et du système social ». Il a des intuitions, non une connaissance approfondie des phénomènes qui régissent le capitalisme de son époque. Mais l'observation doit porter plutôt ici sur l'investissement idéologique lui-même.

Prenons par exemple la construction du personnage d'Etienne Lantier, et son modèle sous-jacent. C'est un homme qui n'appartient pas au prolétariat minier, mais qui vient d'ailleurs, et qui demeure un étranger, par beaucoup de ses traits : son instruction, son orgueil d'homme face au troupeau, sa volonté de combat, ses instincts héréditaires de violence, le rêve qu'il fait de devenir un chef populaire, l'échec même de son apostolat, qui le transforme en une sorte de Christ incompris, lapidé par ceux-là mêmes qu'il a voulu sauver. Zola accentue en lui le type du meneur, en même temps qu'il dévalorise celui du militant. On le voit bien par le comportement d'Etienne pendant et après la crise : cédant à l'exaltation, à l'excitation, il se laisse déborder et perd le contrôle du mouvement; il s'isole, méprisant au fond de lui-même ses camarades, et ne trouve finalement d'issue que dans la démission et le départ. Le personnage reflète, sous beaucoup d'aspects, les préjugés de la bourgeoisie à l'égard des dirigeants ouvriers.

Autre exemple : l'importance des thèmes sexuels. La fornication est pour les ouvriers et les ouvrières une compensation à leur privation de nourriture. La nature, en les dotant sur ce plan d'une capacité, d'une allégresse et d'une liberté que leur envient les bourgeois, leur offre une revanche. La satiété de Maheu équilibre la frustration de Hennebeau. Mais c'est là une manière d'isoler biologiquement les deux classes, donc de naturaliser l'histoire, d'interpréter en termes de nature éternelle les structures transitoires d'une société. Une solution à la misère, dit quelque part la Maheude, serait, pour les femmes d'ouvriers, de se boucher le ventre. C'est une boutade, mais qui exprime à sa manière l'idée que la fécondité ouvrière est, comme la stérilité bourgeoise, un fait de nature.

Les mineurs font l'amour au milieu des blés, sur les terris, derrière les maisons, sans crainte des regards, sans pudeur — comme les bêtes au moment du rut. Autre compensation. Cette liberté-là est interdite aux bourgeois : des amours de Mme Hennebeau avec Négrel, on surprend seulement le désordre qu'elles ont laissé dans une chambre close. De ce point de vue aussi, la nature fait bien les choses. Pourquoi ne pas lui faire confiance pour instaurer, en deçà des inégalités apparentes et superficielles entre les classes, une équivalence profonde et essentielle ? Si l'on ajoute que cette complaisance à dépeindre les débordements de la Mouquette est aussi une manière de mettre le personnage à distance, une sorte de puritanisme à rebours, on peut conclure que le discours sur la sexualité est bien, dans *Germinal*, un discours idéologique.

Les titres primitifs du roman révèlent le noyau mythique de ce discours. *Le Cahier des pauvres*, *Le Quatrième Ordre*, *Les Affamés*, traduisent par symbole ou allégorie, les idées de faim, de ségrégation et de nombre. *Le Sol qui brûle*, *Le Feu souterrain*, *Le Feu qui couve*, évoquent la menace souterraine, l'enfer, le feu purificateur en même temps que destructeur. *Château branlant, La Maison qui craque, Coup de pioche, La Lézarde* ont en commun l'image de l'effondrement, de l'engloutissement. Rien qui évoque les mécanismes réels d'une société, ni la dialectique complexe de ses transformations : mais seulement l'hypostase des forces naturelles, telles que la faim, le feu, le sang, la terre. Le texte de *Germinal* s'est construit autour d'archétypes symboliques — la meute affamée, l'incendie, le tremblement de terre —, qui réduisent l'histoire, alternativement, au flux naturel et permanent des choses et au retour cyclique des apocalypses. J'ai étudié ailleurs la métamorphose que subit la foule des ouvriers grévistes, au chapitre V de la V⁰ partie : là aussi, le texte sécrète des images de catastrophe, de sang et de flammes[1].

La mine et les mineurs, dans cette perspective, apparaissent moins comme un univers caractéristique de la société industrielle et méritant en tant que tel une description documentaire que comme un univers-signe : le monde enfoui, nocturne, l'envers et le contraire de la civilisation de la surface et du jour, le monde de la sape, d'où surgira l'inévitable cataclysme. « Hâtez-vous d'être justes, proclame Zola dans une lettre de décembre 1885, autrement, voilà le péril : la terre s'ouvrira et les nations s'engloutiront dans un des plus effroyables bouleversements de l'histoire (...) Oui, un cri de pitié, un cri de justice, je ne veux pas davantage. Si le sol continue à craquer, si demain les désastres annoncés épouvantent le monde, c'est qu'on ne m'aura pas entendu »[2]. On distinguera à peine, derrière cette vision et dans son langage, les mythes fondamentaux et la terminologie du christianisme.

A ce niveau, par le truchement du discours symbolique, l'idéologie de l'auteur et de sa classe récupère le terrain qu'a failli occuper l'analyse scientifique. L'œuvre

1. Voir ci-après, pp. 146-147.
2. *Les Rougon-Macquart, op. cit.*, p. 1821.

devient un témoignage au second degré. Elle atteste l'angoisse de la bourgeoisie devant l'avenir : « La vision de la fin du monde, de la fin d'une culture, écrit G. Luckács, est toujours la forme amplifiée par idéalisme du pressentiment de la fin d'une classe. » Elle témoigne aussi de l'impuissance momentanée des consciences à prendre une vue rationnelle de l'évolution sociale, et en particulier du mouvement ouvrier.

Germinal est traversé par une coupure : le savoir méthodique y est lézardé, rongé par l'imagerie mythique, donc par l'idéologie. De là sa richesse littéraire. Paradoxalement, c'est de ce discord interne que l'œuvre tire ses meilleurs effets. Non pas seulement en raison du flamboiement lyrique et symbolique des images qui cristallisent la fureur révolutionnaire; mais par le sens propre de cette béance, de ce creux qui s'ouvre en permanence entre les deux rives du texte. L'idéologie n'est pleinement présente, et pleinement ambiguë — à la fois mystificatrice et instructive —, que parce qu'elle est tissée dans la trame d'un récit, d'une structure littéraire, et parce qu'ainsi sa substance devient forme, au point que le texte, par un dernier paradoxe, acquiert une disponibilité de sens et d'effets inépuisable, et transcende les structures sociales mêmes qui ont servi de motif au rêve de l'écrivain.

L'idéologie et le mythe :
Germinal et les fantasmes
de la révolte

Plus nombreuses et plus profondes sont les galeries que l'on creuse dans *Germinal*, plus on découvre, comme dans tous les grands textes, de ces réseaux et de ces étages où s'entrelacent les significations, à tel point que l'explication — le déroulement — du texte semble ne jamais devoir finir.

C'est du reste ce qui conduit à douter de la validité des méthodes acquises de la stylistique aussi bien que de l'histoire littéraire, et à chercher une aide plutôt du côté des auteurs qui étudient les mécanismes de la signification dans d'autres domaines que la littérature. Nous avons le droit de tenter toutes les lectures, toutes les explorations, d'user de toutes les hypothèses de travail que nous suggère l'étude des sciences humaines. La littérature parle de l'homme, et comment n'en parlerait-elle pas en un discours analogique de celui que se parle l'humanité en d'autres champs d'exercice de sa parole; comment une science de la littérature, une analyse textuelle, pourrait-elle se passer de l'enseignement des autres sciences du discours humain, psychanalyse, ethnologie, analyse des idéologies, etc. ?

On ne peut plus en effet se contenter de l'explication « réaliste » de l'œuvre, qu'on trouve par exemple sous sa forme la plus achevée, la plus mûrie, la plus intelligente, dans la *Mimesis* d'Auerbach : « Le traitement sérieux de la réalité contemporaine, l'ascension de vastes groupes humains socialement inférieurs au statut de sujets d'une représentation problématique et existentielle, d'une part, l'intégration des individus et des événements les plus communs dans le cours général de l'histoire contemporaine, l'instabilité de l'arrière-plan historique, d'autre part, voilà, croyons-nous, les fondements du réalisme moderne. »

On ne peut plus s'en contenter, parce que la lecture de ce roman, pratiquée à l'aide d'autres clés conceptuelles, y fait apparaître une cassure permanente du réel, une lézarde traversant tout le texte, une déviation organique des données matérielles, sociales, mentales. Cette déviance a été perçue très tôt. Le problème posé à la critique moderne est de la décrire avec le plus de précision et de cohérence possibles, dans ses manifestations et son rôle, pour contribuer à mettre au jour les structures qui gouvernent ici la production du sens, pour parcourir ce qu'on appelle parfois l'*espace* du texte.

Savoir et dénotation

Je voudrais d'abord donner raison à Auerbach, en soulignant que le texte de *Germinal* véhicule et nous livre un *savoir*, historique, particularisant, déterminant un domaine d'analyse (le mouvement ouvrier), un lieu d'observation (l'industrie minière), une époque (la fin du Second Empire). Ce savoir produit tout l'univers dénoté du livre : descriptions techniques, analyse des stratifications sociales, observations sur le mûrissement de la conscience de classe, mise au jour des facteurs politiques, etc.

Le texte représente par exemple un décor, un paysage, avec tous les dénotés techniques indispensables pour qu'en apparaissent les caractères pertinents, et notamment tous les caractères qui sont de l'ordre de la technologie. La mine apparaît ainsi, à un premier palier de la lecture (premier dans la successivité des textes, et premier dans la successivité des significations qu'ils livrent au lecteur), comme un espace creusé par l'homme, organisé par lui, marqué de son travail.

L'investissement mythique

Mais chaque détail dénoté est, si j'ose dire, impur, alourdi par l'investissement des correspondances connotées. Dans la mine, *la pluie, le brouillard, l'odeur de vieux fers*, sont des précisions destinées à déterminer, à singulariser ce décor. Mais celles-ci fonctionnent tout aussi bien comme éléments impressifs, destinés à marquer l'inconfort inhumain de ces lieux, la contradiction qui passe entre les besoins de l'être humain et sa présence en ce lieu. Le texte se charge ainsi de correspondances entre le monde inerte et le monde humain : « L'air s'empoisonnait davantage, se chauffait de la fumée des lampes, de la pestilence des haleines, de l'asphyxie du grisou (...) Eux, au fond de leur trou de taupe, sous le poids de la terre, n'ayant plus de souffle dans leurs poitrines embrasées, tapaient toujours. » On saisit ici, emmêlées, plusieurs métaphores : celles de l'asphyxie, de l'emmuré, de la taupe, du damné. On voit se construire un code analogique, où tout élément dénoté (l'étroitesse des galeries, la raréfaction de l'air, la chaleur) devient le signifiant d'un système de connotation, qui, lui, décrit moins un aspect du paysage industriel et social moderne que quelques-unes des formes de la malédiction qui pèse sur l'humanité.

Les éléments de la structure mythique sont présents : d'une part une description qui tend à tout moment vers la séquence narrative : « Eux tapaient toujours »; à tout moment, une prise en charge du tableau par le récit, en même temps qu'un figement du récit dans une image très fortement synthétique; d'autre part, l'accommodation du texte sur un concept-exemple. Ici, un homme enfoui dans les ténèbres, écrasé sous la roche, le souffle brûlé et qui tape sans trêve (notons l'intransitivité du verbe *taper*). Ce personnage s'immobilise dans un geste saisi sous l'aspect de l'éternel et devient une allégorie de la misère. La réalité concrète et l'analyse rationnelle sont progressivement évacuées pour laisser place au fantastique et au fabuleux.

Si l'on étendait la recherche au-delà d'un bref exemple, jusqu'à couvrir l'ensemble des textes qui décrivent le monde souterrain, on mettrait au jour un système complexe et corrélatif de connotations explicites :

— La mine, comme espace souterrain, renvoie au concept d'enfouissement (les mineurs sont des insectes, ils sont aussi des morts vivants, prisonniers de la tombe), au concept d'étouffement (le resserrement des galeries, le dégagement des gaz délétères), au concept de dévoration (le Voreux dévore, engloutit chaque jour sa ration d'hommes, c'est un ventre insatiable).

— L'organisation de cet espace souterrain évoque les villes englouties : son labyrinthe renvoie au concept d'égarement, de désorientation, de suppression des issues repérables.

— La mine, comme espace de ténèbres, est le lieu où se déchargent librement et violemment toutes les pulsions instinctives que censure ou canalise la lumière du jour : celles de la faim, du sexe, du meurtre. C'est le lieu où l'homme redevient une bête.

Les éléments constitutifs de cet espace perdent donc leur inertie et deviennent des éléments mythiques, puisque ce jeu de correspondances est le résultat du système de corrélations établi entre ces éléments et l'homme, entre l'inerte et l'animé. La terre, la roche, l'eau, le feu sont les instruments naturels de la persécution des hommes, et les coordonnées de ce que *Germinal* appelle « cet horizon de misère, fermé comme une tombe ».

Des mythes multiples bourgeonnent dans cette profusion d'analogies. Rien d'étonnant à ce que plusieurs aient été forgés par le discours même des mineurs : le mythe du Torrent (rêverie sur l'eau), celui du Tartaret (le feu), celui de l'homme noir (nuit, violence sexuelle et meurtrière), etc. Zola, lui, mythifie sur le mythe. Le travail des mineurs, en ses différentes phases, raconte un mythe d'emmurement.

Mais les choses ne sont pas si simples.

Les deux mondes parallèles

La mine n'est qu'un des deux pôles d'une structure qui place en équivalence la société terrestre et la société souterraine, le sol et le fond, le jour et la nuit, les dirigeants et les ouvriers, les nantis et les affamés, etc.

Tout le roman est construit sur ce rapport du supératif à l'inératif, et sur l'enchaînement les uns aux autres de substituts de ce rapport :

$$\frac{\text{Sol}}{\text{Fond}} \sim \frac{\text{Bourgeoisie}}{\text{Prolétariat}} \sim \frac{\text{Nantis}}{\text{Affamés}} \sim \frac{\text{Lumière}}{\text{Nuit}}, \text{ etc.}$$

Cette chaîne de rapports a des formes multiples, et son inventaire exhaustif reste à faire. Mais le système paraît bien cohérent. Il existe une opposition catégorique, paradigmatique, entre les Bourgeois et les Ouvriers, les Nantis et les Affamés. Et chacun des termes de l'opposition est enchaîné aux termes du même niveau par une corrélation syntagmatique. La lecture à la verticale définit le noyau du code de signification et le noyau du mythe, la lecture à l'horizontale définit le texte narratif. Deux exemples : le rapport des nantis aux affamés est le même que celui du dieu dévorateur à la population des dévorés, il est le même que celui du festin à la fornication. Si les bourgeois mangent, les mineurs ont faim, et si les mineurs se livrent un peu partout et à tout moment aux plaisirs de la copulation, Hennebeau promène désespérément ses frustrations. On constate la fréquence des tableaux de repas chez les Grégoire et les Hennebeau, et celles des scènes sexuelles chez les mineurs. A la verticale, passe donc un rapport d'équivalence (Lévi-Strauss note que dans de nombreux mythes se marque une analogie entre *manger* et *copuler*; celle-ci est un trait marqué dans *Germinal*) : à l'horizontale, un rapport de contiguïté. La connotation circule le long de chacun de ces vecteurs. Chacun des éléments est marqué par ses relations avec les autres.

L'articulation du roman apparaît ainsi fort semblable à celle des mythes par lesquels la pensée sauvage organise son interprétation du monde.

Et c'est là que perce l'idéologie. La structure sociale est ainsi organiquement corrélée, dans l'univers textuel, aux structures naturelles (lumières et ténèbres, terrestre et souterrain) et aux structures biologiques. La séparation des deux classes est dans l'ordre du naturel et de l'éternel, non du social et du transitoire. Elle est un fait de nature, non de culture. Elle ne sécrète, par nature, aucun antagonisme. Si celui-ci apparaît, le système, au contraire, l'absorbera et le neutralisera.

Structure et narration

Car le mythe est dynamique, comme il apparaît dans les titres primitifs du roman. Certes, l'opposition de deux de ces titres, *L'Assiette au beurre* et *Les Affamés*, reflète le statisme de la structure. Mais d'autres introduisent le dynamisme de la transformation : *La Maison qui craque, Le Sol qui brûle*. La chaîne des substitutions se transforme ici en une chaîne de transformations. Du monde enfoui, surgit l'explosion qui détruit la demeure, le tabernacle auquel il servait de fondation. Les affamés sortent de leurs trous et anéantissent l'univers des nantis. De la destruction purificatrice de l'ancien monde, germera un monde nouveau.

Ce qui revient à dire que le principe de la structure

antérieure, fondée sur le parallélisme homologique, se trouve mis en cause par la narration. Envahissant le domaine des nantis, pour le détruire, les révoltés substituent à un rapport d'équivalence un rapport de contiguïté, et tentent de rompre l'ordre du monde. Mais ce qui est remarquable, c'est que cette tentative de rupture est traitée sur le mode du mythe, et de plusieurs manières, toutes travestissantes. Je ne prends que deux exemples.

Le simulacre. — Il faut ici faire référence à trois scènes du roman : la castration de Maigrat, le meurtre du petit soldat, l'étranglement de Cécile Grégoire par le vieux Bonnemort. Trois scènes de sacrifice, d'action magique et non pratique. Dans chacun de ces cas la classe ouvrière ne s'attaque pas au pouvoir réel de la bourgeoisie, mais elle croit pouvoir modifier l'ordre de l'univers par un rite de sacrifice, accompli au reste par des officiants marginaux (femmes, enfants, vieillards). Dans chaque cas, la victime est un être intermédiaire, qui, par nature, représente la connexion possible entre les deux mondes. L'épicier, le soldat, Cécile, sont *ambigus*. C'est eux qui sont choisis par le récit pour servir de victime expiatoire et propitiatoire à la fois. Bonnemort portant la main sur Cécile instaure une connexion entre les deux mondes. Cécile morte, il faudra que les dieux remplissent le vide en y instaurant la justice sociale, bienfait obscurément escompté par l'inconscient des mineurs. Mais tout ceci n'est que rêve, magie, simulacre... La révolution se dissout en fantasmes. Le trajet métonymique a échoué.

La métaphorisation de la révolte. — Le récit de la grève reprend toutes les images accumulées par le texte antérieur.

C'était la vision rouge de la révolution qui les emporterait tous, fatalement, par une soirée sanglante de cette fin de siècle. Oui, un soir, le peuple lâché, débridé, galoperait ainsi sur les chemins; et il ruissellerait du sang des bourgeois, il promènerait des têtes, il sèmerait l'or des coffres éventrés. Les femmes hurleraient, les hommes auraient ces mâchoires de loups, ouvertes pour mordre. Oui, ce seraient les mêmes

146

guenilles, le même tonnerre de gros sabots, la même cohue effroyable, de peau sale, d'haleine empestée, balayant le vieux monde, sous leur poussée débordante de barbares. Des incendies flamberaient, on ne laisserait pas debout une pierre des villes, on retournerait à la vie sauvage dans les bois, après le grand rut, la grande ripaille, où les pauvres, en une nuit, efflanqueraient les femmes et videraient les caves des riches. Il n'y aurait plus rien, plus un sou des fortunes, plus un titre des situations acquises, jusqu'au jour où une nouvelle terre repousserait peut-être. Oui, c'étaient ces choses qui passaient sur la route, comme une force de la nature, et ils en recevaient le vent terrible au visage.

Un grand cri s'éleva, domina *La Marseillaise* :
— Du pain ! du pain ! du pain[1] !

La mise en mouvement du prolétariat devient ici le déferlement d'un troupeau de brutes, d'une meute de fauves, le débordement d'un torrent, la réapparition des figures de la Terreur, la résurgence des jacqueries anciennes. Dans toutes ces figures, l'auteur met en œuvre des concepts an-historiques et non rationnels, qui sont tantôt de l'ordre de la catastrophe naturelle (inondation, tremblement de terre, incendie), tantôt de l'ordre de l'instinct (fureur, violence, goût du viol, du feu et du sang).

Il se produit donc là aussi une transformation de type magique, mais qui est le fait de l'auteur : une naturalisation des actions humaines, traitées comme si elles étaient une partie intégrante du déterminisme physique. Le dénoté historique et social est débordé, submergé par le connoté biologique et naturel. Le récit échappe à l'histoire pour insérer le tragique social dans la série des cataclysmes qui affectent périodiquement l'ordre du monde, et sont constitutifs de cet ordre.

1. E. ZOLA, *Germinal*, Ve partie, chap. 5.

Au lecteur, alors, d'opérer son déchiffrement du déchiffrement, sa lecture de la lecture. La lecture de l'auteur sur l'événement est un travestissement mythificateur. Mais cette lecture renvoie directement à l'idéologie qui la soustend et qu'elle dénote. La structure mythique est une structure plus profonde que la structure superficielle des événements racontés. Mais la structure idéologique est plus profonde encore que celle du ou des mythes. C'est à son niveau qu'il faudrait chercher la phrase minimale du récit. Selon le mot de Hjemlslev, la sémiologie dénotative subsume la sémiotique connotative.

À tous les niveaux, nous avons saisi le processus de naturalisation et d'immobilisation dans l'éternel. Ce processus est aussi un processus de renversement et d'idéalisation. Marx écrit dans *L'Idéologie allemande* : « La puissance sociale apparaît comme une force étrangère, une force propre, indépendante du vouloir et du développement humain. » L'histoire s'évapore et laisse place à la nature. Développant une pensée de Marx, Barthes écrit dans ses *Mythologies* : « Le statut de la bourgeoisie est particulier, historique : l'homme qu'elle représente sera universel, éternel. » Cette constatation s'applique fort bien à *Germinal*, qui, en tant que conjonction d'un savoir historique et d'une mythification de l'histoire sociale, réfracte l'idéologie bourgeoise de la fin du xixe siècle, mélange de lucidité et d'impuissance à prendre une vue rationnelle de l'évolution sociale. Zola, dépeignant la société des hommes de la mine comme une société sauvage, comme un monde de la nature, non de la culture et de l'histoire, aide à entendre ce qu'Althusser appelle quelque part « le discours du désir silencieux de la bourgeoisie ».

Mais, sans le savoir, il applique également le précepte de Marx, qui, dans *La Critique de la philosophie hégélienne du droit*, s'écriait : « Il faut représenter chaque sphère de la société allemande comme la partie honteuse de la société allemande, il faut mettre en branle ces conditions pétrifiées, en leur chantant leur propre mélodie. Il faut enseigner au peuple l'épouvante de lui-même, pour lui donner du courage. » Ce qui explique l'ambiguïté des leçons de l'œuvre et la disponibilité de sens qu'elle a conservée, bien au-delà des structures sociales sur lesquelles l'auteur a réfléchi et rêvé.

La révolte et l'utopie :
de *Germinal* à *Travail*

S'il existe chez Balzac des personnages reparaissants,
on pourrait parler, à propos de l'œuvre de Zola, de thèmes
reparaissants et de situations reparaissantes, avec bien
entendu des personnages récurrents, qui, s'ils ne portent
pas un seul et même nom, s'ils ne forment pas un seul et
même personnage du point de vue de l'état civil, se res-
semblent en tout cas fortement. L'inventaire de ces récurrences est relativement aisé. Il pourrait déboucher sur une
étude approfondie des rapports d'intertextualité qui
relient les uns aux autres les vingt romans du cycle des
Rougon-Macquart et, au-delà, l'ensemble des romans de
Zola. Dans son livre sur *Zola et les mythes*, Jean Borie a
montré que des modèles se dessinent, qui transgressent
la clôture de chaque œuvre prise à part, comme si, des
romans de jeunesse aux *Quatre Evangiles*, on n'entendait
qu'un unique et intarissable discours, où s'accumulent les
variantes de quelques situations fondamentales.
   La fin de *La Fortune des Rougon* renvoie à celle de *La
Débâcle*. *L'Argent* est une suite de *La Curée*. *Au Bonheur des
dames* est en correspondance thématique avec *Le Ventre
de Paris*. *Le Rêve* est pour une part analogique de *La Faute
de l'abbé Mouret*. *Paris* fait pour la vie parlementaire de la
République ce que *Son Excellence Eugène Rougon* avait fait
pour celle de l'Empire. *Fécondité* est une réponse à *Pot-
Bouille*, et aussi à *La Joie de Vivre*, et j'en passe.

Le cas le plus frappant est celui de la résurgence des thèmes de *Germinal* à travers *Travail*. *Germinal*, on le sait, n'était lui-même que le premier maillon d'une chaîne, le long de laquelle on trouve également *La Bête humaine* et *La Débâcle*, pour certains de leurs thèmes. Après 1871, Zola a ajouté à la liste des sujets de romans qu'il avait proposés à son éditeur, et parmi lesquels figurait un roman sur le monde ouvrier qui deviendra *L'Assommoir*, un deuxième roman ouvrier, plus particulièrement politique. Celui-ci devait mettre en scène « l'ouvrier de l'insurrection, de la Commune ». L'ébauche de *Germinal* déviera, en réalité, vers un autre sujet. Etienne Lantier deviendra, non pas l'ouvrier parisien des barricades de mai 1871, mais le militant des luttes syndicales et politiques sur le lieu de travail. Mais Etienne devait être aussi le héros du roman judiciaire, la violence meurtrière se confondant pour un temps, dans l'esprit de Zola, avec la violence révolutionnaire. En réalité, quelques pages après le début de l'ébauche de *La Bête humaine*, qui est le roman de la folie homicide, on voit Etienne s'effacer et céder la place à un substitut hâtivement imaginé pour les besoins de la cause, un troisième fils de Gervaise Macquart, qui se prénommera Jacques. Le personnage d'insurgé n'est pas oublié pour autant : on le trouvera, sous un autre nom encore, dans la dernière partie de *La Débâcle*.

Homologies

Si *La Bête humaine* et *La Débâcle* sont des rameaux poussés sur la même branche où s'est greffé *Germinal*, cette dérivation n'est repérable que pour des aspects isolés, et à l'aide d'une étude génétique et diachronique. Avec *Travail*, c'est tout autre chose, et l'on pourrait presque parler d'homologie de structures, ou en tout cas de larges analogies, qui sautent aux yeux par la seule comparaison des textes.

Les deux œuvres représentent, à un certain degré, la

société industrielle et ses décors : les mines de charbon, dans *Germinal*, l'industrie métallurgique, dans *Travail*. On sait que l'action de ce roman, le deuxième des *Quatre Evangiles*, publié en 1901, oppose symboliquement deux entreprises : celle des Boisgelin, *L'Abîme*, dirigée par l'ingénieur Delaveau, qui fabrique des canons et des obus, des engins de mort, par les moyens de la métallurgie traditionnelle, et celle des Jordan, *La Crêcherie*, dirigée par l'ingénieur Luc Froment, qui substitue les fours électriques, découverte de la technique moderne, aux anciens hauts fourneaux, et qui fabriquera des rails, des ponts, des charpentes métalliques, des machines, des « œuvres de vie ». Le nom de *L'Abîme* a plus d'un trait sémantique commun avec celui qui désigne le puits de mine de *Germinal*, le Voreux.

Dans les deux romans, trois classes sont en présence : celle des propriétaires de la terre et des instruments de travail, et de leurs collaborateurs directs, les directeurs de puits de mine ou d'usine et les ingénieurs ; celle des travailleurs manuels ; et une classe intermédiaire, qui regroupe les commerçants, les fonctionnaires, les militaires, les prêtres, etc. Chacune de ces classes s'incarne dans des personnages qui symbolisent ses conduites et ses langages typiques, et qui sont saisis dans des scènes ou des situations caractéristiques : le dîner par exemple, pour les bourgeois. Le dîner chez les Boisgelin, au début de *Travail*, fait pendant au dîner chez les Hennebeau, dans *Germinal*.

Les analogies de personnages sont multiples et frappantes. A la fragile et chlorotique Catherine Maheu, de *Germinal*, correspond, dans le premier livre de *Travail*, Josine. Celle-ci, qui vit en concubinage avec l'ouvrier Ragu, est battue et maltraitée par son amant, comme Catherine l'était par Chaval. Ragu lui-même, type de l'ouvrier buveur, querelleur, brutal, facilement traître à ses camarades, est pour une part une réincarnation de Chaval. Le triangle se complète, comme dans *Germinal*, avec Luc Froment, qui, de même que Lantier face à

Josine, jouera le rôle ambigu du protecteur, du séducteur et du rédempteur. Josine deviendra sa compagne et son inspiratrice, comme Catherine aurait pu le devenir si elle n'était morte au fond de la mine inondée après s'être donnée à Lantier. Les correspondances jouent ainsi non seulement d'un personnage à un autre, mais d'un groupement à un autre. Notons que le couple adultère et complaisant que constituent, dans *Germinal*, Hennebeau, le directeur de la mine, et sa femme, réapparaît dans *Travail* sous les traits du couple Delaveau, également directorial et également adultère. Je ne puis poursuivre l'inventaire, car la population est fort nombreuse dans l'un et l'autre romans, mais il resterait beaucoup de réapparitions semblables à signaler. L'anarchiste Lange rappelle évidemment Souvarine, et le père Lunot le vieux Bonnemort, de *Germinal*. Comme lui, il est perclus de rhumatismes, comme lui, il survit sans ressources, recueilli par ses enfants, comme lui enfin il aime ressasser ses souvenirs de vieil ouvrier et l'histoire de l'usine où il a travaillé.

Les procédés narratifs et descriptifs se répètent également. Par exemple, les deux romans commencent par l'arrivée du principal personnage sur les lieux de l'action : un homme qui vient d'ailleurs — Etienne Lantier venait de Lille, Luc Froment arrive de Paris —, et qui marche. Il pénètre lentement au sein d'un décor qui lui est inconnu et qui l'effraie, et qui d'emblée apparaît lourd de misère et d'inhumanité : les brasiers qui brûlent dans la nuit du terri de Montsou, d'un côté, et de l'autre « l'amas sombre des bâtiments et des hangars » de *L'Abîme*, avec « les poussières, les vapeurs, qui s'exhalaient sans cesse de lui, qui lui faisaient une continuelle nuée de la sueur de sa besogne ». Un peu plus loin, le défilé des grévistes vaincus porte les mêmes marques que celui des mineurs de Montsou : le silence, la résignation, l'amertume, l'espoir informulé de la revanche :

Le patronat, l'autorité bourgeoise avait pu avoir raison des salariés ; mais les esclaves domptés restaient si menaçants dans leur silence passif, qu'une affreuse amertume empoisonnait l'air et qu'on y sentait souffler tout l'effroi des vengeances, des grands massacres possibles[1].

Je terminerai ce bref et très incomplet inventaire en indiquant l'existence des correspondances de symboles. Je n'en cite que deux : la lapidation du héros, et le viol sacrificiel. Lorsque Lantier, après l'échec de la grève qu'il a conduite, réapparaît dans Montsou, il reçoit des pierres ; Luc Froment, pour avoir gagné le procès qui lui avait été intenté par un commerçant de Beauclair, est poursuivi lui aussi par une populace qui ne comprend pas le sens de son action, et lapidé. Les deux personnages ne sont à ce moment-là que deux variantes d'une même figure, celle du sauveur incompris de ceux-là mêmes pour lesquels il se sacrifie :

Qu'avait-il donc fait, depuis quatre ans, pour que tant de haines se fussent amassées contre lui, au point d'être ainsi traqué, hurlant à la mort ? Il s'était fait l'apôtre de demain, d'une société de solidarité et de fraternité, réorganisée par le travail ennobli, régulateur de la richesse... Et cela suffisait, la ville entière le considérait comme un malfaiteur, il la sentait derrière cette bande qui aboyait à ses trousses. Mais quelle amertume, quelle souffrance, dans cette aventure commune du calvaire que tout juste doit gravir, sous les coups de ceux mêmes dont il veut le rachat[2] !

Quant au viol de la belle Mme Delaveau par l'ouvrier Ragu, il me paraît du même ordre que dans *Germinal* la castration de Maigrat, le meurtre du petit soldat ou l'étranglement de Cécile Grégoire par Bonnemort : ce sont des sacrifices symboliques, des gestes de fous, d'isolés ou de marginaux, qui singent et dévoient la violence proprement révolutionnaire, qui substituent la revanche ou la compensation individuelle à la lutte collective, l'acte-simulacre à l'action pratique.

Comment expliquer ces réduplications, qui, on le voit,

---

1. *Œuvres complètes*, Paris, Cercle du Livre précieux, t. VIII, p. 550.
2. *Ibid.*, p. 727.

foisonnent à tous les niveaux du roman ? On peut avancer plusieurs hypothèses. La plus simple serait de les attribuer à une baisse de pouvoir inventif et au réemploi de modèles et de noyaux narratifs dont l'efficacité avait été une première fois démontrée. Une autre hypothèse est celle qu'avance Jean Borie, en s'appuyant sur la psychanalyse : *Les Quatre Evangiles* répondent aux *Rougon-Macquart* comme les romans du salut à ceux de la nausée. Un mythe de rédemption et de résurrection succède aux mythes de saccage, de sang et de mort. Josine sauvée remplace Catherine dégradée et perdue.

Dans *Travail*, écrit Jean Borie, Luc sauve la mère humiliée, remplace le père et s'érige en messie. Sauveurs de la mère et sauvés par elle, il n'est pas étonnant que les Evangélistes célèbrent l'harmonie, la justice et l'équilibre du monde nouveau qui s'organise autour du héros[1].

Mais enfin, il n'est pas étonnant que quinze ans après *Germinal* — et entre-temps il y a eu Fourmies, la célébration du 1er mai, la constitution du mouvement syndical, l'entrée des socialistes au Parlement, les succès de Jaurès, les attentats anarchistes et le vote des lois scélérates, l'affaire Dreyfus et le renversement de la majorité, la poussée du mouvement ouvrier à travers toute l'Europe — il paraît assez naturel que Zola tente une nouvelle fois de faire le point sur le sens et l'évolution des conflits sociaux, et de scruter l'avenir de la société française. *Travail* est à cet égard le deuxième dossier d'une même enquête, le deuxième reflet d'une même curiosité et d'une même anxiété.

L'envers de Germinal

Les différences entre les deux œuvres n'en sont que plus frappantes et plus pertinentes quant à l'évolution du romancier.

1. Jean BORIE, *Zola et les mythes*, Paris, Ed. du Seuil, 1971, p. 190.

Travail reprend l'étude de la condition ouvrière là où *Germinal* l'avait laissée : à la fin d'une grève manquée, « l'ouvrier forcé par la faim, grondant, forcé de reprendre le licou ». Cependant, après quelques dizaines de pages, la rupture d'optique et de ton devient éclatante. Certes, j'ai essayé de le montrer plus haut, la leçon de *Germinal* est ambiguë[1]. Le contenu historique et social y est débordé par l'imagerie biologique et cosmique. Les crises de la société contemporaine y sont assimilées aux cataclysmes naturels qui affectent périodiquement l'ordre du monde, sans en modifier les structures profondes. Il reste que dans ce roman l'accent est mis sur l'antagonisme des classes; l'économie capitaliste est clairement désignée comme la source de la misère ouvrière; les mineurs prennent conscience de leur situation économique et politique, et de leurs possibilités de lutte, dans la pratique même de leur travail; la lutte pour le pain devient la lutte pour le socialisme, même si les idées de Lantier, et, partant, celles de Zola, sont encore singulièrement confuses sur ce sujet; les forces de l'Etat apparaissent essentiellement sous leur aspect répressif, à travers le rôle de la gendarmerie, de l'armée, du préfet; c'est dans son nombre et son organisation que le prolétariat trouve sa force; et même, si l'on admet qu'en Etienne Lantier se confondent, au moins pour un temps, l'ouvrier et le dirigeant, le travailleur manuel et le militant qui a réfléchi, on voit que Zola a compris la nécessité d'une interdépendance entre l'organisation pratique de la classe ouvrière et la recherche théorique sur les structures et l'histoire de la société. La grève échoue. Mais l'évangile qu'annonce la dernière page de l'œuvre est celui qu'annonçaient les titres primitifs du roman, tels que *La Lézarde*, *La Maison qui craque*, *Château branlant*, *Le Feu qui couve*. Il affirme le caractère fondamental et inéluctable de la

1. Voir *L'idéologie et le mythe : Germinal et les fantasmes de la révolte*, ci-dessus p. 140, et *Le savoir et l'imaginaire : Germinal et les idéologies*, ci-dessus p. 123.

contradiction entre le capital et le travail, et la permanence d'une « lézarde », d'une déchirure qui traverse la société contemporaine et y oppose deux classes, avec, de période en période, des affrontements violents, dont nul ne peut prévoir la cessation.

Au contraire, quinze années plus tard, *Travail* est construit sur l'hypothèse inverse : la grève qui s'achève dans les premières pages du roman, loin d'en préfigurer d'autres, sera la dernière de l'histoire, par le miracle de l'association du capital, du travail et du talent.

Luc, écrit Zola, ébaucha à grands traits son rêve, tout ce qui avait germé en lui de la récente lecture de Fourier, une association entre le capital, le travail et le talent. Jordan apporterait l'argent nécessaire, Bonnaire et ses camarades donneraient les bras, lui serait le cerveau qui conçoit et dirige[1].

L'entreprise réussit, après quelques péripéties. L'ouvrier Bonnaire a conservé son attachement au collectivisme, mais c'est Luc, l'ingénieur, qui parviendra à créer une société harmonieuse, après la destruction accidentelle des usines de *L'Abîme*, symbole de la disparition de l'ancien capitalisme et de l'ancien salariat.

L'harmonie régnera également entre le peuple paysan et le peuple industriel. Les petits propriétaires, cédant à la persuasion de Luc, mettent leurs champs en commun.

Ils se procuraient les outils et les machines à *La Crècherie*, en échange du pain, du vin, des légumes, qu'ils lui fournissaient. Ce qui faisait leur force, c'était justement de n'être plus isolés, d'avoir noué le lien solidaire, désormais indestructible, entre le village et l'usine; et c'était la réconciliation rêvée, longtemps impossible, du paysan et de l'ouvrier, le paysan qui donne le blé nourrisseur de l'homme, l'ouvrier qui donne le fer pour que la terre soit ensemencée et que le blé pousse[2].

1. *Œuvres complètes*, t. VIII, p. 670.
2. *Ibid.*, p. 794.

Les petites gens de la ville se fournissent aux magasins de l'usine. Seuls, les commerçants en pâtissent, mais c'est justice.

C'était la mort du commerce, tel qu'on l'avait entendu jusque-là, l'intermédiaire entre le producteur et le consommateur, renchérissant la vie, vivant en parasite, sur les besoins des autres[1].

Si *Germinal* est un évangile d'affrontement, *Travail* est donc un évangile de réconciliation. A la fin de l'œuvre, de multiples fêtes, à *La Crècherie*, à la mairie de la ville, dans les villages voisins, marquent les différentes étapes de la pacification universelle. La lutte des classes n'est plus qu'un mauvais souvenir; elle a cédé la place à « cette fête géante de tout un peuple attablé là, en une seule et fraternelle famille ».

Ce renversement de perspective a des conséquences directes sur la structure et la dynamique narratives du roman. Aux oppositions idéologiques correspondent des oppositions formelles et fonctionnelles. En l'occurrence, la forme, la structure, n'est pas neutre. Le point de vue du romancier sur la société est en incidence directe non seulement sur la substance de son roman, mais aussi sur la structure formelle. A l'inverse de *Germinal*, les personnages principaux de *Travail* appartiennent à la bourgeoisie, tandis que les prolétaires n'ont aucune initiative romanesque. D'un roman à l'autre, les rapports entre les personnages et l'action dramatique ont basculé. Fait remarquable : à un roman dont la première personne, le sujet actif, à travers le personnage de Lantier, était la classe ouvrière menant combat contre le patronat, a succédé un roman qui confère la fonction principale, l'initiative, la conduite des événements, à un représentant du patronat, menant combat pour la classe ouvrière, mais sans elle et malgré elle. Du même coup le langage du héros et celui du romancier se confondent, ce qui n'était

1. *Ibid.*, p. 797.

158

pas le cas dans *Germinal*. Le sujet de l'énonciation rejoint le sujet de l'énoncé.

Conséquences, également, sur le plan de la temporalité et de la logique romanesques. La durée romanesque, dans *Germinal*, est à la fois resserrée sur une brève période et rythmée par l'alternance des saisons et celle des péripéties. Sa courbe présente une montée de la tension dramatique, progressive, mais marquée de temps forts, jusqu'à une forte *akmé* dont le point culminant est la répression sanglante de la grève. Dans *Travail*, malgré l'apparente dialectique des trois livres successifs : « La peinture noire de ce qui est », « L'effondrement de la société qui meurt », et « La nouvelle organisation du travail », la progression s'opère par un lent pourrissement des structures anciennes et l'implantation concomitante des formes nouvelles de la société, le long d'une durée qui s'étale, dans un temps irréel, achronique, anhistorique, et au fond, par le seul jeu de la succession des générations les unes aux autres, tandis que Luc et Jordan s'acheminent sans à-coups vers leur centième année, toujours plus satisfaits et plus dignes de l'être.

Tout ceci ne va pas, du reste, sans un choc en retour sur le contenu. Les relations de personne et de temps, dans un roman, sont à la fois effet et cause, et elles participent directement à la production de la mythologie sociale. La longévité de Luc Froment, bâtisseur et bénisseur de la cité nouvelle, fait songer à celle de ces vieux dictateurs qui n'en finissent pas de mourir, de nos jours, ici et là. Zola est peu explicite sur les institutions politiques de la *Cité* fondée par Luc. Mais on ne force pas le sens du texte en observant que tous les pouvoirs demeurent concentrés entre ses mains. Jusqu'au terme de sa vie, il veillera aux destinées de son peuple, en véritable monarque ou, si l'on préfère, en père, voire en Dieu. Dès l'heure où il a jeté les bases de son apostolat, il est apparu comme le nouveau Christ de l'humanité. Lors de son procès, il a reçu au visage les crachats de la foule. Son sang a coulé, comme celui de Jésus, pour le salut de l'humanité.

Il vivra désormais entouré de saintes femmes, comme celles qui ont accompagné le Christ dans sa Passion. Après avoir souffert par les hommes et pour eux, il deviendra leur sauveur. Son pouvoir est charismatique, tout procède de son intelligence, de sa bonté, de sa parole, de son pouvoir de persuasion, de son génie organisateur et fédérateur.

Il était le Fondateur, le Créateur, le Père, et tout ce peuple en joie, tous ces convives à toutes les tables, où l'on fêtait, avec le Travail, les fécondités de l'été, étaient son peuple, ses amis, ses parents, sa famille sans cesse élargie, de plus en plus fraternelle et prospère. Et une acclamation accueillit le vœu d'ardente tendresse qu'il portait à sa ville, monta dans l'air du soir, roula de table en table. Tous s'étaient mis debout, levaient à leur tour leur verre, buvaient à la santé de Luc et de Josine, le couple de héros, les patriarches du travail, elle, la rachetée, glorifiée comme épouse et comme mère, lui le rédempteur, qui, pour la sauver, avait sauvé de l'iniquité et de la souffrance le misérable monde du salariat[1].

Les mirages

La société ici rêvée est une utopie, certes, mais l'utopie d'une dictature paternaliste, dont l'idéologie paraît en fin de compte assez proche de cette révolution nationale qui inspirait les institutions de l'Etat français entre 1940 et 1944 et s'ornait du sigle « Travail, Famille, Patrie ». L'utopie de *Travail* n'est pas très éloignée non plus, me semble-t-il, de celle de *Tête d'Or*, ou plutôt de *La Ville*, ce drame claudélien qui, après l'effondrement de l'ancienne société, reconstruit une cité idéale sur des bases théocratiques.

Un mythe de fraternité et de prospérité s'est substitué dans *Travail* aux images d'apocalypse par lesquelles *Germinal* avait traduit la misère et la révolte du prolétariat. Ce mythe s'aventure jusqu'aux frontières d'un courant de

1. *Ibid.*, p. 938.

pensée sociale et politique qu'on n'a pas l'habitude d'associer au nom de Zola. La recherche, sur ce point, serait
fructueuse pour la connaissance des structures idéologiques de la France à la fin du xixe siècle, et aussi bien
pour la compréhension de certains langages politiques,
entre 1930 et 1945, et peut-être de nouveau depuis 1975.
Il est d'autres mirages auxquels l'auteur de *Travail* s'est
exposé. Le personnage de Jordan croit en l'électricité
comme en une magie nouvelle, sans se poser à aucun
moment les problèmes économiques et politiques que
soulève le progrès technique. Si, dans *Germinal*, la grève
et l'insurrection sont comparées à des catastrophes pas-
sagères, mais dont le retour régulier est aussi inévitable
que celui des inondations ou des tremblements de terre,
Travail nous propose un mythe inverse et complémentaire : les progrès continus de la science et de la technique
donneront aux réformateurs la double maîtrise des forces
naturelles et des forces sociales. La conversion du col-
lectiviste Bonnaire en témoigne :

C'est vrai, on a fini par me convertir. Je croyais à la nécessité
d'une brusque révolution, d'un coup de main qui nous aurait
livré le pouvoir, avec la possession du sol et de tous les outils
du travail. Mais comment résister à la force de l'expérience ?
Depuis tant d'années, je vois ici la conquête certaine de la
justice sociale, de ce bonheur fraternel, dont le rêve me hantait[1].

Les sources de ces mirages sont livrées par le dossier
préparatoire du roman; les théoriciens de l'anarchie,
Kropotkine et Grave, d'un côté, et de l'autre, Fourier.
Zola a tempéré les uns par l'autre. Il a escamoté le thème
de la révolution violente et celui du partage des biens,
chers aux anarchistes, et leur a substitué l'idée fouriériste
de l'association volontaire du travail, du capital et du
talent, et le rêve d'une construction progressive de la
commune sociétaire, dont le seul exemple ferait peu à peu
dépérir l'ancien monde. Il se garde de donner des détails

1. *Ibid.*, p. 918.

précis sur ce qu'il entend par cette association : il fait le silence sur l'organisation économique de *La Crècherie*, sur le régime de propriété qui y est en vigueur, et sur la manière dont y sont répartis les capitaux, les salaires et les profits. Seul demeure le louable désir de concilier l'inconciliable : la conservation de la propriété privée des moyens de production et la suppression de l'exploitation de l'homme par l'homme.

On voit mal également comment la mise en commun des terres, qui implique une modification du statut de la propriété décidée par les propriétaires eux-mêmes et ne concernant qu'eux, peut résulter d'un acte analogue à celui qui régit, à *La Crècherie*, les rapports du capital et du travail, autrement dit des propriétaires des instruments de production et des salariés.

En fait, le « socialisme » de Zola se définit d'un côté par « l'intéressement » des ouvriers aux bénéfices de l'entreprise, en second lieu par la constitution de coopératives de production agricole, et enfin par la substitution, au petit commerce, de grands magasins de distribution dépendant eux-mêmes de l'entreprise industrielle. Zola ne semble pas voir que la création des grandes chaînes commerciales, préfigurée par son roman, repose sur une organisation capitaliste et a pour fin, non point le « bien-être de tous », mais l'accroissement des profits de quelques-uns.

De plus, il a retenu la méfiance des anarchistes à l'égard des organisations politiques, de l'Etat et du collectivisme : l'action de Luc s'exerce entièrement à l'écart des syndicats, des partis, des hommes politiques. En revanche, Zola emprunte à Fourier la vision d'une société rigoureusement organisée, sous la houlette d'un Père.

Dans *Travail*, on voit donc la vaticination anarchiste se marier sans difficulté à l'imagerie évangélique et à un bricolage socio-politique hérité des rêveries fouriéristes. C'est un extraordinaire dérapage idéologique, par rapport à *Germinal*, et par rapport aux tendances les plus vivaces du socialisme de 1900, auxquelles Zola croyait pourtant, de bonne foi, se rattacher. A Jean Jaurès, venu lui rendre visite pendant son exil à Londres, il avait dit : « Pour moi, je lis, je cherche, non pas pour imaginer un système nouveau, après tant de systèmes, mais pour dégager des œuvres socialistes ce qui s'accorde le mieux avec mon sens de la vie, avec mon amour de l'activité, de la santé, de l'abondance et de la joie. » De *Germinal* à *Travail*, les figures mythiques du social et du politique, souvent analogiques dans leur forme, comme nous l'avons vu, ont changé de signe. *Travail*, qui emprunte tant de leitmotive à *Germinal*, est par le fait un anti-*Germinal*. Il resterait à expliquer ce renversement. Je dirai seulement qu'il ne faudrait pas s'étonner d'une contradiction entre les intentions exprimées par le romancier, voire entre ses actes publics, et telle ou telle des significations profondes de son œuvre. Il n'est ni le premier ni le seul écrivain chez qui l'on ait à constater cette discordance. Car il existe dans toute œuvre un inconscient idéologique. Le langage de la générosité utopique peut être celui de la régression. C'est d'ailleurs de cette « fêlure » que sont souvent faites les grandes œuvres. Et c'est ce qui donne à l'histoire littéraire un certain intérêt de pathétique.

Une archéologie mentale :
Le Roman expérimental
et La Fortune des Rougon

On oppose d'ordinaire l'auteur du *Roman expérimental* et celui des *Rougon-Macquart*. On veut bien reconnaître au second un certain génie narratif et poétique, mais on objecte au premier l'insuffisance de ses bases scientifiques, philosophiques et esthétiques, et la lourdeur d'une démarche qui assimile abusivement la littérature à la science. Dans un cas, un langage bardé de démonstrations dogmatiques et de concepts généraux — l'observation, l'analyse, l'expérimentation, la vie, le réel, la vérité, etc. — dans l'autre, les prestiges du récit, du symbole et du mythe. Zola, pour sa part, récusait ces distinctions, et prétendait à l'unité de son œuvre, en assurant que chacun de ses romans n'était qu'une application de la théorie et de la méthode naturalistes, se donnait pour objectifs l'observation et l'explication d'un aspect déterminé des réalités physiologiques et sociales, et s'appuyait sur une documentation comparable à celle que réunit l'homme de science avant de se hasarder à l'hypothèse[1]. La critique a montré très tôt, au contraire, que l'expérimentation, au sens scientifique du terme, est impossible sur des êtres de fiction[2], et, qu'au surplus, dans *Les Rougon-Macquart*,

---

[1]. E. ZOLA, *Le Roman expérimental* ; Du roman, Le sens du réel, *Œuvres complètes*, Paris, Cercle du Livre précieux, t. X, p. 1286.
[2]. Voir par exemple Fernand BRUNETIÈRE, *Le Roman naturaliste*, Paris, Calmann-Lévy, 1882.

le motif emprunté à la réalité est sans arrêt transformé et débordé par la fable et par l'image symbolique.

Je me demande si l'on ne devrait pas — au moins par exercice d'école — tenter d'ouvrir une troisième voie d'interprétation, à l'écart, à la fois, des justifications unifiantes de Zola — « mon roman est bâti à l'aplomb de mes thèses » — et des oppositions distinctives de la critique du xxᵉ siècle — « il y a deux Zola ». En réalité, le discours théorique de Zola et son discours romanesque recèlent des points de convergence, ce qui les rapproche, d'une certaine manière, sans pour autant les situer dans un rapport de dépendance tel que l'un soit l'application de l'autre. Tendanciellement, *Le Roman expérimental*, loin d'appartenir tout entier au genre de l'énoncé démonstratif, glisse, dérive vers une mise en scène, ou une mise en récit de ses idées maîtresses, sur fond de conflit idéologique; quant aux *Rougon-Macquart*, ils peuvent se lire, pour une part, comme un discours ethnologique, le roman y apparaissant bien comme une réserve de savoir, quoique dans une autre perspective que celle où Zola se situait.

Le discours du dogme

Ouvrons au hasard *Le Roman expérimental*. N'importe quel prélèvement de texte peut suffire pour analyser ici les aspects du discours, et explorer les conditions externes et internes de son énonciation :

Donc tel est le but, telle est la morale, dans la physiologie et dans la médecine expérimentales : se rendre maître de la vie pour la diriger. Admettons que la science ait marché, que la conquête de l'inconnu soit complète : l'âge scientifique que Claude Bernard a vu en rêve sera réalisé. Dès lors, le médecin sera maître des maladies; il guérira à coup sûr, il agira sur les corps vivants pour le bonheur et pour la vigueur de l'espèce. On entrera dans un siècle où l'homme tout-puissant aura asservi la nature et utilisera ses lois pour faire régner sur cette terre la plus grande somme de justice et de liberté possible. Il n'y a pas de but plus noble, plus haut, plus grand. Notre rôle d'être intelligent est là : pénétrer le pourquoi des choses, pour devenir supérieur aux choses et les réduire à l'état de rouages obéissants. Eh bien ! ce rêve du physiologiste et du médecin expérimentateur est aussi celui du romancier qui applique à l'étude naturelle et sociale de l'homme la méthode expérimentale (...) Nous sommes, en un mot, des moralistes expérimentateurs, montrant par l'expérience de quelle façon se comporte une passion dans un milieu social. Le jour où nous tiendrons le mécanisme de cette passion, on pourra la traiter et la réduire, ou tout au moins la rendre la plus inoffensive possible. Et voilà où se trouvent l'utilité pratique et la haute morale de nos œuvres naturalistes, qui expérimentent sur l'homme, qui démontent et remontent pièce à pièce la machine humaine, pour la faire fonctionner sous l'influence des milieux. Quand les temps auront marché, quand on possédera les lois, il n'y aura plus qu'à agir sur les individus et sur les milieux, si l'on veut arriver au meilleur état social. C'est ainsi que nous faisons de la sociologie pratique et que notre besogne aide aux sciences politiques et économiques. Je ne sais pas, je le répète, de travail plus noble ni d'une application plus large. Etre maître du bien et du mal, régler la vie, régler la société, résoudre à la longue tous les problèmes du socialisme, apporter surtout des bases solides à la justice en résolvant par l'expérience les questions de criminalité, n'est-ce pas là être les ouvriers les plus utiles et les plus moraux du travail humain[1] ?

Le propos du *Roman expérimental* apparaît moins théorique que stratégique. Lorsqu'il réclame une littérature plus vraie, plus observatrice, Zola n'a pas le mérite de l'originalité. Il rejoint un courant millénaire de l'histoire de l'art. Mais ce qui est plus neuf, c'est la démarche qui consiste à rapprocher la littérature et la science, à supprimer ou dénier l'autonomie de l'art pour en faire une activité concomitante et homologue de l'activité scientifique, le romancier et le savant formant couple pour exercer une même fonction sociale : la recherche et la diffusion du savoir, le progrès des connaissances. Zola pose un vieux problème dans une perspective nouvelle.

1. E. ZOLA, *Le Roman expérimental*, O.C., t. X, pp. 1186-1188.

Ce qui est en question, par le fait, ce n'est plus la nature de l'art, mais la fonction de l'artiste. Et celle-ci est définie en des termes et sur un ton qui font du *Roman expérimental* autre chose qu'une théorie du roman : une intervention sur le champ d'affrontement idéologique d'une époque, un engagement qu'il convient d'apprécier pour son importance historique de ce point de vue. Contentons-nous de quelques traits marqués.

Le modèle du médecin, qui dérive le titre du *Roman expérimental* de celui de l'*Introduction à la médecine expérimentale*, est à lui seul révélateur. Peu importe que les conditions d'exercice de la recherche et de la pratique médicale soient en réalité fort éloignées de la pratique romanesque. Certes, Zola, en aucun point de son œuvre, n'a pu en quoi que ce soit faire avancer notre connaissance de la biologie humaine. Mais ce qui compte, c'est la valeur symptomale de sa référence à Claude Bernard, et la valeur symptomale d'une terminologie esthétique empruntée au lexique des sciences, notamment des sciences biologiques[1]. Ainsi se dénote l'insertion de sa pensée programmatique, du programme de production littéraire qu'il s'assigne et qu'il assigne à ses confrères romanciers, dans un courant historiquement daté, et idéologiquement définissable, encore que mal exploré; celui qui porte la classe cultivée, de 1860 à 1880, à créer les conditions institutionnelles et les moyens matériels et intellectuels propres à répandre dans la population française, d'abord dans la petite bourgeoisie, mais aussi, pour la première fois, dans la masse des « classes ouvrières », le savoir, le désir de savoir et une certaine idée de la « science ». L'enjeu est sans doute économique et politique. Il s'agit, pour un capitalisme français vigoureux, créatif, expansionniste, impérialiste, d'accroître ses forces de production, et, pour cela, le capital national de connaissances sur le corps, sur les choses et sur le monde; il s'agit aussi

---

1. Voir Alain de LATTRE, *Le réalisme selon Zola. Archéologie d'une intelligence*, Paris, PUF, 1975.

de renforcer la cohésion nationale et de donner au peuple la curiosité des autres mondes, avant de justifier par là même leur conquête. Cela commence avec la publication des grands dictionnaires et des grandes encyclopédies, réceptacles unifiés des connaissances universelles, et instruments d'acquisition du savoir à la demande; cela continue avec la publication des romans géographiques de Jules Verne (et de beaucoup d'autres) et des grands magazines de didactique et de distraction populaires *(Le Magasin pittoresque, L'Illustration)*; et cela s'achève avec la préparation des grandes lois sur l'Instruction publique. On ne peut comprendre en profondeur *Le Roman expérimental* que si on en relativise le sens, si on l'inscrit dans ce puissant mouvement, qui, effectivement, dans sa masse, récuse l'idéologie romantique aussi bien que les valeurs abstraites de l'idéal classique, pour leur substituer d'autres valeurs — et d'autres mythes.

Zola, sous des influences et dans des conditions qu'il faudrait étudier, prend place dans cette cohorte, aux côtés de Pierre Larousse, de Louis Hachette[1], de Littré, de Claude Bernard, de Taine, de Verne, de Jules Ferry, et de beaucoup d'autres plus obscurs, qui écrivent à leur façon le grand texte conquérant de la pédagogie et de la mythologie positivistes. Un des titres les plus significatifs de l'esprit de cette époque est celui de *La Bibliothèque des Merveilles*, publiée par Hachette. Merveilles de la connaissance et merveilles de l'illusion, indissolublement mêlées. Le discours théorique de Zola porte cette double marque. Il offre au roman une fonction déterminée dans l'ensemble du dispositif éditorial qui assurera le succès de cette gigantesque campagne d'acculturation du peuple français, mais il le subordonne à la grande comédie qui se joue par ailleurs sur la scène idéologique : « Nous n'avons qu'à nous mettre résolument à l'école de la science. Plus de lyrisme, plus de grands mots vides, mais des faits,

---

1. Voir l'article de Colette BECKER sur la librairie Hachette, *Revue de l'Université d'Ottawa*, oct.-déc. 1978.

des documents. L'empire du monde va être à la nation qui aura l'observation la plus nette de l'analyse la plus puissante »[1].

Zola arrache en tout cas le genre romanesque aux interdits qui en limitaient l'expansion, et, avec d'autres, lui ouvre les champs en friche de la névrose, du sexe, de l'hérédité, du conflit social, du corps et de la société dans leur matérialité. Ce n'est pas rien que ce déplacement d'objectifs, ce descellement et cette réorganisation du matériau romanesque. Ils s'accompagnent d'un déplacement, voire d'un retournement des présupposés, non moins important, sur le champ des stratégies intellectuelles. Affirmer la prééminence de l'observation, de l'analyse, de l'expérience, comme pratiques optimales du romancier, c'est transformer profondément les bases de fonctionnement du roman contemporain, dans ses conditions de production et ses conditions de réception; c'est bouleverser tout à la fois le code de construction des actions et des personnages, et l' « horizon d'attente » des lecteurs. Au lieu d'une histoire qui illustre, d'une manière ou de l'autre, une vision spiritualiste du monde et l'enseignement d'une morale et d'un dogme préétablis, le lecteur de romans devra peu à peu s'habituer à attendre une description précise des comportements, y compris de ceux qui relèvent d'un domaine jusque-là interdit à l'énoncé narratif, comme par exemple le comportement sexuel, ou la lutte de classes; à attendre aussi une interprétation naturelle des phénomènes et de leurs causes. Pour la première fois, le roman se voit inscrit explicitement dans une perspective behaviouriste et matérialiste. Les théories esthétiques de Zola rejoignent partiellement la pensée des Encyclopédistes et des Idéologues, après plus d'un demi-siècle de restauration idéologique. En même temps, cependant, se manifeste, au sein même de cette pensée, de ce discours proprement révolutionnaire si l'on considère l'histoire des discours esthétiques au XIXe siècle,

1. E. ZOLA, *Le Roman expérimental*, *O.C.*, t. X, p. 1230.

plusieurs gestes qui en dénotent les contradictions internes et limitent sa portée universelle, sa « scientificité » et sa « didacticité » — qu'on me pardonne ce jargon.

Le polémique et le dramatique

Et d'abord, le geste polémique. Dans le moment même où Zola tient pour les trois critères principaux du Naturalisme le refus du romanesque, celui du héros, et celui de l'engagement personnel du narrateur dans son récit[1], c'est son propos théorique même qui s'investit — plus ou moins — de ces trois marques, dont deux au moins sont consubstantielles au récit. En effet, il n'est presque aucune page du *Roman expérimental* où Zola ne pose le cadre et les acteurs d'un conflit et d'un combat, où il ne s'en prenne à une pensée adverse ou à ses porte-parole désignés, où il ne se place lui-même en héros, sinon en chef, d'un groupe d'hommes œuvrant pour le triomphe d'une forme de littérature sur une autre. Son langage est celui de l'accusation et de la défense, du combat, de la victoire et de la défaite, de l'antagonisme, du bouleversement, de la révolution, de la vie et de la mort. Voici un exemple entre dix :

La formule classique a duré deux siècles au moins; pourquoi la formule romantique, qui l'a remplacée, n'aurait-elle pas une durée égale ? Et l'on éprouve une surprise, lorsqu'on s'aperçoit, au bout d'un quart de siècle, que le romantisme agonise, mourant lentement de sa belle mort. Alors, la vérité se fait jour. Le mouvement romantique n'était décidément qu'une échauffourée. Des poètes, des romanciers d'un talent immense, toute une génération magnifique d'élan, ont pu

1. Voir l'étude sur Gustave Flaubert, recueillie dans *Les Romanciers naturalistes*, *O.C.*, t. XI, pp. 97-98 : « Le premier caractère du roman naturaliste, dont *Madame Bovary* est le type, est la reproduction exacte de la vie, l'absence de tout élément romanesque (...). Fatalement, le romancier tue les héros, s'il n'accepte que le train ordinaire de l'existence commune (...). Le romancier naturaliste accepte de disparaître complètement derrière l'action qu'il raconte. »

donner le change. Mais le siècle n'appartient pas à ces rêveurs surexcités, à ces soldats de la première heure, aveuglés par le soleil levant. Ils ne représentaient rien de net, ils n'étaient que l'avant-garde, chargée de déblayer le terrain, d'affirmer la conquête par des excès. Le siècle appartenait aux naturalistes, aux fils directs de Diderot, dont les bataillons solides suivaient et allaient fonder un véritable Etat. La chaîne se renouait, le naturalisme triomphait avec Balzac. Après les catastrophes violentes de son enfantement, le siècle prenait enfin la voie élargie où il devait marcher. Cette crise du romantisme devait se produire, car elle correspondait à la catastrophe sociale de la Révolution française, de même que je comparerais volontiers le naturalisme triomphant à notre République actuelle, qui est en train de se fonder par la science et par la raison. Voilà donc où nous en sommes aujourd'hui. Le romantisme qui ne correspondait à rien de durable, qui était simplement le regret inquiet du vieux monde et le coup de clairon de la bataille, s'est effondré devant le naturalisme, revenu plus fort et maître tout-puissant, menant le siècle dont il est le souffle même[1].

Loin de moi l'idée d'en faire grief à Zola. C'est au contraire cette vision dramatique, ou narrativisée si l'on préfère, qui rend encore lisible *Le Roman expérimental*, non seulement comme un texte de théorie esthétique, historiquement marqué et symptomatique, mais aussi comme un texte vécu, un texte-acte, la performance d'un homme qui, en l'énonçant, se place délibérément en position d'affrontement face aux discours jusque-là dominants et occupant encore des places stratégiques essentielles sur le champ intellectuel (l'Académie, les grandes revues, l'Université). Constatons simplement que cette dramatisation et cette polémisation, dont il conviendrait d'étudier en détail les marques, font glisser *Le Roman expérimental* hors de la sphère du théorique, du didactique et du dogmatique, pour le rapprocher de la sphère du narratif et du mythique, comme si, souterrainement, la théorie du Naturalisme et le grand récit des *Rougon-Macquart* appliquaient des règles communes.

1. E. Zola, *Le Roman expérimental*, O.C., t. X, p. 1236.

Ne considérons pas seulement les traits marqués du vocabulaire et du ton. Considérons aussi les silences, ou les refoulés du texte. Voilà une série d'études sur le roman — dans le titre *Le Roman expérimental*, n'est-ce pas le mot *roman* qui exprime tout de même le concept principal ? — qui ne dit à peu près rien des éléments pertinents du genre narratif, ou qui leur refuse le droit à l'existence. Lorsque Zola décrit le travail du romancier, il censure absolument et le rôle de l'imaginaire, de l'invention (parfaitement mis en évidence par la rhétorique classique), et le rôle de la construction diégétique. Il faut à tout prix calquer la démarche du romancier sur celle du savant, refuser d'apparaître comme un raconteur, refouler par conséquent l'existence même du *récit*. On voit ici à quel point l'imagerie physiologiste, la pression du modèle dominant offert par le personnage du médecin, du « naturaliste » au sens scientifique du terme, perturbe le fonctionnement d'un discours se donnant pourtant comme un discours heuristique sur l'art. Il le prive des données qui lui sont spécifiques. Il le dévoie, par le fait, en discours métaphorique, illusoire, fantasmatique. Raisonnant sur le romancier comme il raisonnerait sur le médecin ou le biologiste, l'auteur du *Roman expérimental*, paradoxalement, ouvre les portes, toutes grandes, à l'imaginaire qu'il prétendait exclure, et travaille sur le mode du rêve. Par là encore, sa théorie du roman rejoint l'univers de la fable, de la parabole. Son puritanisme esthétique se détruit lui-même, Dieu merci, en s'affirmant.

Etudié dans cette perspective, *Le Roman expérimental* retrouve une certaine alacrité. Il résonne et vit de son ambiguïté : texte historiquement novateur par sa place dans la série des textes théoriques sur la littérature, texte déplacé par rapport aux normes habituelles de l'esthétique, qui se passe, en principe, de la mise en scène polémique et du mode figural. Il renvoie, en fait, au profil du Poète. Je laisse de côté une analyse critique de l'idéologie biologiste en tant que telle, comme conception illusoire de la science, de la société, des lois de l'évolution sociale, car mon hypothèse est moins de repérer les failles de l'utopie esthétique de Zola, que de faire apparaître la dérive poétique d'un texte de recherche conceptuelle qui ne sait pas se passer de l'écriture dramatique ni de l'écriture métaphorique.

Restons-en là, pour ce qui concerne *Le Roman expérimental,* et essayons de faire accomplir l'autre moitié du chemin aux *Rougon-Macquart.* Si le théorique se rapproche du romanesque, comment celui-ci se charge-t-il de l'ambivalence inverse ?

Le roman, le rite, le mythe

Ouvrons les premières pages de *La Fortune des Rougon.* Elles occupent, à y bien réfléchir, une place capitale, dans l'espace textuel des *Rougon-Macquart.* Pages liminaires d'un livre qui est lui-même le premier volume d'une série de vingt romans, elles donnent le départ à l'*Histoire naturelle et sociale d'une famille sous le Second Empire*; leur contenu peut être lu comme le récit fondateur de l'ensemble du cycle; au surplus, elles introduisent le lecteur aux sources d'une histoire et dans l'antichambre d'un monde. C'est un texte socle.

Or, ce socle, c'est une pierre tombale. Naomi Schor s'est déjà arrêtée sur ce fait extraordinaire, voyant dans cette pierre l'autel d'un sacrifice, et dans le meurtre de Miette et de Silvère un acte de violence sacrificielle comparable à ceux par lesquels, aux temps lointains, se fondait et s'instaurait une société[1]. De fait, *La Fortune des Rougon* commence par la description d'un cimetière désaffecté : l'aire Saint-Mittre, à Plassans; terrain vague dont seules quelques tombes rappellent l'ancien usage. L'aire Saint-Mittre est le domaine du passé et de la mort. Les inscriptions des pierres tombales y marquent la généalogie d'une société, préfigurant le modèle qui articule la série entière

---

1. Naomi Schor, Mythe des origines, origine des mythes : *La Fortune des Rougon, Les Cahiers naturalistes,* n° 52, 1978, pp. 124-134.

des *Rougon-Macquart*. Des poiriers monstrueux — première image de l'Arbre généalogique, dessiné en tête d'*Une Page d'Amour* et du *Docteur Pascal* — ont poussé entre les tombes, attestant la fécondité, la vitalité de la mort même : la chair des morts engraisse le terreau sur lequel croît cette végétation exubérante : « Ce sol gras, dans lequel les fossoyeurs ne pouvaient plus donner un coup de bêche sans arracher quelque lambeau humain, eut une fertilité formidable »[1]. L'existence biologique et sociale est donnée, d'entrée de jeu, comme le lieu d'un cycle éternel, d'un constant échange de la mort et de la vie.

Soyons attentifs aux traits structuraux qui ordonnent la description de l'aire Saint-Mittre, et son histoire. Le lieu, tout d'abord. A l'extérieur de la cité, mais en bordure de la route : lieu tout à la fois éloigné de la ville des vivants, mais accessible à leur pèlerinage. Des murs le protègent des regards sacrilèges, et en même temps protègent les yeux des vivants du spectacle insoutenable de la mort : « Les vieux de Plassans, en 1851, se souvenaient encore d'avoir vu debout les murs de ce cimetière, qui était resté fermé pendant des années »[2]. L'aire Saint-Mittre est restée longtemps l'objet d'un tabou[3]. L'ancien cimetière a été abandonné. Seuls les gamins des faubourgs « escaladaient la muraille, par bandes, le soir, au crépuscule, pour aller voler les poires »[4]. Puis est venu le temps de la profanation. Aux yeux de la petite bourgeoisie de Plassans, ce champ de la mort, abandonné, manquait à gagner. « La ville songea à tirer parti de ce bien communal, qui dormait inutile »[5]. Pour les marchands du Temple, il

---

1. *La Fortune des Rougon*, *Les Rougon-Macquart*, Gallimard, Bibliothèque de la Pléiade, t. I, p. 5.
2. *Op. cit.*, p. 5.
3. « Il s'agit, on le sait, d'interdictions dont la violation entraîne de façon automatique la punition du coupable : mort, maladie, ruine » (Paul Mercier, Anthropologie sociale, in *Ethnologie*, Gallimard, Bibliothèque de la Pléiade, p. 997).
4. *Op. cit.*, p. 6.
5. *Ibid.*, Voir Stendhal, *Le Rouge et le Noir*, chap. II : « Voilà le grand mot qui décide de tout à Verrières : *rapporter du revenu*. A lui seul, il repré-

n'est pas de lieu sacré. La transgression s'est effectuée en trois temps. D'abord, on a abattu la clôture. Ensuite on a fouillé, retourné le sol, déplacé les pierres tombales, arraché les morts à leur repos, saccagé le champ des sépultures, bafoué les cadavres, sacrifié la loi du respect à celle du profit, commis l'irréparable sacrilège : « Le sol fut fouillé à plusieurs mètres, et l'on amoncela dans un coin les ossements que la terre voulut bien rendre »[1]. La troisième phase a été celle du transport, « du déménagement », dit le texte. La société marchande n'hésite pas à déporter et exiler ses morts lorsque ceux-ci font obstacle à son commerce. Elle a au moins l'audace, inconcevable dans l'économie archaïque, de braver tous les interdits, toutes les peurs, toutes les superstitions. Le culte de l'argent, en 1851, est en voie de l'emporter sur tous les autres. « Pas la moindre cérémonie religieuse; un charroi lent et brutal »[2].

Et pourtant, toute profanation appelle sa sanction. Par une application détournée du vieux proverbe qui dit que « le mort saisit le vif », les vieux morts se sont vengés : « Le pis était que le tombereau devait traverser Plassans dans toute sa longueur, et que le mauvais pavé des rues lui faisait semer, à chaque cahot, des fragments d'os et des poignées de terre grasse... Jamais ville ne fut plus écœurée »[3]. La mort a gagné la dernière manche, en marquant de son sceau une ville cupide, oublieuse et impie. Du même coup, tous les calculs des marchands se sont effondrés. L'ancien cimetière est « resté un objet d'épouvante ». Nul ne s'est aventuré à y aller bâtir. « Peut-être le souvenir du tas d'or et de ce tombereau allant et venant par les rues, seul, avec le lourd entêtement d'un cauchemar, fit-il reculer les gens »[4]. On conçoit que les Rougon-

sente la pensée habituelle de plus des trois quarts des habitants. *Rapporter du revenu* est la raison qui décide de tout dans cette petite ville qui vous semblait si jolie. »
1. *Ibid.*
2. *Ibid.*
3. *Ibid.*
4. *Ibid.*

Macquart, pour « monter à toutes les situations », aient dû, les uns après les autres, quitter cette cité condamnée.

Le terrain de l'aire Saint-Mittre, abandonné comme peut l'être un lieu maudit, est devenu le domaine, et plus précisément « le lieu de récréation » des êtres marginaux, de ceux qui n'appartiennent pas encore à la société du négoce et de l'ordre civil, ou qui en sont exclus : les enfants, les vieillards, les ouvriers du faubourg, les bohémiens de passage, qui ont « fait élection de domicile » dans « ce coin perdu », les vieillards, et les amoureux. C'est là que, chaque soir, Silvère et Miette viennent se retrouver. « On sent courir ces souffles chauds et vagues des voluptés de la mort qui sortent des vieilles tombes chauffées par les grands soleils. Il n'y a pas, dans la campagne de Plassans, un endroit plus ému, plus vibrant de tiédeur, de solitude et d'amour. C'est là où il est exquis d'aimer. »

Voilà donc, dès l'origine, un texte qui dit, avec précision, la structure, le rite et le mythe, avant même de raconter l'événement, et comme préalable à tout scénario de l'événement : un texte, selon le mot de Naomi Schor, « mytho-mimétique »[1]. Les premières pages des *Rougon-Macquart* inscrivent, dans cet immense récit, des noyaux culturels — les liturgies de la mort, les actes du sacrilège, les étapes du châtiment, le mariage de l'amour et de la mort — qui relèvent moins d'un savoir historique, et encore moins d'une enquête documentaire selon les prétendues recettes naturalistes, que d'un savoir anthropologique, d'une intuition profonde des grands modèles de comportement qui gouvernent, de manière achronique, ou panchronique, les groupes humains. Tout se passe comme si, sous le début de cette chronique sur les événements de décembre 1851, se racontait une autre histoire, celle de l'éternelle confrontation des vivants avec leurs morts, celle aussi du couple adoration-profanation, qui a toujours déchiré l'esprit des hommes face à leurs dieux et à leurs saints. A sa manière, la société de Plassans est

1. Art. cité, p. 125.

une société « sauvage », et Zola, avec une « compétence » qui fait de lui autre chose et plus qu'un historien, construit pour ses lecteurs un « monument » où peut se lire l'archéologie mentale de cette société.

Que, de ce point de vue, le roman ait ici fonction d'expérience et de découverte, on devrait peut-être ne pas le nier. Le narrateur se livre à une entreprise peu répandue à l'époque, et doublement remarquable, doublement originale. D'une part, il procède à une exploration des mentalités et des conduites de la petite bourgeoisie française, qui dépasse le palier des données économiques et politiques (sur lequel Stendhal et Balzac ont fait œuvre de maîtres, une génération avant lui), pour descendre au niveau, plus profond, des facteurs ethnologiques, dont il manifeste une connaissance étonnamment moderne. En l'occurrence, ni le Dr Lucas, ni Letourneau, ni Deschanel, ni Taine ne lui servent de rien ; il tire son savoir, selon toute apparence, de lui-même. Il réinterprète des récits entendus, des textes lus, et en tire, sans sources ni garants antérieurs, un modèle intégré, structuré, des croyances et des actes relatifs à la mort, dont la nouveauté, la richesse et l'éloquence font de lui, pour l'époque, un pionnier des « sciences humaines ». Il se persuade, pour sa part, qu'appliquer à son système de personnages les théories de Lucas sur l'hérédité, calquer le travail de la genèse sur la méthode expérimentale, ou accumuler les notes de lecture et de reportage forment autant de signes de la scientificité de sa démarche. Mais pour le critique d'aujourd'hui, qui relit Zola à la lumière de Lévi-Strauss ou de Mircea Eliade, l'apport des *Rougon-Macquart* au trésor du savoir universel est à chercher d'un autre côté, en un secteur où précisément Zola ne pouvait trouver aucun maître, aucun répondant, aucune théorie constituée, et où peut-être seul le roman pouvait, d'emblée, proposer des images qui étaient autant d'hypothèses créatrices.

Car, d'autre part, ce que Zola devine et met en œuvre dès les premières pages de *La Fortune des Rougon*, c'est que le récit peut servir, comme tel, de vecteur privilégié au savoir; que les structures du récit peuvent articuler l'une à l'autre, amalgamer l'une à l'autre, une image — instructive — des forces et des rôles qui dominent et conduisent une société contemporaine, et de celles qui depuis les origines du monde construisent toute action, tout drame, au sens aristotélicien du terme. De sorte que, contrairement à ce qu'il affirmera, sans aucun doute sincèrement, à la surface du *Roman expérimental*, il démontre, dans la matière et la facture mêmes de son roman, que l'opposition ne passe pas entre la science et la fable, et qu'une œuvre romanesque, par nature modelée sur le mythe, trouve dans cette pertinence même sa vertu heuristique et didactique, en quelque sorte préscientifique.

Revenons au premier chapitre de *La Fortune des Rougon*, pour y chercher d'autres exemples de cette mixité, sinon de ce métissage du récit. Un adolescent, Silvère, vient tous les soirs, à la nuit tombante, parmi les pierres tombales rescapées du saccage, attendre Miette, sa jeune amie. Les deux jeunes gens, sur la pierre où l'on peut lire encore un fragment d'épitaphe, « Ci-gist Marie... morte »[1], forment « un groupe immobile et muet, dans la clarté pâle de la lune ». « Depuis plusieurs saisons », ils y vivent heureusement leurs tendresses, « dans la paix des vieux morts ». Un soir, Silvère s'est muni d'un fusil. Le lendemain il rejoindra les paysans républicains qui ont pris les armes contre le coup d'Etat. Commence alors une longue nuit de veille et d'errance, jusqu'à ce que le couple ait rejoint les insurgés.

Personnage « vrai », au regard de l'histoire, Silvère n'en dérive pas moins vers le mythe. Dans ses déterminations d'acte, de lieu et de moment, il syncrétise plusieurs figures archétypales. Celle du veilleur d'abord, de celui qui reste éveillé, le soir venu, dans le champ du sommeil éternel, qui est aussi celui des temps anciens. Silvère, l'arme à la main, suscite et attend le réveil de cette société endormie; dans la nuit du paysage provençal, de fait, on

1. *Op. cit.*, p. 11.

entendra peu à peu le bruit croissant que font, en approchant de Plassans, les milliers d'hommes mobilisés pour la défense de la République. « Et la campagne endormie s'éveilla en sursaut; elle frissonna tout entière, ainsi qu'un tambour que frappent les baguettes; elle retentit jusqu'aux entrailles, répétant par tous ses échos les notes ardentes du chant national »[1]. Dans ses *Aspects du Mythe*[2], Mircea Eliade évoque la figure « du messager qui réveille l'homme de son sommeil » et lui « apporte à la fois la vie et le salut ». Silvère possède les deux qualités caractéristiques de ce rôle : la résistance à la fatigue physique, qui lui permet de ne pas dormir, et la force spirituelle, qui naît du sentiment du devoir et du droit : « La lutte devient inévitable, ajouta-t-il; mais le droit est de notre côté, nous triompherons »[3]. Comme les innombrables héros-veilleurs, il exerce la fonction d'*anamnèse*. Tout se passe comme si, grâce à cette catalyse, le peuple des morts de Plassans se levait pour revivre les luttes passées, ou comme si le peuple des vivants retrouvait sa solidarité avec le peuple disparu, pour affirmer la permanence d'une dignité populaire face à l'oppression.

Pendant cette nuit de décembre, Silvère ne connaîtra donc pas le sommeil. A cet égard, il subit une épreuve d'initiation, celle qui le fait passer du monde de l'enfance dans celui des hommes. Mircea Eliade note que « la victoire prolongée sur le sommeil et la veille prolongée constituent une épreuve initiatique assez typique ». Silvère, mémoire vivante et combattante du passé de la Provence, accomplit les actes et prononce les mots qui l'introduisent à la fois à l'amour et à la guerre. « Peut-être se disait-elle que Silvère la quittait bien facilement pour courir les campagnes. » Le jeune homme répondit d'un ton grave : « Toi, tu es ma femme. Je t'ai donné mon cœur. J'aime la

---

1. *Op. cit.*, p. 27.
2. Mircea ELIADE, *Aspects du mythe*, Paris, Gallimard, coll. « Idées », pp. 160-168.
3. *Op. cit.*, p. 14.

République, vois-tu, parce que je t'aime »[1]. Mais cette initiation s'accomplit auprès des symboles funéraires, auprès d'une pierre tombale qui annonce aux jeunes gens, sans qu'ils le sachent, leur propre fin. Leur noviciat amoureux et politique sera de courte durée : rejoignant les insurgés sur la route de Nice, ils s'engagent sur un itinéraire au bout duquel les attend la mort. Au moins Silvère reviendra-t-il pour être abattu sur la pierre où il avait veillé, et où il avait aimé : « Puis le borgne tira, et ce fut tout; le crâne de l'enfant éclata comme une grenade mûre; sa face retomba sur le bloc, les lèvres collées à l'endroit usé par les pieds de Miette, à cette place tiède où l'amoureuse avait laissé un peu de son corps »[2]. Qu'est-ce à dire, sinon, pour reprendre les mots d'Eliade commentant la veillée de Jésus, que « cette fois encore, la veille initiatique s'est avérée au-dessus des forces humaines ». Admirable légende que celle de Silvère et de Miette, et trop peu connue du public, qui ne mesure pas, en général, que *La Fortune des Rougon* est le plus beau, ou en tout cas le plus émouvant des romans de Zola, après *Germinal*.

On pourrait aussi reconnaître dans ce couple une nouvelle incarnation d'un mythe orphique. L'aire Saint-Mittre, l'ancienne enceinte de la mort, n'avait-elle pas déjà pris possession de Miette, qu'une curieuse fatalité conduit à laisser chaque soir « un peu de son corps » sur la pierre qui porte son nom ? « Par un beau clair de lune, Miette avait distingué, sur une des faces, des caractères à demi rongés. Il fallut que Silvère, son couteau, enlevât la mousse... Et Miette en trouvant son nom sur cette pierre, était restée toute saisie... Elle dit qu'elle avait reçu un coup dans la poitrine, qu'elle mourrait bientôt; que cette pierre était pour elle. Le jeune homme se sentit glacé à son tour »[3]. Silvère arrachera Miette à l'attirance du « fantôme qui portait son nom », et tentera de la ramener au monde des vivants. Mais les soldats bonapartistes

1. *Op. cit.*, p. 22.
2. *Op. cit.*, p. 314.
3. *Op. cit.*, p. 208.

la tueront, au milieu du voyage : « Ils s'aimaient, et leur idylle se dénouait dans la mort »[1].

Enfin, dernière des corrélations qui articulent les profondeurs du texte, ne dirait-on pas que le narrateur vient se confondre lui-même avec son personnage ? En tête des *Rougon-Macquart*, l'homme qui erre parmi les monuments d'une société disparue, qui la tire du sommeil pour lui rendre son identité et lui révéler le sens de son histoire, n'est-ce pas une figure du romancier ? Comme si l'auteur des *Rougon-Macquart*, à l'orée de cette histoire, se mettait lui-même en abîme dans son récit, avec son pouvoir tout neuf, juvénile et encore fragile, de résurrection du passé.

On constate ainsi, une fois de plus, que l'œuvre romanesque de Zola trouve son intertexte bien en deçà de la tradition du XIXe siècle (à laquelle, cependant, elle emprunte délibérément des modèles), bien en deçà des documents qui lui sont fournis par l'observation des structures économiques et sociales ou des idéologies contemporaines, bien en deçà encore de la réserve de stéréotypes constituée dans la masse des échanges textuels du moment. Elle s'alimente à un trésor culturel qui transcende la conjoncture, à une sorte de dictionnaire intemporel des héros, des structures et des vérités légendaires.

Ceci est bien connu, et l'on a commencé, de ce point de vue, la « fouille », archéologique, du massif zolien. Mais il conviendrait de se poser deux problèmes, que la recherche mythocritique a tendance à escamoter ou à sous-estimer lorsqu'elle ramène au jour, du fond des *Rougon-Macquart*, ces symboles et ces noyaux fabuleux — ou *fabulaires* — qui semblent répéter dix ou cent récits sans époques ni frontières.

Convergences

Le premier est celui de l'amalgame, du croisement, de la convergence entre les deux sources d'engendrement,

---

1. *Op. cit.*, p. 218.

entre les deux structures génotypiques de l'épisode narratif dans *Les Rougon-Macquart* : l'anecdote historiquement située et déterminée, généralement typique d'une forme stable ou récurrente du donné social — par exemple, dans *Germinal*, l'arrivée d'un mécanicien en chômage sur le carreau d'une mine du Nord en période de crise, au moment où s'organise la première Association Internationale des Travailleurs —, et l'archétype narratif, apparemment intemporel et universel, répété de culture en culture, intégré à la mémoire collective au point qu'il semble un acquis héréditaire de toute compétence poétique — par exemple, l'arrivée du héros, force de désir et de quête, sur la scène où le destin lui prépare des rencontres, des épreuves et des conflits exemplaires du tragique inhérent à la condition humaine. C'est cette fécondation mutuelle de l'histoire et du mythe qui caractérise la matière et la manière romanesque de Zola, et qui n'est étudiée de manière satisfaisante ni par la tradition de l'histoire littéraire érudite, documentariste, ni par celle de la critique herméneutique. La vérité de Zola, qui, répétons-le, ignorait ou refoulait, pour sa part, ce qu'on pourrait appeler sa mémoire mythique, est à chercher dans une écriture qui associe les deux matières et les deux langages, créant un effet stéréoscopique, une double profondeur de relief dans laquelle on reconnaît précisément, par différence avec tous les autres romanciers français, l'effet Zola : chaque personnage, chaque situation trouve son répondant, à la fois dans la réalité historique d'une nation (ou dans ce que le lecteur français a été conditionné à tenir pour tel) et dans l'expérience existentielle de l'espèce.

C'est en quoi — deuxième problème — le récit des *Rougon-Macquart* se double d'un processus d'analyse et d'élucidation des phénomènes naturels et culturels, qui l'apparente à la science, et semble illustrer ce propos de Claude Lévi-Strauss : « L'œuvre du peintre, du poète ou du musicien, les mythes et les symboles du sauvage doivent nous apparaître, sinon comme une forme supérieure de connaissance, au moins comme la plus fondamentale, la seule véritablement commune, et dont la pensée scientifique constitue seulement la pointe acérée »[1]. L'emploi de *devoir* est ici superflu, si l'on observe que, du point de vue du lecteur, du point de vue de la réception, le « plaisir du texte » se nourrit presque toujours d'un plaisir de la connaissance ou de la reconnaissance, même et peut-être surtout lorsque l'acquisition ou la réactivation du savoir n'est pas perçue comme telle. C'est dans la réalité de sa consommation, de son absorption, que l'œuvre du poète, du peintre ou du musicien apparaît comme une forme fondamentale et commune de la connaissance.

Le discours naturaliste s'est mal remis du coup que lui a porté la théorie de la prétendue « poésie pure ». Mais depuis quelques lustres, nous avons appris à dialectiser les rapports de l'expression et du contenu, de la substance et de la forme. Il n'est pas de recherche poétique, aussi éloignée qu'on le voudra de tout objet, qui ne suscite au moins quelque réflexion sur le langage, ses contraintes et ses libertés, sa nature en un mot; et le langage est à lui seul le lieu d'une activité pratique et l'objet d'une étude théorique. Mais dans la plupart des occurrences poétiques — et cet adjectif peut recouvrir aussi bien le domaine du roman que celui, *stricto sensu*, du poème — il n'est au pouvoir d'aucun commentateur d'empêcher le public de recevoir le texte comme une donnée, ou un ensemble de données constitutives de ce qu'il apprend ou de ce qu'il sait sur le monde. On retrouve alors la problématique « naturaliste », ou plus exactement zolienne, du texte comme savoir, comme contribution à la construction d'un savoir universalisable. Et on aurait à admettre que les structures narratives des *Rougon-Macquart* sont « informantes », d'autant plus informantes que ni le travail de l'historien, ni le travail de l'anthropologue ou de l'ethnologue ne peut les suppléer. Zola est à la croisée. Ne parlons surtout pas d'une fonction vulgarisatrice du romancier.

1. Claude LÉVI-STRAUSS, *Tristes Tropiques*, Paris, Plon, 1955, pp. 137-138.

Son aptitude, toute poétique, à « générer » ensemble l'histoire et le mythe dans un texte à la fois homogène et ambivalent, revient à éclairer d'un même faisceau de lumière, ce qui est rare, deux durées et deux paliers différents du vécu. « Le mythe, écrit Roger Bastide, n'est pas une spéculation, même s'il exprime parfois une métaphysique; ni un poème, même si l'imagination poétique s'y déploie souvent. Il énonce les événements qui servent de précédents, d'exemples, de modèles obligatoires à toutes les actions humaines, profanes comme religieuses d'ailleurs, et à toutes les situations subséquentes, naturelles comme historiques »[1]. Si le roman zolien, tout en ne se ramenant ni au mythe — vers lequel certains commentaires le tirent trop uniment —, ni à l'histoire — comme Zola aimerait le laisser croire —, mais réussit à donner à l'un la signifiance de l'autre, il ne faut pas s'étonner que plusieurs générations successives, et les dernières fort éloignées du Second Empire, aient pu, avec moins de naïveté qu'il ne paraît, y chercher et y trouver un enseignement sur les corrélations essentielles et permanentes du naturel et du social.

Ceci nous amènerait à discuter en termes nouveaux les problèmes du réalisme et du naturalisme, et à nous demander notamment si la composante mythique n'est pas à quelque degré indispensable à la formation de l'effet de réel; à nous demander aussi pourquoi, sous quelle pression idéologique Zola, dans ses écrits théoriques, refuse de prendre en compte cette composante pourtant si intimement associée à ses intuitions d'écrivain; à essayer enfin de faire la part entre le mythe, au sens ethnologique du terme, et le stéréotype, qui est, du point de vue du mode d'engendrement du roman, de ses effets de lecture, et de sa valeur idéologique, le pôle contraire, antinomique, du mythe (sans quoi il n'y aurait guère de différence entre Zola et Guy des Cars, alors qu'en fait tout les oppose).

1. Roger BASTIDE, Mythologie, dans *Ethnologie*, Gallimard, Bibliothèque de la Pléiade, p. 1061.

Ne nous engageons pas sur ces voies. Il suffit, pour le moment, d'avoir essayé de rendre plausibles des relations de consanguinité ou d'intersection, entre deux textes que la vulgate critique oppose, tandis que Zola les apparente par filiation directe : *Le Roman expérimental* et *Les Rougon-Macquart*. Tous les deux procèdent au fond d'une même base intellectuelle, et d'une même écriture, mais sur deux vecteurs inversés. *Le Roman expérimental* laisse sa part à un imaginaire narratif, qui médiatise la relation de l'œuvre au réel à l'aide de deux images mythiquement associées, celle du savant et celle du romancier, et par la vision non moins mythique d'un Naturalisme exterminateur autant qu'annonciateur. *Les Rougon-Macquart* mettent en œuvre un ensemble de noyaux et de règles génératifs où les schémas diégétiques et les associations symboliques servent de formes modelantes pour un discours d'enquête, pour une *somme* au fond conforme aux objectifs du *Roman expérimental*. Encore faut-il ne pas se méprendre sur la matière de cette enquête : elle débouche moins sur une « explication » physiologique et historique, comme le rêvait Zola dans sa préface à *La Fortune des Rougon*, que sur *une encyclopédie, codée en roman*, des « manières » : manières de lit, manières de table, manières de parenté, de travail, de souffrance, de jouissance, de combat, manières de vivre et de mourir, manières d'assumer la vie et la mort. Selon cette visée, on serait conduit à considérer l'œuvre globale de Zola, discours et récit associés, comme l'émergence d'un modèle ethnologique, et non plus économiste, du roman « réaliste ». Il resterait alors à la relire selon ce chiffre et sur cette portée : on n'aurait pas grande peine à y découvrir quantité de « patterns » culturels qui lui servent, indistinctement, de motifs substantiels et de schèmes formels — comme le double motif de la transgression et de l'anamnèse, ce merveilleux duo thématique par lequel s'ouvrent *Les Rougon-Macquart*.

*Formes romanesques
et discours social*

Le lieu et le sens : l'espace parisien dans *Ferragus*, de Balzac

Je ne sais pas s'il existe une « sémiotique » de l'espace urbain — certains architectes, certains urbanistes l'affirment; on en a fait le titre d'un numéro spécial de *Communications*[1]; mais il existe en tout cas un énoncé romanesque de l'espace. Dans le roman classique tel que Balzac nous en offre l'exemple, l'espace, et notamment l'espace de la ville, et plus précisément encore l'espace de Paris, est tout à la fois représenté et commenté : d'un côté, il se trouve inclus dans l'univers raconté, au moins en qualité de circonstant des actions narrées; d'un autre côté, il fait l'objet d'un discours, explicite ou implicite, s'inscrivant dans une conception, une vision, une théorie de Paris. L'espace parisien est doublement signifié, doublement sémantisé. Le texte du roman le désigne, le figure, et il lui donne du sens, de multiples façons et sur de multiples plans.

Voici, dans *Ferragus*, un très bon point de départ, pour problématiser cette figuration romanesque de l'espace parisien :

« A huit heures et demie du soir, rue Pagevin, dans un temps où la rue Pagevin n'avait pas un mur qui ne répétât un mot infâme, et dans la direction de la rue Soly, la plus étroite et la moins praticable de toutes les rues de Paris, sans en excepter le coin le plus fréquenté de la rue la plus

1. *Communications*, n° 27, 1977 : *La Sémiotique de l'espace.*

déserte; au commencement du mois de février, il y a de cette aventure environ treize ans, un jeune homme, par l'un de ces hasards qui n'arrivent pas deux fois dans la vie, tournait, à pied, le coin de la rue Pagevin pour entrer dans la rue des Vieux-Augustins, du côté droit où se trouve précisément la rue Soly. Là, ce jeune homme, qui demeurait, lui, rue de Bourbon, trouva dans la femme, à quelques pas de laquelle il marchait fort insouciamment, de vagues ressemblances avec la plus jolie femme de Paris, une chaste et délicieuse personne de laquelle il était en secret passionnément amoureux, et amoureux sans espoir : elle était mariée. En un moment son cœur bondit, une chaleur intolérable sourdit de son diaphragme et passa dans toutes ses veines, il eut froid dans le dos, et sentit dans sa tête un frémissement superficiel. Il aimait, il était jeune, il connaissait Paris; et sa perspicacité ne lui permettait pas d'ignorer tout ce qu'il y avait d'infamie possible pour une femme élégante, riche, jeune et jolie, à se promener là, d'un pied criminellement furtif. Elle, dans cette crotte, à cette heure ! »[1].

Je ne choisis pas au hasard *Ferragus* — qui n'est d'ailleurs pas un roman, mais plutôt une longue nouvelle —, mais parce que ce texte contient tous les éléments d'une sémantique littéraire de l'espace : théorique — avec un discours préliminaire sur les rues de Paris — et appliquée, avec une mise en scène de la rue comme lieu d'un faire narratif, comme champ de déploiement des actants et de leurs actes, comme circonstant, à valeur déterminative, de l'action romanesque.

La narraticité du lieu

J'ouvre tout de suite une parenthèse pour résumer l'intrigue de *Ferragus*, où le goût de Balzac pour le fantastique social se donne libre cours, et qui entraîne le lecteur à

1. Balzac, *Histoire des Treize, Ferragus*, éd. Furne, 1843, pp. 10-11 (rééd. Les Bibliophiles de l'Originale, Paris, 1966).

travers le Paris de 1818. Auguste de Maulincour, jeune officier appartenant à la société du faubourg Saint-Germain, se convainc que la jeune femme qu'il aime en silence, Clémence Desmarets, épouse très énamourée de l'agent de change Jules Desmarets, va rejoindre, rue Soly, un amant. Il révèle par dépit à Mme Jules — c'est ainsi qu'on l'appelle le plus souvent dans le récit — qu'il l'a surprise en cet endroit, et il cherche à percer son secret. Il découvre que celui à qui Mme Jules rend visite est un vieil homme, nommé Ferragus, dont l'apparence et la réalité semblent contradictoires : clochard misérable dans la rue, hôte richissime dans les divers refuges où de nouveau le chemin de Maulincour croisera le sien; vieillard, et cependant aimé d'une jeune grisette, qui, abandonnée, se noiera dans la Seine.

La curiosité imprudente de Maulincour déclenche une quadruple série de catastrophes. Il échappe d'abord de peu à deux attentats et à un duel, qui semblent fortuits. Une enquête policière laisse alors croire à la mort de Ferragus, dont Maulincour a deviné trop tard les pouvoirs occultes. Or le mystérieux personnage réapparaît au bal du préfet de la Seine, sous l'identité de M. de Funcal, attaché à l'ambassade du Portugal. Là, saisissant la tête de Maulincour, il dépose dans ses cheveux, comme par magie, un poison qui conduira le jeune officier à la mort. Je passe sur d'autres signes où se révèlent l'ubiquité de Ferragus et les appuis dont il dispose en toutes les sphères de la société parisienne. Cependant, Mme Jules n'a pu détourner les soupçons de son mari à qui Maulincour l'a finalement dénoncée. Brisée, atteinte dans son honneur et dans son amour, elle ne saura pas l'empêcher de repérer le nouvel endroit où Ferragus la reçoit, une maison de la rue des Enfants-Rouges, dans le quartier du Temple. Et là, Jules, surprenant son épouse et Ferragus, découvre ce qu'on a déjà deviné même si l'on n'a pas lu la nouvelle de Balzac : Ferragus, *alias* Gratien Bourignard, ancien forçat, chef des Treize, chef de la Société secrète des Dévorants, n'est autre que le père naturel de Mme Jules, qu'il protégeait en secret depuis sa naissance, lui assurant la fortune, un heureux mariage et tous les honneurs du monde, tandis qu'en secret également elle l'entourait de soins filiaux. Clémence ne survit pas à son mensonge et à la crainte que la découverte de son origine n'altère l'amour que lui porte son mari. Ses obsèques sont suivies par treize voitures drapées de noir. Un jour, Jules Desmarets, qui a demandé en vain à l'administration parisienne la restitution des cendres de sa femme, reçoit l'urne funéraire, envoyée par le père — *amicis duodecim juvantibus*, dit le texte gravé sur l'urne. L'agent de change, tout à son deuil, vend sa charge et quitte Paris. Et au moment où, dans sa calèche, il débouche, à la sortie de la ville, sur l'esplanade de l'Observatoire, il reconnaît, dans un vieillard flétri, hagard, qui suit mécaniquement le cochonnet des joueurs de boules, Ferragus XXIII, chef des Dévorants, dont la vie, l'intelligence diabolique et la puissance semblent s'être à leur tour éteintes, par le hasard d'une rencontre rue Soly, un soir, à huit heures et demie...

Ma seconde parenthèse servira à observer qu'on a consacré jusqu'ici assez peu de travaux à la représentation de l'espace en littérature. Je ne parle pas de l'espace du texte, dont on commence à étudier méthodiquement les lieux marqués, à travers des commentaires bien connus sur le titre, la jaquette, les incipit, les ouvertures ou les fins de chapitres, les variations typographiques, les tables de matières, etc.[1]. Je parle de l'espace-fiction, de l'espace-contenu, des coordonnées topographiques de l'action imaginée et contée. Si l'on regarde du côté des spécialistes de l'espace urbain comme objet de perception directe, on constate qu'ils analysent et interprètent les structures de la circulation et de l'habitat humain sans trop se préoccuper des discours qu'elles suscitent. On ne peut le leur reprocher, et au surplus, on peut tirer beaucoup de leurs

1. Voir par exemple Claude Duchet, Pour une sociocritique ou variations sur un incipit, *Littérature*, n° 1, 1971, pp. 5-14; « La Fille abandonnée » et « La Bête humaine », éléments de titrologie romanesque, *Littérature*, n° 12, 1973, pp. 49-73.

travaux pour l'analyse du discours sur l'espace. Si l'on se tourne du côté des analystes du récit littéraire, on s'aperçoit que jusqu'ici leur curiosité s'est surtout attachée à la logique des actions, aux fonctions des personnages, à la temporalité. Il n'existe pas de théorie constituée de la spatialisation narrative, mais seulement une voie de recherche bien profilée et quelques autres dessinées en pointillé. L'orientation la plus vivante est représentée par ce que Gaston Bachelard appelait la poétique de l'espace, ou encore « une psychologie systématique des sites de notre vie intime » : l'étude des valeurs symboliques attachées soit aux paysages qui s'offrent au regard du narrateur ou de ses personnages, soit à leurs lieux de séjour, la maison, la chambre close, la cave, le grenier, la prison, la tombe... Lieux clos ou ouverts, confinés ou étendus, centraux ou périphériques, souterrains ou aériens, autant d'oppositions servant de vecteurs où se déploie l'imaginaire de l'écrivain et du lecteur, qu'un Georges Poulet ou un Gilbert Durand ont admirablement explorées, mais qui sont en général étudiées pour elles-mêmes, sans examen de leurs corrélations avec le reste du système topologique de l'œuvre, ni, plus généralement, avec l'ensemble de ses composants narratifs. Il nous manque un répertoire morphologique et fonctionnel des lieux romanesques, analogue à celui que propose Philippe Hamon pour les personnages[1].

Philippe Hamon lui-même, dans un article sur « Le savoir dans le texte »[2], indique en passant qu'il existe une classe de lieux qui sont les lieux cybernétiques, c'est-à-dire « les endroits où se stocke, se transmet, s'échange, se met en forme l'information », par exemple les coins à confidences, les salons de rencontres, les lieux de passage, les lieux d'où l'on observe un spectacle. Roland Bourneuf[3],

1. Philippe HAMON, Pour un statut sémiologique du personnage, *Littérature*, n° 6, 1972. Repris dans *Poétique du récit*, coll. « Points », Ed. du Seuil.
2. Philippe HAMON, Le savoir dans le texte, *Revue des Sciences humaines*, 1975, n° 4, pp. 489-499.
3. Roland BOURNEUF, L'organisation de l'espace dans le roman, *Etudes littéraires*, avril 1970, pp. 77-94.

193

en 1970, s'interrogeant sur les nécessités internes auxquelles répond l'organisation de l'espace dans le roman, proposait qu'on décrive de manière précise la topographie de l'action, qu'on examine les aspects de la description, qu'on apprécie les fonctions de l'espace dans ses rapports avec les personnages, les situations, le temps, qu'on mesure le degré d'intensité ou de fluidité de l'espace, et qu'on dégage les valeurs symboliques et idéologiques qui sont attachées à sa représentation. Vaste programme, qui fonde une étude de la narrativité du lieu, mais qui, semble-t-il, n'a guère été suivi d'essais, ni d'effets.

Dans sa *Production de l'intérêt romanesque*, Charles Grivel[1] se borne à dégager ce que je suggérerais d'appeler la narraticité du lieu, par différence avec sa narrativité; c'est-à-dire l'ensemble des caractéristiques qui rendent l'inscription du lieu indispensable à l'illusion réaliste. C'est le lieu qui fonde le récit, parce que l'événement a besoin d'un *ubi* autant que d'un *quid* ou d'un *quando*; c'est le lieu qui donne à la fiction l'apparence de la vérité. Balzac donne pour vraie l'histoire d'Auguste de Maulincour, de Mme Jules et de Ferragus en dénommant et en décrivant de manière reconnaissable les rues et les demeures où elle s'est déroulée. Le nom du lieu proclame l'authenticité de l'aventure par une sorte de reflet métonymique qui court-circuite la suspicion du lecteur : puisque le lieu est vrai, tout ce qui lui est contigu, associé, est vrai. Mais en même temps, il en proclame le caractère exceptionnel et le caractère dramatique : situé dans l'ailleurs du lecteur (le lecteur de Balzac n'habite pas rue Soly), il apparaît comme un réceptacle, une matrice de l'extraordinaire.

Ces considérations hétérogènes, résultant d'*a priori* méthodologiques différents, ne constituent pas, si fécondes qu'elles soient, une théorie de l'espace narratif, qui reste

1. Charles GRIVEL, *Production de l'intérêt romanesque*, Paris, Ed. Mouton, 1973, pp. 104-110. Voir aussi, sur l'espace dans le roman, Joseph A. KESTNER, *The spatiality of the novel*, Detroit, Etats-Unis, Ed. Wayne University Press, 1978.

à construire. On pourrait rechercher les raisons de la prudence des sémioticiens sur ce sujet. C'est peut-être, entre autres, que, si l'on peut conduire l'étude des circonstants spatiaux du roman avec les mêmes présupposés théoriques que pour l'étude des actants, il reste entre les uns et les autres des différences irréductibles. Tandis que le personnage, en son principe, est dynamique (la « force orientée », dans la terminologie d'Etienne Souriau[1]), le lieu est apparemment inerte; à la différence du personnage, qui se déplace de lieu en lieu en conservant son pouvoir d'intervention, et dont l'être, même lorsqu'il est absent, conserve sa place et son rôle dans la structure actancielle, le lieu n'a d'importance que s'il et lorsqu'il s'y passe quelque chose. Le lieu présuppose les personnages et l'action, non l'inverse. Enfin, dernière observation sur ce point, et non des moindres : pour évoquer les lieux du roman, il faut se faire quelque peu cartographe. Mais on peut juger fastidieux d'avoir à transposer la linéarité toute verbale du discours critique dans le langage tabulaire de la carte topographique.

Les questions que soulève l'inscription de l'espace dans le récit n'en sont pas moins nombreuses et importantes. Et nous allons revenir, pour en évoquer quelques-unes, à la rue Soly. Par quel bout la prendre ?

Sémantique de la rue

La rue est un espace ouvert et limité; ouvert sur ses deux issues, par lesquelles on arrive ou on s'en va, à l'intérieur desquelles on stationne, on circule, on fait des rencontres, on est interpellé; limité, clos, sur ses côtés, par les maisons, les murs, les palissades. L'espace de la rue a pour contigu celui de la maison. La rue et la maison se définissent, se déterminent l'une l'autre; appartenant à

1. Etienne SOURIAU, *Les deux cent mille situations dramatiques*, Ed. Flammarion.

195

des paradigmes différents, elles constituent ensemble un syntagme — un syntagme circonstant. Ainsi, de la rue Soly et de la maison où Auguste de Maulincour voit pénétrer Mme Jules. Dans la structure spatiale, la rue est une unité dont on peut tenter de repérer les traits. Balzac lui-même s'y est essayé, dans le prologue de *Ferragus*, mais en privilégiant un seul axe, un seul sous-code : celui des valeurs sociales attachées à la rue. « Il est dans Paris, écrit-il, certaines rues déshonorées autant que peut l'être un homme coupable d'infamie; puis il existe des rues nobles, puis des rues simplement honnêtes, puis de jeunes rues sur la moralité desquelles le public ne s'est pas encore formé d'opinion; puis des rues assassines, des rues plus vieilles que de vieilles douairières ne sont vieilles, des rues estimables, des rues toujours propres, des rues toujours sales, des rues ouvrières, travailleuses, mercantiles. Enfin, les rues de Paris ont des qualités humaines, et nous impriment par leur physionomie certaines idées contre lesquelles nous sommes sans défense »[1]. En réalité, ce discours sur la rue parisienne reprend à son compte et orchestre le discours social, les on-dit de la rumeur. Il résulte d'autres traits, qui sont de caractère géographique, topographique, économique, sont eux-mêmes modelés par l'histoire du développement de la cité, et se déterminent les uns les autres. Selon que la rue se situe à l'ouest ou à l'est, au centre ou à la périphérie, qu'elle est large ou étroite, neuve ou ancienne, qu'elle accueille ou non des commerçants et des artisans, elle se voit assigner par le code dominant un indice modal ou un autre. J'emploie ici le terme « modal », parce que, de fait, la rue devient dans le discours collectif l'objet d'un jugement modal, explicité ou non selon les cas, et dont la forme canonique est toujours : « Il est possible à X... d'habiter, de passer ou de séjourner ici », ou « Il n'est pas possible à X... d'habiter, de passer ou de séjourner ici ». Deux variables, le sujet du séjour ou du passage, et le lieu de séjour ou de passage. L'asso-

---

1. BALZAC, *op. cit.*, p. 6.

ciation ou l'exclusion réciproque de ces deux variables est réglée par le code mondain. C'est de la transgression de cette règle que naît le drame, et que celui-ci trouve son sens. Stations et déplacements sont ici rigoureusement ordonnés. Chaque rue, chaque demeure est le lieu d'un être et d'un faire spécifiques. Malheur à celui ou à celle qui franchira les frontières imposées par cette sémiologie urbaine.

La rue est donc prise dans une vision systématique de l'espace urbain tout entier. La rue Soly et la rue de Bourbon sont en distribution complémentaire, autant que peuvent l'être les phonèmes d'un système phonologique, avec leurs traits d'apparentement (lieux de l'habitat, du passage, de la circulation, de l'activité urbaine, de la rencontre des citoyens hors de leurs demeures) et leurs traits d'opposition (rue de la vieille noblesse, rue des vieilles vertus austères, contre rue de la populace, des bas-fonds, des mauvais coups). L'espace parisien est ainsi structuré comme un échiquier. La mention, dans le texte de la nouvelle, de l'un quelconque de ses lieux présuppose chez le lecteur la connaissance de l'ensemble de la topographie parisienne. Le lecteur ne découvre pas la rue Soly, il la reconnaît et l'inscrit mentalement sur une carte de Paris qui préexiste au roman et à sa lecture, et qui fournit une clé pour la compréhension des événements contés par la nouvelle. La *mimésis* géographique, ici, consiste à reconstituer dans l'œuvre romanesque à la fois une exacte répartition des lieux de l'action et le système de valeurs qui recouvre cette répartition. La production de l'espace romanesque est gouvernée, préprogrammée par la pratique sociale, par le langage séculaire des lieux de Paris. Le roman est un métalangage topologique au second degré : le discours quotidien des citoyens, auquel le prologue de *Ferragus* fait écho, est un métalangage des formes urbaines, et le système topographique du roman, avec le récit qui lui est attaché, est un métalangage de ce discours.

Repérons donc, sur une carte de Paris en 1808, la structure topographique de Ferragus. En dix ans, de 1808
à 1818, la ville a peu changé. Auguste de Maulincour
habite sur la rive gauche, rue de Bourbon (appelée rue de
Lille après 1830), dans le faubourg Saint-Germain. C'est
le quartier de l'aristocratie légitimiste. Jules Desmarets
et sa femme Clémence, Mme Jules, demeurent rue Ménars,
dans le voisinage immédiat de la rue Vivienne et de la
Bourse, sur la rive droite. C'est le quartier où s'est installée
la bourgeoisie d'affaires, banquiers, agents de change,
gens de finance, aux origines souvent obscures et mêlées,
comme le sont celles de Mme Jules et de son époux, mais
à qui leur richesse permet de fréquenter le monde du
faubourg Saint-Germain. L'hôtel particulier du baron de
Nucingen, dans les salons duquel Maulincour révèle à
Mme Jules qu'il l'a surprise rue Soly, se trouve rue Saint-
Lazare, près de la chaussée d'Antin, un peu au-delà de la
ceinture des boulevards — si l'on en croit le texte de
Splendeurs et misères des courtisanes. Ferragus, pour sa part,
s'est fixé d'abord rue Soly, entre le quartier de la Bourse
et le quartier des Halles : rue déserte, secrète, d'où il peut
à la fois veiller de près sur Clémence Desmarets, et
conserver ses contacts clandestins dans les profondeurs
et les marges obscures de la ville. Un peu plus tard, il ira
habiter rue Joquelet, autre rue discrète, plus proche encore
de la rue Ménars. A la fin du récit, il réapparaît beaucoup
plus à l'est, tout près du boulevard du Temple, rue des
Enfants-Rouges, comme s'il avait dû brusquement s'éloigner du quartier où se sont concentrées les multiples
enquêtes auxquelles a donné lieu la curiosité de Maulincour. Une quatrième classe de lieux, enfin, prend rôle
dans *Ferragus* : ce sont les hôtels de la haute administration
parisienne, notamment l'hôtel du préfet de la Seine, où,
au cours d'un bal, le soi-disant M. de Funcal empoisonne
Maulincour.
Plusieurs zones, plusieurs mondes, séparés par une

frontière naturelle, la Seine, ou par des frontières artificielles, les rues. Les Halles et les quartiers de l'Est s'opposent à la fois au faubourg Saint-Germain, à la chaussée d'Antin et à l'Hôtel de Ville. Ces quatre mondes — la société légitimiste, la bourgeoisie financière, l'administration royale, les bas-fonds — coexistent et parfois se croisent; mais chacun a ses points assignés, d'où il observe et contient les autres. Le lecteur familier du XIXe siècle retrouve bien une distribution déjà connue de lui, et qui s'offre à peu près identique dans *Lucien Leuwen*, par exemple.

Cet espace romanesque à première vue contrasté, éclaté, où les séquences de l'action se répartissent selon un continuel changement de décor, trouve ses corrélations internes dans la dynamique des déplacements d'un lieu à un autre, dans le mouvement d'une enquête qui se déclenche dès la rencontre inattendue que Maulincour a faite rue Soly, et qui ne s'arrêtera plus. Cette enquête, à vrai dire, se dédouble en deux temps successifs, selon deux protagonistes et selon deux axes géographiques. Le premier de ces deux axes réunit la rue de Bourbon à la rue Soly; c'est celui que parcourt inlassablement Auguste de Maulincour, attaché aux pas de Mme Jules, jusqu'à ce qu'il ait contraint Ferragus à changer de demeure. Le second est l'axe rue Ménars - rue des Enfants-Rouges, que suivra Jules Desmarets après la mise hors de combat de Maulincour, jusqu'à ce qu'il ait complètement dénoué le mystère qui associe sa femme à Ferragus. Le point d'aboutissement de chacun de ces deux itinéraires localise un manque, que chacun des deux enquêteurs ressent le besoin de combler, par un programme d'actions approprié et au prix des conséquences les plus graves. Le dévoilement d'un secret, la recherche d'une vérité relient ainsi entre eux les lieux principaux de ce Paris romanesque, et articulent l'espace qu'ils circonscrivent à la logique et à la progression d'une action. Le code proairétique, le code herméneutique et la « topostructure » se présupposent réciproquement, solidairement. La « matière parisienne » devient la substance même du roman balzacien, comme la « matière de Bretagne » l'était du roman arthurien. Le lecteur épouse successivement la frustration de Maulincour et de Desmarets, et l'errance qui en résulte. Le mouvement de la lecture se calque sur un parcours topologique qui se confond lui-même avec la logique narrative. Espace fictif et espace du livre s'assimilent l'un à l'autre.

Cela dit, la lecture de *Ferragus* ne s'achève pas rue des Enfants-Rouges. Contre toute attente, l'épilogue élargit subitement le cadre de cette histoire, par deux effets spatiaux qui multiplient la valeur dynamique, cinétique, des corrélations originelles, et en transforment le sens. Le premier est une sorte de panoramique, grâce auquel s'offre aux regards de Desmarets, du haut du cimetière du Père-Lachaise, l'ensemble des lieux où s'est joué, par accident, le destin de sa femme : « Jules aperçut à ses pieds, dans la longue vallée de la Seine, entre les coteaux de Vaugirard, de Meudon, entre ceux de Belleville et de Montmartre, le véritable Paris, enveloppé d'un voile bleuâtre, produit par ses fumées, et que la lumière du soleil rendait alors diaphane. Il embrassa d'un coup d'œil furtif ces quarante mille maisons et dit, en montrant l'espace compris entre la colonne de la place Vendôme et la coupole d'or des Invalides : « Elle m'a été enlevée là, par la funeste curiosité de ce monde qui s'agite et se presse, pour se presser et s'agiter »[1]. Ainsi s'affirme le souci de compenser les contradictions qui séparent les quatre mondes de la société parisienne par une vue lointaine et unifiante. Des projets opposés, conflictuels, prennent leur signification harmonique sous le regard distancé de celui qui survit à la tragédie.

L'autre effet se distingue du premier par son mode de spatialité et par sa fonction. Reliant le village de Neuilly, où l'on vient de retrouver dans la Seine le corps d'Ida, le cimetière du Père-Lachaise et l'esplanade de l'Obser-

---

1. BALZAC, *op. cit.*, p. 105.

vatoire, où erre Ferragus, vieillard atone transformé en une sorte de mort-vivant, en ombre vaine, le narrateur enferme le Paris du grand et du bas monde dans un triangle dont les points se situent hors Paris, et dont chacune à sa manière métonymise la mort. Accompagnant Jules Desmarets, nous quittons Paris par la pointe du bas, échappant, comme l'agent de change, aux désirs et aux fatalités qui se concentrent dans ce creuset.

Une toposémie fonctionnelle

Ferragus communique donc au lecteur une expérience de l'espace parisien, à la fois balisée et orientée, rapprochée et éloignée, multiforme et univoque, qui est la somme de toutes les expériences des personnages, et qui assure l'unité harmonique du récit. Il ne suffit pas, cependant, d'examiner comment s'articule la matière-espace du récit dans ses manifestations de surface, c'est-à-dire, en l'occurrence, de décrire la topographie de *Ferragus* et les déplacements des personnages à l'intérieur du champ ainsi tracé. On doit aussi tenter de dégager des rapports structuraux plus profondément modelants. L'espace est un des opérateurs par lesquels s'instaure l'action. J'ai indiqué qu'il n'y aurait pas ici de drame, au sens aristotélicien du terme — pas d'action — si un personnage n'en rencontrait pas un autre, au début de l'histoire, en un lieu qui impliquait l'impossibilité d'une telle rencontre. La transgression génératrice n'existe qu'en fonction de la nature du lieu et de sa place dans un système locatif qui associe des marques géographiques et des marques sociales. Peut-on proposer un modèle de ce système, qui intégrerait ses virtualités de transformations dramatiques ?

Relevons d'abord une symétrie non négligeable. C'est celle qui relie la rue Soly et la rue des Enfants-Rouges. Ces deux pôles topographiques sont aussi des pôles textuels : l'un localisant l'action au début de la nouvelle, l'autre à la fin. Rue Soly, se rejoignent, pour la révélation initiale où s'originera le drame, Ferragus, Mme Jules et Maulincour : surprise de Maulincour, à découvrir Mme Jules dans la mystérieuse visiteuse de la rue Soly. Rue des Enfants-Rouges, à l'autre bout du texte, se retrouvent Ferragus, Mme Jules et Jules Desmarets : autre découverte surprenante, celle du rapport filial qui unit Clémence à Ferragus, et révélation terminale par laquelle s'achèvera l'existence parisienne des trois personnages.

On pourrait dépister d'autres correspondances, d'autres corrélations du même genre, qui verrouillent les formes du récit sur les formes de l'espace représenté, et la topologie textuelle sur la topographie référentielle. Mais je reviens à la loi modale déjà énoncée : un lieu se définit ici par la possibilité ou l'impossibilité d'y rencontrer tel ou tel. Il ne s'agit pas d'une relation déterministe, comme celle qu'affiche le discours du même texte à propos des portiers : « A Paris, les différents sujets qui concourent à la physionomie d'une portion quelconque de cette monstrueuse cité s'harmonisent admirablement avec le caractère de l'ensemble. Ainsi portier, concierge ou suisse, quel que soit le nom donné à ce muscle essentiel du monstre parisien, il est toujours conforme au quartier dont il fait partie, et souvent il le résume »[1]. Il s'agit d'une relation de compatibilité-incompatibilité, corrélant le personnage et le lieu du point de vue des devoirs et des interdits d'état. C'est ainsi, en particulier, que se spécifie la relation de Mme Jules à chacun des points cardinaux précédemment repérés. Nous sommes en droit de choisir cette « héroïne » comme point d'origine, car c'est elle qui focalise le mystère initial, puis les révélations successives, c'est elle qui requiert la double quête, le double désir de Maulincour et de Desmarets, c'est elle enfin dont les courses dans Paris délimitent l'espace représenté dans le récit. Cet espace propre de Ferragus n'existe que par elle, qui l'arpente et y

1. BALZAC, *op. cit.*, p. 75.

entraîne ses poursuivants. Le drame se joue entre les lieux qui lui sont prescrits, permis ou interdits.

Clémence Desmarets habite rue Ménars par devoir conjugal et social. La rue Ménars est pour elle un séjour *prescrit*, avant tout par le Code civil, mais aussi par le milieu social où son mariage l'a fait entrer. La bourgeoisie boursière se doit d'habiter au voisinage immédiat du boulevard. En revanche, rue Soly, Mme Jules pénètre en terrain *interdit* : « Elle, dans cette crotte, à cette heure ! » « Il est des rues, ou des fins de rues, écrit Balzac, il est certaines maisons, inconnues pour la plupart aux personnes du grand monde, dans lesquelles une femme appartenant à ce monde ne saurait aller sans faire penser d'elle des choses les plus cruellement blessantes »[1]. En revanche, au bal du préfet de la Seine, comme à la réception des Nucingen, Mme Jules peut se montrer sans scandale. Bien que la Bourse, futur soutien de la Monarchie de Juillet, et la haute administration se distinguent par nombre de traits, il est permis à l'une de fréquenter les hôtels de l'autre. L'Hôtel de Ville, encore peuplé d'hommes issus de l'Empire, est une sorte de lieu neutralisé où se rencontrent sans gêne le faubourg Saint-Germain et la rue Ménars, et où M. de Maulincour peut se retrouver sur les pas de Clémence Desmarets. C'est en tout cas pour Mme Jules un lieu *permis*. Enfin, si l'on songe que Mme Desmarets peut être aimée de Maulincour sans déchoir et que la société du quartier de la Bourse ou du boulevard de la Chaussée-d'Antin peut recevoir dans ses salons celle du faubourg Saint-Germain, nous admettrons que l'accès à la rue Bourbon n'est pas interdit à Mme Jules. Posons donc en hypothèse que de la sorte se construit, entre les quatre points cardinaux du Paris de *Ferragus*, un carré d'oppositions, qui fournit le modèle de constitution et de fonctionnalité topologique de cette nouvelle, autrement dit son modèle toposémique.

Dans ce carré, l'axe des contraires oppose la rue Soly à

1. Balzac, *op. cit.*, p. 8.

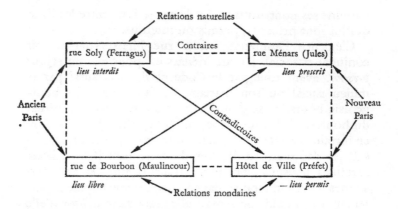

Le Paris de Clémence Desmarets, Mme Jules

la rue Ménars (interdit *versus* prescrit), et la rue de Bourbon à l'Hôtel de Ville (libre *versus* permis). L'axe des contradictoires oppose la rue Soly à l'Hôtel de Ville (interdit *versus* permis) et la rue de Bourbon à la rue Ménars (libre *versus* prescrit)[1]. L'axe des subalternes relie la rue Soly à la rue de Bourbon — elles portent toutes les deux les caractères du Paris archaïque — et la rue Ménars à l'Hôtel de Ville — tous les deux sont marqués par la modernité. Remarquons encore que les liens qui attachent Mme Jules à la rue Soly et à la rue Ménars sont des liens naturels (liens de la chair, liens de la filiation et de l'union charnelle) tandis que ceux qui la rattachent à la rue de Bourbon et à l'Hôtel de Ville sont ceux des relations mondaines. Il est clair que pour cette femme les prescriptions de la nature et celles du monde ne sont pas compatibles. Ce rapport d'exclusion, qui s'inscrit principalement, on le voit, dans la sémantique des lieux, détermine le destin du personnage et sert de socle au récit.

La reconstitution de ce schème génétique présente au

1. Voir F. Nef, *Structures élémentaires de la signification*, Bruxelles, Ed. Complexe, 1976.

moins deux sortes d'intérêt. Elle montre tout d'abord que le choix et la disposition des lieux du récit, loin de répondre soit à une démarche aléatoire, le romancier pointant au hasard, sur un plan de Paris, les domiciles de ses personnages, soit à une démarche documentaire, l'écrivain cherchant à observer la loi d'authenticité ou la loi de ressemblance, obéissent par priorité, consciemment ou non, à une règle de formalisation. Balzac écrivain abstrait ? Oui, pourquoi pas, comme tous les grands romanciers. Dans ses structures profondes, le roman ne tient son harmonie et son efficacité que de la rigueur des relations paradigmatiques et syntaxiques qui unissent entre eux les actants, les actions et les circonstants.

En second lieu, la diégèse surgit de l'inobservance des règles du code des devoirs et interdits topologiques, et trouve son dynamisme dans la généralisation du dérèglement, jusqu'au châtiment mortel des transgresseurs, qui ramène le récit à l'inertie et restitue au carré du code sa permanente intégrité. On observe dans *Ferragus* plusieurs transgressions des interdits locatifs. Mme Jules, certes, a failli à la loi non écrite qui devrait l'éloigner à tout jamais de la rue Soly. Mais Maulincour, sans le savoir, brise à son tour la frontière invisible qui devait le tenir éloigné des Treize. Jules Desmarets, s'en allant rue des Enfants-Rouges, transgresse la loi de confiance que Clémence l'a adjuré de respecter. Se laissant surprendre rue Soly, Clémence a introduit, dans le système de contraintes qui régit son existence sociale et assure la survie du groupe auquel elle appartient, une entropie qui ne fera que grandir, de « bruit » en « bruit », de perturbation en perturbation, jusqu'au blocage absolu, qui est celui de la mort. La réussite du contrat narratif est à ce prix, étant bien entendu que chacun de ces dérèglements, dans l'univers fictif, ne répond à rien d'autre, dans le programme diégétique, qu'à une transformation contrôlée.

L'analyste, à son tour, joue son jeu, en essayant d'établir un modèle de cette combinatoire. Mais ce jeu ne prend tout son intérêt que s'il débouche sur une interprétation, sur une hypothèse touchant le sens des formes. La construction, puis la fracture, les multiples fractures du carré topologique, dans *Ferragus*, prennent-elles une signification, une cohérence idéologique ?

En fait, ce qui se dit dans les figurations successives de cet espace, c'est l'histoire d'une société. Le texte, nous l'avons vu, nous suggère d'abord, de la Ville, du Paris contemporain, une image fragmentée, puis une image unifiée, panoramique. D'un premier point de vue, le Paris légitimiste, le Paris financier et le Paris populaire s'observent, se surveillent, s'affrontent. De l'autre, du haut du Père-Lachaise, ils apparaissent dans leur solidarité vitale. Le message de Balzac n'est pas univoque.

L'essentiel n'est pas dans l'opposition entre les hôtels particuliers de la rue de Bourbon, ou de la rue Ménars, et la maison de la rue Soly, « maison ignoble, vulgaire, étroite, jaunâtre de tons, à quatre étages et à trois fenêtres »; ni non plus entre l'opposition, plus chargée de valeurs symboliques, entre la chambre à coucher de la rue Ménars, « lieu sacré, écrit Balzac, chambre sourde au bruit des voisins, de la rue, de tout », où Jules Desmarets reçoit les marques d'amour de sa femme, et le « cabajoutis » où il va la surprendre auprès de Ferragus, ce « cabajoutis qui est à l'architecture parisienne ce que le capharnaüm est à l'appartement, un vrai fouillis où l'on a jeté pêle-mêle les choses les plus discordantes »[1]. Certes, la chambre de Clémence peut figurer le foyer lumineux, l'autel pur où officie la gardienne-déesse de l'union conjugale, tandis que la maison de la rue Soly et le cabajoutis de la rue des Enfants-Rouges forment le décor romantique de l'anti-société, de la société d'en bas, qui vit dans l'ombre, le

1. BALZAC, *op. cit.*, p. 75.

détour, le déguisement, le trompe-l'œil. « Ni les étages ni les fenêtres ne sont ensemble; tout y jure, même les ornements extérieurs »[1]. Tout y est faux-semblant, tout y est le contraire de l'ordre, tout s'y prête à abriter l'intrigue secrète et la puissance occulte. C'est l'envers, sinon l'enfer, du grand monde.

Mais ce qui me paraît le plus intéressant est d'un autre ordre. *Ferragus* fait jouer ensemble, en fait, deux perceptions opposées de la ville : celle que ressentent les personnages, ou plus exactement les deux personnages masculins qui la parcourent, d'un point à un autre; et celle que ressentent le narrateur et, par voie de conséquence, le lecteur. La première, dysphorique; la seconde, euphorique, voire secrètement jubilatoire.

En effet, pour Maulincour, d'abord, Paris ne recèle plus que menace du jour où il s'est mis à épier Clémence Desmarets. En tout lieu, l'attendent le danger et la mort, sous les formes les plus inattendues. Il n'est plus pour lui de refuge dans un Paris dont son adversaire semble disposer à sa guise. « C'est une guerre à mort, se dit-il après son accident de carrosse, une guerre de sauvages, une guerre de surprise, d'embuscade, de traîtrise, déclarée au nom de Mme Jules. A quel homme appartient-elle donc ? De quel pouvoir dispose donc ce Ferragus ? »[2]. Pourtant, rue Soly, lors de sa première faction, le destin l'avait averti. « Là, le jeune homme entendit : gare, et reçut un coup à l'épaule... C'était la voix d'un ouvrier portant une longue planche sur son épaule. Et l'ouvrier passa. Cet ouvrier était l'homme de la Providence, disant à ce curieux : De quoi te mêles-tu ? Songe à ton service et laisse les Parisiens à leurs petites affaires »[3]. Maulincour mourra pour s'être mêlé des affaires de Ferragus, après avoir vécu, dans une angoisse et une fureur impuissantes, l'expérience d'un Paris devenu ennemi. Regardée avec

1. *Ibid.*
2. BALZAC, *op. cit.*, p. 35.
3. BALZAC, *op. cit.*, p. 12.

condescendance par la société de la rue Ménars, frappée dans ses œuvres vives par la société de la rue Soly, la caste de la rue de Bourbon — la société légitimiste —, douze ans avant 1830, ne peut plus, sous peine de mort, se mêler de ce qui n'est pas ses « affaires », ni prétendre régenter Paris et ses codes. Son vouloir est désormais sans pouvoir. La mort de Maulincour est une leçon de l'histoire.

Même Jules Desmarets, qui représente une force réelle, celle de l'argent, celle aussi des « hautes protections », est contraint de s'incliner, au moment où il reçoit de Ferragus, *duodecim amicis juvantibus*, les cendres de sa femme, qu'aucune de ses interventions auprès de la puissance publique ne lui avait permis d'obtenir, devant la puissance, plus lourde encore, de la société des Treize. Le pouvoir de la Bourse se heurte à un contre-pouvoir, sans source identifiable. Ne donnons pas au nom de la rue des Enfants-Rouges la valeur d'un symbole politique : la Société des Treize n'est rien moins qu'une société révolutionnaire, rien moins qu'un groupe de combattants de l'ombre au service du peuple. Si M. de Ronquerolles y assiste Bourignard le forçat, c'est pour accaparer, à l'intérieur de la société de profit, et sans toucher à ses bases, l'argent et la puissance. L'histoire des Treize est un mythe anarchiste de droite. Mais, jusqu'à un certain degré, les lieux d'où Ferragus dispose en toute liberté du destin de Maulincour et de Desmarets symbolisent le Paris populaire, un Paris, comme tel, ressenti comme une menace permanente par la classe à laquelle appartiennent Maulincour et Desmarets. Et la réussite — seulement partielle — des entreprises des Treize marque l'autonomisation croissante de ces fonds mystérieux de Paris, d'un Paris perçu désormais, au faubourg Saint-Germain et rue Vivienne, comme une cité malade et maléfique.

En contraste avec ce malaise, constatons l'euphorie sous-jacente du narrateur, qui fait de l'image de Paris une tout autre consommation que celle de ses personnages. L'élargissement final de la perspective en témoigne, car il remet en question le sens que prenait la ville restreinte aux limites de ses grands boulevards. Vu de Neuilly, du Père-Lachaise et de l'Observatoire, Paris devient un espace unitaire, celui-là même que dépeint le prologue de *Ferragus* : un « monstre », mais un monstre « complet », vivant comme une « créature », « monstrueuse merveille », en transformation et en création permanentes, harmonieux dans ses contradictions mêmes, qui se résolvent par le mouvement et le changement. « Insensiblement les articulations craquent, le mouvement se communique, la rue parle. A midi, tout est vivant, les cheminées fument, le monstre mange; puis il rugit, puis ses mille pattes s'agitent. Beau spectacle ! »[1]. Pour la visée du romancier, qui observe de loin ses personnages, et qui lit leur aventure selon d'autres critères que les leurs, l'histoire ne s'enferme pas dans le quadrilatère que bornent la rue de Bourbon, la chaussée d'Antin, l'Hôtel de Ville et la rue des Enfants-Rouges. Après les obsèques de Mme Jules, au moment où, comme l'écrit Balzac, « semble finir le récit de cette histoire », le carré logique où se réglait le fonctionnement du récit primordial perd sa raison d'être; et pour les lecteurs qui « aiment à se rendre compte de tout », selon le mot du romancier, celui-ci ouvre soudain l'espace parisien sur tous les possibles; les possibles géographiques, ceux de la cité future qu'annonce le triangle Neuilly, Père-Lachaise, Observatoire; les possibles politiques, qui fermentent dans les combinaisons des Treize. A l'espace claustral et déprimant des personnages, a succédé l'espace expansif et exaltant du narrateur. C'est alors que l'on comprend la complémentarité profonde, dans *Ferragus*, de l'histoire et de son bizarre prologue, du récit et du discours.

Cependant, sur l'esplanade de l'Observatoire, hors de la ville, le cochonnet des joueurs de boules semble s'être emparé de l'âme de Ferragus. « Ce nouveau venu marchait sympathiquement, avec le cochonnet, petite boule qui sert de point de mire, et constitue l'intérêt de la partie...

1. Balzac, *op. cit.*, p. 8.

Vous l'eussiez pris pour le génie fantastique du cochonnet »[1]. Le parcours du cochonnet est le dernier de tous ceux qui ont traversé Paris et le récit. Ce parcours-là ne doit rien qu'au hasard. N'est-ce pas là le dernier mot de Ferragus, et le dernier avatar d'un motif qui a peu à peu induit un « mythe de destination de la cité », selon le mot d'A. J. Greimas dans sa « Sémiotique topologique »[2] ? Le récit, qui s'était ouvert sur un caprice du hasard, se referme sur un symbole ironique de l'indétermination des destinées humaines. Il a suffi d'une rencontre fortuite pour faire dérailler et s'anéantir ensemble quatre destinées dont l'ordre du monde semblait pourtant protéger l'autonomie et la sécurité. Les allées et venues du cochonnet, substituant en fin de compte à la rationalité de la ville un espace irraisonné et dérisoire, contrediraient-elles la vision optimiste que je croyais à l'instant pouvoir déceler ? Pas tout à fait, si l'on songe que l'espace du cochonnet est l'espace du jeu. L'histoire, après tout, c'est ce qui donne du jeu, donc un avenir, à la structure.

On pourrait encore interroger de bien des façons la topographie urbaine de *Ferragus*. On pourrait constater par exemple l'absence de l'atelier, de la manufacture. Est-ce à dire que les affrontements qui s'y déroulent relèvent d'une appréciation petite-bourgeoise de l'histoire contemporaine, quelles que soient par ailleurs les intuitions de Balzac sur leur sens profond ? Je noterai simplement que le porte-parole de la Providence, celui qui dit *Gare !* au moment où Maulincour va s'engager sur un chemin sans retour, est un *ouvrier*. Les ouvriers ne sont pas si fréquents dans *La Comédie humaine* qu'on ne soit tenté de trouver à cet épisode une valeur symbolique.

1. BALZAC, *op. cit.*, p. 109.
2. A. J. GREIMAS, *Sémiotique et sciences sociales*, Paris, Ed. du Seuil, 1976 (« Pour une sémiotique topologique », pp. 129-157).

Concluons en soulignant d'abord la multiplicité des paliers où s'étage le discours de Balzac sur l'espace parisien : une topographie mimétique en surface, un modèle narratique formel en profondeur, un symbole idéologique subsumant le tout. Partant de cette exploration, limitée à un texte secondaire de *La Comédie humaine*, on pourrait étendre l'enquête à d'autres œuvres de plus grande ampleur et reconstituer l'ensemble du propos balzacien sur la ville. Balzac semble avoir été le premier à écouter avec tant d'attention les signes qui proviennent de la cité moderne. En 1830, l'émergence de la grande ville révélait plus crûment qu'auparavant le fonctionnement réel de la collectivité. Balzac donne du phénomène un modèle doublement générateur, qui articule à la fois une théorie de Paris et son mythe romanesque.

Ceci nous conduit à insister sur l'idée que le concept de réalisme n'est nullement contradictoire avec celui de formalisme, en dépit d'une terminologie où le dogmatisme de gauche et celui de droite se rejoignent. *Ferragus* est un récit formaliste, par le travail qui s'y effectue en vue d'une structuration fonctionnelle de l'espace et par la liaison vitale — vitale pour le récit — qui s'y institue entre le système topologique, le système actanciel et le système diégétique.

De là, enfin, l'hypothèse de ce que je me risquerai à appeler une « actancialisation » de l'espace, dans certains types de récits tout au moins. Les travaux de la sémiotique actuelle opposent peut-être avec trop de raideur actant et circonstant. Lorsque le circonstant spatial, comme dans *Ferragus*, devient à lui seul d'une part la matière, le support, le déclencheur de l'événement, et d'autre part l'objet idéologique principal, peut-on encore parler de circonstant, ou, en d'autres termes, de décor ? Quand l'espace romanesque devient une forme qui gouverne par sa structure propre, et par les relations qu'elle engendre, le fonctionnement diégétique et symbolique du récit, il ne peut rester l'objet d'une théorie de la description, tandis que le personnage, l'action et la temporalité relèveraient seuls d'une théorie du récit. Le roman, depuis Balzac surtout, narrativise l'espace, au sens précis du terme : il en fait une composante essentielle de la machine narrative. C'est dans cette direction que pourrait s'orienter une moderne poétique de l'espace, attentive aux formes et aux valeurs originales de chaque œuvre prise à part et scrutée dans son détail, et prenant ses distances à l'égard d'un thématisme non structural comme d'une sémiotique restrictive.

Parole et stéréotype :
le « socialiste » de Flaubert

Prenons pour objet le mot et la notion de *socialisme* dans un texte bien connu. C'est le récit de la pendaison de crémaillère chez Frédéric, dans le chapitre 2 de la IIᵉ partie de *L'Education sentimentale*, de Flaubert. J'ai choisi plus précisément le passage qui contient le portrait idéologique et politique de Sénécal :

« Les convictions de Sénécal étaient plus désintéressées. Chaque soir, quand sa besogne était finie, il regagnait sa mansarde, et il cherchait dans les livres de quoi justifier ses rêves. Il avait annoté *Le Contrat social*. Il se bourrait de la *Revue indépendante*. Il connaissait Mably, Morelly, Fourier, Saint-Simon, Comte, Cabet, Louis Blanc, la lourde charretée des écrivains socialistes, ceux qui réclament pour l'humanité le niveau des casernes, ceux qui voudraient la divertir dans un lupanar ou la plier sur un comptoir; et, du mélange de tout cela, il s'était fait un idéal de démocratie vertueuse, ayant le double aspect d'une métairie et d'une filature, une sorte de Lacédémone américaine où l'individu n'existerait que pour servir la Société, plus omnipotente, absolue, infaillible et divine que les Grands Lamas et les Nabuchodonosors. Il n'avait pas un doute sur l'éventualité prochaine de cette conception; et tout ce qu'il jugeait lui être hostile, Sénécal s'acharnait dessus, avec des raisonnements de géomètre et une bonne foi d'inquisiteur. Les titres nobiliaires, les croix, les panaches, les livrées surtout, et même les réputations trop sonores le scandalisaient — ses études comme ses souffrances avivant chaque jour sa haine essentielle de toute distinction ou supériorité quelconque. »

L'objectif est double :

1 / Dégager le champ sémantico-idéologique de la notion de « socialisme » dans ce texte. Contribuer en somme à mettre au jour un aspect du sens de ce texte, sur un point particulier : quelle représentation propose-t-il du socialiste et du socialisme ? Je dis bien : le texte. Car après tout, la personne de Flaubert peut rester à l'arrière-plan. Et de même ses sources. Je ne cherche pas à reconstituer la connaissance que Flaubert a pu avoir des socialistes, mais le modèle textuel du socialiste dans *L'Education sentimentale*. Au surplus, dans la voix du narrateur, passent d'autres voix, et l'idéologie du texte renvoie autant à une collectivité qu'à un individu. Si l'on définit l'énonciation comme le surgissement du sujet dans l'énoncé[1], admettons tout de suite que le sujet qui surgit dans les énoncés politiques de Flaubert est un sujet multiple, collectif, peut-être un sujet de classe.

2 / Contribuer à l'étude des voies (dans les deux orthographes, *voie* et *voix*) et moyens (les médias textuels), par lesquels se signifie cette idéologie.

Ces deux objectifs sont solidaires. Si l'un vise le sens, l'autre vise la « conjointure », le système des formes narratives. Mais comment étudier pertinemment l'un sans faire avancer la connaissance de l'autre ?

Une typologie de l'énoncé romanesque

Il faut donc commencer par quelques observations typologiques sur l'énoncé. Je dis l'*énoncé* en prenant ce mot comme terme générique par rapport aux deux termes de *récit* et de *discours*, alors que trop souvent on

1. Jean Dubois, dans *Langages*, n° 13, mars 1969, p. 100.

emploie *discours* avec la valeur génétique d'*énoncé* ou de *texte*. Le problème est précisément, dans l'unité et le coulé de l'énoncé romanesque, de séparer, de cliver, de démarquer les uns des autres les différents modes de production, les différents paliers d'affleurement du sens. Or, à cet égard, la distinction traditionnelle entre récit et discours n'est pas suffisante. Gérard Genette a bien montré que l'énoncé romanesque est rarement d'une totale transitivité, qu'il offre rarement le pur récit, ou le pur discours : il est fait la plupart du temps de segments où le récit est contaminé de discours, ou inversement. Il existe un discours du récit, une sédimentation du discours dans le récit. Il semble impossible qu'un énoncé reçu comme littérature puisse se dépouiller totalement des marques de l'énonciation. Je citerai ici la préface que Jean-Michel Gleize a écrite pour un opuscule de Stendhal, *D'un nouveau complot contre les industriels*[1] : « Un roman n'est pas un pamphlet, un pamphlet n'est pas un roman, mais dans l'un et l'autre se cache et se dévoile un discours idéologique; ici — théoriquement — de façon plus directe, là au contraire de façon médiate, indirecte, dans l'exposé d'un système de contradictions non résolues ».

Emile Benveniste note dans le second volume de ses *Problèmes de linguistique générale*[2] que « l'écrivain s'énonce en écrivant et, à l'intérieur de son écriture, il fait des individus s'énoncer ». On pourrait renverser la proposition et dire : « L'écrivain fait des individus s'énoncer et par là même il s'énonce en écrivant. » Le texte du roman est toujours mixte. C'est vrai en tout cas de Flaubert, en dépit de ses proclamations d'impassibilité. Ce terme d'*impassibilité*, littérairement daté comme appartenant à la génération du Parnasse, pourrait se définir, dans notre propre code, comme l'effacement des marques de l'énonciation dans l'énoncé poétique. Mais l'impassibilité est utopique. Une lecture, même rapide, des pages citées fait

1. Ed. Flammarion, 1972.
2. *Op. cit.*, p. 88.

apparaître de multiples marques de l'énonciation, c'est-à-de la manifestation, dans l'énoncé, d'un *je-écrivant-ici-maintenant.* Le problème est de constituer ces marques, sinon en système, au moins en configuration, comme préalable à l'étude de leur contenu.

Pour y voir plus clair, construisons donc un modèle, avec tous les risques de naïveté taxinomique, d'arbitraire, d'insuffisance et d'inexactitude que cela comporte.

Lorsque M. X... écrit un roman, au moins dans le code classique du genre, son énoncé peut se ranger dans quatre classes fondamentales.

1 / Ou bien il *raconte,* autrement dit il fait se succéder des événements, avec prédominance des verbes dits d'action, des temps ponctuels. Exemple : « Deslauriers l'entraîna. » Appelons cette classe : *récit.*

2 / Ou bien il *décrit,* autrement dit il fait se succéder des mentions caractérisantes, qualificatives, déterminatives, avec prédominance des verbes d'état, des qualificatifs, des groupes nominaux attributs, des temps duratifs : « Sénécal n'avait pas un doute sur l'éventualité de cette conception. » Appelons cette classe : *description.* Les rapports entre récit et description ont été élucidés par Jean Ricardou mieux que je ne saurais le faire[1].

3 / Ou bien il reproduit une *parole,* au style direct, indirect, ou indirect libre : « Qu'est-ce que je dois à ce monsieur pour lui faire des politesses ? » Appelons cette classe : *dialogue.*

4 / Ou bien enfin il parle pour lui-même, il intervient dans son texte, il *discourt.* Appelons cette classe : *discours.* Ex. : « *La lourde charretée des écrivains socialistes,* ceux qui réclament pour l'humanité le niveau des casernes. »

Si grossière qu'elle soit, cette quadripartition apparaît bien dans notre texte, où s'opposent, dans l'enchaînement des séquences du roman, le groupe 1-2 (récit et/ou description et/ou discours) et la classe 3 (dialogue). Lorsque

---

1. Jean RICARDOU, *Nouveaux problèmes du roman,* Paris, Ed. du Seuil, 1978 (chap. « Le texte en conflit »).

l'énoncé est du type 3 (dialogue), le discours profond de l'auteur-narrateur se trouve médiatisé par la parole des personnages, laquelle, bien entendu, doit être à son tour analysée en énoncé et en énonciation. Mais il faut évidemment aller plus loin et distinguer, dans chaque classe, des sous-classes, lesquelles se subdivisent derechef. Le *récit* peut être à personnages ou sans personnages. Distinction importante lorsqu'on veut mettre à jour ou sonder le discours social du roman. La *description* peut prendre pour objet la nature ou les hommes : distinguons ici, d'un côté le *paysage*, de l'autre l'*analyse* (ce qui rappelle l'expression « roman d'analyse »). Le *dialogue* peut reproduire la parole du narrateur (ce n'est pas le cas ici) ou celle d'un personnage autre que lui. Quant au *discours*, par définition, il est la parole du narrateur, directement prise en compte.

Troisième et quatrième subdivision : c'est là que je réclame l'indulgence, car je m'inspire de la terminologie proposée par des grammairiens, Tesnière, dans ses *Essais de syntaxe structurale*[1], et Damourette et Pichon, dans leur *Essai de grammaire française*[2]. Il y a là deux nomenclatures relatives à l'expression de la personne, mais exclusives l'une de l'autre :

	1ʳᵒ *personne* *je*	2ᵉ *personne* *tu*	3ᵉ *personne* *il*
Tesnière	auto-ontif	anti-ontif	an-ontif
D. P.	locutif	allocutif	délocutif

Pour mon besoin propre, je les récupère ou les adapte toutes les deux, en les travestissant un tant soit peu : on pourrait ainsi opposer le récit « auto-mimétique », celui qui met en scène le narrateur lui-même (par exemple dans

1. Ed. Klincksieck.
2. Ed. d'Artrey.

Manon Lescaut) et le récit « allo-mimétique », celui qui met en scène un autre personnage. D'autre part, le récit allo-mimétique, pour ne prendre que lui, peut être « délocutif », quand il se situe totalement au plan de la troisième personne, c'est-à-dire de la non-personne, à l'exclusion de toute marque explicite ou implicite du sujet de l'énonciation : « Deslauriers l'entraîna » ou « Il avait annoté *Le Contrat social* ». Mais il peut être « locutif », dans le cas où s'y glissent des intrusions d'auteur, ou, de façon moins explicite, des signes indirects attestant la présence du *je* énonciateur au sein de son énoncé :

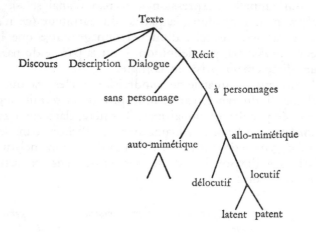

« Sénécal se rembrunit, comme les cagots amenés dans les réunions de plaisir. » L'image des cagots appartient au discours du narrateur.

Dernière subdivision. Appelons « locutif patent » le récit à présence explicite du sujet de l'énonciation, et « locutif latent », le récit à signes indirects de l'énonciation.

De là, un arbre qu'on mettra au compte d'une manie taxinomique de grammairien (voir le schéma ci-dessus).

« Sénécal se rembrunit, comme les cagots amenés dans les réunions de plaisir. » C'est là une phrase de récit allo-mimétique, locutif. Patent ou latent ? On peut en discuter.

On voit en tout cas que ce que l'on a appelé le discours du récit se situe dans la part de locutif qu'emportent avec eux certains segments textuels, ceux qui superposent au récit des actes de *il* l'expression d'un jugement de *je* écrivant.

Il en va de même pour la description, ou plus précisément l'analyse. Je reprends l'exemple : « Il connaissait la lourde charretée des écrivains socialistes, ceux qui réclament pour l'humanité le niveau des casernes. » C'est une analyse allo-mimétique locutive. La marque du locutif est à chercher par exemple dans le changement de temps : j'y reviendrai dans un instant.

Il n'est pas jusqu'au dialogue, même allo-mimétique, qui ne dissimule un locutif, aux limites du patent et du latent. S'ouvre ici tout le jeu de l'ironie, qui invalide les propos de Sénécal, par exemple dans cette réplique du personnage : « En serons-nous réduits aux conseils de l'infâme Malthus ? » Le tissu textuel, à tous ses niveaux, peut donc être investi par le discours de l'auteur. L'énoncé narratif peut être à tout moment parasité par un soliloque didactique sous-jacent.

Ayant reconnu les diverses structures narratives de surface où l'on trouve encloses des propositions didactiques, explicites ou implicites, de base ou transformées, il nous faut maintenant, par quelques pratiques réductrices, établir ces propositions sous leur forme-noyau, et en dégager le contenu. Chaque classe narrative doit être, de ce point de vue, traitée pour elle-même, et de même chacun de ses degrés. Ces classes narratives ont été étudiées de très près par les narraticiens, qui ont montré qu'un roman est avant tout un système de procédures et de schèmes textuels. Mais peut-être n'a-t-on pas poussé assez loin la réflexion, du côté où elle pourrait mettre en lumière les fonctions de filtrage et de dévoilement, de distribution et aussi de masquage du sens, qu'exercent ces procédures, de sorte qu'elles constituent non seulement l'arsenal technique de la fiction, mais aussi les formes de sa sémantique.

Revenons à nos jeunes gens et à leur mise en texte. Le passage s'ouvre par un portrait de Sénécal, où se mêlent le récit, itératif et délocutif : « Chaque soir, il regagnait sa mansarde », et l'analyse : « Il connaissait Mably, Morelly », etc. Notons que Sénécal est défini, une page plus loin, par : « le socialiste ». « Ah ! les classes élevées, dit en ricanant le socialiste. » Une des phrases noyaux qui supportent toutes ces pages est la suivante : *Sénécal est un socialiste.* On pourrait donc, dans l'étude de contenu à laquelle nous devons maintenant procéder, remplacer chaque fois Sénécal par : *ce socialiste.* Ce ne serait pas forcer le texte dans sa structure profonde, ni la langue française, dans le jeu de rapports que celle-ci établit entre l'indéfini *un* et le démonstratif *ce.*

Cela dit, détachons tout d'abord les segments de récit, pour dégager ce qu'ils dénotent et, éventuellement, leurs présupposés. Je ne me dissimule nullement que ce qui va suivre est une paraphrase du texte. Mais toute lecture n'est-elle pas une paraphrase ?

« Chaque soir, quand sa besogne était finie, il regagnait sa mansarde. » Ceci peut se « réécrire » autrement, dans le sens que la grammaire générative donne au mot « réécrire ». Nous obtenons plusieurs constats combinés :

a / Ce socialiste vivait seul, séparé de la famille, des amis, de la société, du monde. Indice : *sa mansarde.*
b / Ce socialiste était pauvre. Indice : encore la *mansarde.*
c / Ce socialiste accomplissait un travail aliénant. Indice : *sa besogne.*

« Il cherchait dans les livres de quoi justifier ses rêves. Il avait annoté *Le Contrat social.* Il se bourrait de la *Revue indépendante.* »
Ceci peut se réécrire de la façon suivante :

a / Ce socialiste avait un savoir, une culture essentiellement livresques.
b / Ce socialiste rêvait.

« Tout ce qu'il jugeait lui être hostile, Sénécal s'acharnait dessus. »

Nous en déduisons que ce socialiste était fanatique, sectaire, borné.

« Ses études comme sa souffrance avivaient chaque jour sa haine essentielle de toute distinction ou supériorité quelconque. »

Cette phrase est partiellement redondante par rapport aux précédentes. Elle les reprend et les développe par synonymie ou par glose, conformément aux mécanismes analysés par Michaël Riffaterre dans ses travaux de sémantique littéraire générative. On peut la réécrire :

a / Ce socialiste avait fait des études.

b / Ce socialiste avait souffert et souffrait encore.

c / Ce socialiste trouvait dans la haine une compensation à ses frustrations.

Tous les énoncés que je viens de commenter appartiennent bien à l'ordre du narratif et du délocutif, dans leur structure et leurs significations de surface. Si l'on ne considère que ces segments, on ne peut à première vue y déceler un discours. Observons seulement que cet ensemble de constats délimite la situation d'apprentissage et la situation de communication de Sénécal, indique les déterminations qui pèsent sur ses actes et sur ses propos : conditions matérielles, conditions affectives, conditions culturelles. Ce sont tout à la fois les causes et les modalités de la condition vécue du socialiste Sénécal : la solitude, le savoir livresque, la souffrance, la frustration, l'utopie, le sectarisme, le fanatisme.

Figures de l'idéologie

Cette mise en situation de Sénécal est-elle à elle seule porteuse d'un discours sous-jacent, d'un infra-discours ? Oui, peut-être, dans la mesure où le paradigme ainsi constitué sélectionne un certain nombre de traits — or toute sélection implique un choix, un engagement, un jugement, un discours, intérieur ou extériorisé, de celui qui l'effectue. Oui aussi, dans la mesure où le code du roman classique nous a habitués à attendre une relation de cause à effet entre la situation socioculturelle d'un personnage et son comportement, ainsi qu'à chercher, derrière le singulier du personnage, l'universel du type. Il y a donc là, au plan d'un apparent délocutif, une réserve de locutif, un locutif virtuel, latent.

Le virtuel devient actuel, patent, manifeste, dans les segments d'analyse. Dans ce même portrait, en effet, l'analyse se mêle au récit. Tantôt elle occupe une phrase entière, qui succède alors à une phrase de récit. Tantôt elle partage une même phrase avec le récit, par exemple : « Les titres nobiliaires, etc., le scandalisaient, ses études comme ses souffrances avivaient chaque jour sa haine essentielle de toute distinction ou supériorité quelconque.»

Ce trait se reproduit en ce qui concerne les deux modes de l'analyse, le délocutif et le locutif, qui glissent l'un sur l'autre dans le continu d'une même phrase. L'exemple le plus caractéristique est celui de la phrase qui cite les sources de Sénécal : « Il connaissait Mably, Morelly, Fourier, Saint-Simon, Comte, Cabet, Louis Blanc, la lourde charretée des écrivains socialistes, ceux qui réclament, etc. »

L'analyse est ici d'abord délocutive : « Il connaissait Mably, Morelly, Fourier, Saint-Simon, Comte, Cabet, Louis Blanc... » Délocutive, d'ailleurs, jusqu'à un certain point seulement, car la longueur de l'énumération pourrait être tenue pour l'expression d'un jugement sous-jacent et d'un jugement ambigu : admiration pour une telle culture socialiste, ou ironie : le sens est indécidable à l'intérieur de ce segment. C'est peut-être pourquoi l'analyse passe vite au locutif patent, qui détruit toute ambiguïté, au prix d'une série de redondances :

« ... la lourde charretée des écrivains socialistes, ceux qui réclament pour l'humanité le niveau des casernes, ceux qui voudraient la divertir dans un lupanar ou la plier sur un comptoir. »

Texte étonnant, et qui détonne, par le caractère direct et explicite qu'y prend le discours. On trouve en effet ici tous les signes que, selon Benveniste, « l'énonciation promeut à l'existence » :

1 / La forme temporelle : le présent, qui est en fait la forme de l'intemporel, de la vérité permanente, ou du moins de ce qui est donné comme vérité permanente, le signifiant gnomique par excellence, le temps du stéréotype, d'un discours préconstruit proposé une fois pour toutes, comme invariant du sens.

2 / Les métaphores, figures qui, dans leur fonctionnement même, impliquent plus que la simple désignation, la simple dénomination. Elles résultent, soit du choix ou de l'acceptation d'un cliché antérieurement posé par le discours social, quand elles sont banales ; soit d'un jugement délibéré, d'un acte volontaire d'adéquation linguistique et notionnelle, qui affirme l'appropriation de la langue par l'énonciateur exprimant son propre rapport au monde.

3 / La péjoration : figure liée à l'emploi de la métaphore, elle modalise le vocabulaire, inscrit dans la phrase l'ordre de valeurs auquel se réfère implicitement le locuteur, impose une éthique et une politique : ainsi de « la lourde charretée » (péjoration esthétique), du « niveau des casernes » (péjoration sociale), du « lupanar » (péjoration morale et sociale). La péjoration, donnée telle quelle comme une évidence, est non seulement la marque du *je* énonciateur, mais aussi — autre volet des structures de l'énonciation —, un appel au *tu* du destinataire, un appel implicite à l'assentiment d'un lecteur, chez qui on présuppose un accord sur les valeurs. « Toute énonciation est, explicite ou implicite, une allocution, elle postule un allocutaire »[1].

4 / Un dernier trait : les démonstratifs, les indices de

1. E. BENVENISTE, *op. cit.*, p. 82.

l'ostension[1]. Ce ne sont pas seulement les formes que la grammaire traditionnelle désigne sous ce nom *(ceux qui)*, mais aussi, dans cette phrase, le défini *les*, dans : « les écrivains socialistes ». Ces termes mettent en relation un *ie* et un *tu* à propos d'un *il*, et supposent entre *je* et *tu* un accord préalable sur le découpage du réel, en l'occurrence, du réel politique.

On peut faire une analyse semblable sur les autres énoncés d'analyse :

« Du mélange de tout cela *(mélange*, terme péjoratif), il s'était fait un idéal de démocratie vertueuse, ayant le double aspect d'une métairie et d'une filature (métaphores), une sorte de Lacédémone américaine (métaphore et péjoration), où l'individu n'existerait que pour servir la Société, plus omnipotente, absolue, infaillible et divine que les Grands Lamas et les Nabuchodonosor (métaphores d'exotisme et de régression dans l'archaïsme). » La phrase s'organise en période : appel au code culturel, et exploitation d'une figure de diction qui est caractéristique de l'éloquence, genre discursif par excellence. Enfin la forme en *-rait* correspond à une intrusion du présent dans le récit au passé.

Voilà pour l'étude typologique de l'énoncé-analyse. Si l'on applique maintenant à ces phrases les procédures réductives de l'étude de contenu, on obtiendra les propositions suivantes :

Les écrivains socialistes sont charretée — avec la connotation défavorable du nombre, de la redondance, de la répétition mutuelle.

Les écrivains socialistes sont lourds — et l'on sait quel péché contre l'esprit représente pour Flaubert toute faiblesse de style.

Les écrivains socialistes réclament quelque chose pour l'humanité — et c'est une démarche utopique, déraisonnable.

Ce quelque chose est un asservissement. Et l'on voit le texte, de manière assez vertigineuse, assez ahurissante, rabattre

1. *Ibid.*, p. 82.

sur la chaîne de l'énoncé un paradigme entier, un véritable dictionnaire synonymique de la contrainte collective, avec une profusion qui pourrait servir d'exemple aux recherches de Michaël Riffaterre sur l'actualisation d'un système associatif comme modalité de la surdétermination du texte littéraire : « caserne », « lupanar », « comptoir » (le *ou* n'est pas exclusif ici, mais inclusif), « métairie », « filature », « Lacédémone », « Société », « Lamas », « Nabuchodonosor ». Une dérive métonymique assure la fécondité du paradigme.

Le mot *socialisme* est absent. Il est remplacé par les représentations qu'il évoque dans la configuration idéologique de Flaubert, avec une prolifération de signes qui est en elle-même un signifiant de l'énonciation, comme si l'idée de socialisme montait à la tête de l'auteur et le rendait fou. Mais il y a aussi autre chose. Le déluge des métaphores crée un effet d'évidence et masque l'idée reçue. Je citerai là-dessus *Les Figures du discours*, de Fontanier : « Les Tropes prêtent aux idées physiques une forme étrangère qui les déguise sans les cacher, et les fait paraître avec bien plus d'avantage qu'elles ne paraîtraient sous leur forme ordinaire, ou enfin, à la faveur, et comme à l'ombre de certaines idées qu'ils mettent en jeu, ils en font passer ou venir adroitement d'autres qui risqueraient à se montrer directement ou à découvert. »

Voilà donc un double discours, sur ce qu'était *ce* socialiste, et sur ce que sont *les* écrivains socialistes. Ce discours se retrouve à un autre niveau, que je ne prends pas le temps d'examiner en détail, c'est celui qui supporte la reproduction des paroles de Sénécal, confuses et incohérentes : « Rien de tout cela ne serait survenu... », et « Ce qu'il demandait... ». Ces paroles ne sont que l'illustration d'un déjà dit, de ce qui a été dit dans le récit et l'analyse : « Du mélange de tout cela, il s'était fait un idéal de démocratie vertueuse. » Avec tout de même un signifiant supplémentaire : les fautes calculées de grammaire, les fautes de rythme, les cassures de la cadence : « Mais qu'on y prenne garde ; le peuple, à la fin, se lassera, et pourrait

225

faire payer ses souffrances aux détenteurs du capital, soit par de sanglantes proscriptions, ou par le pillage de leurs hôtels. » Maladresses dans l'emploi des temps et des conjonctions, clausule ratée : ce sont là des péchés contre l'oreille, et c'est pour Flaubert le signe indiscutable d'une rhétorique infirme. Cet effondrement du langage de Sénécal, au fur et à mesure que s'énonce le propre discours du personnage, est une marque de l'ironie, qu'il faut tenir, me semble-t-il, moins pour une figure de rhétorique (donc une figure de l'énoncé), que comme une stratégie de l'énonciation, une arme du discours polémique.

Les énoncés-récits, locutifs, et les énoncés-analyses sont donc complémentaires. Et ce sont les seconds qui font passer les premiers du plan apparent d'un *ce* singulier — *ce socialiste* —, au plan réel d'un *le* universel — *le socialiste* —, qui transforment Sénécal en modèle catégoriel, le constat ponctuel sur un personnage singulier en un savoir fixé sur une catégorie politique, et l'ensemble de ce portrait en pamphlet. Voilà comment fonctionne la « sémiosis » de ce passage, pour emprunter un mot à M. Riffaterre. Tout se passe comme si ce portrait (et plus généralement la scène entière) était une réponse à une question ouverte antérieurement au livre, sur le socialisme ; comme s'il était surdéterminé par un infra-discours politique et polémique, lui-même articulé sur un raisonnement qui, réduit à lui-même, apparaîtrait comme spécieux, mais qui, habillé par la trame de la fiction, dissimule le caractère logiquement inacceptable de son implication : *Sénécal est un socialiste. Or ce socialiste est ceci et cela. Donc tout socialiste est ceci et cela.* Ceci et cela, c'est-à-dire : un être frustré, solitaire, cuistre, borné, sectaire, confus, régressif, illuminé, dangereux, et de surcroît mauvais orateur. On sait que Sénécal finira commissaire de police, et je laisse à Flaubert la responsabilité de son propos implicite sur une honorable catégorie de fonctionnaires...

Peut-être Flaubert ne pouvait-il pas tenir un autre propos ; et sans doute son texte serait-il moins riche, moins dense, si l'on n'y entendait pas ces échos stéréotypiques et stéréoscopiques : le relief naît de la superposition ou de la surimpression des deux types d'énoncé. Derrière non pas Sénécal, mais derrière le narrateur racontant Sénécal, ça parle; quelque chose parle, qui est, d'une certaine manière, une voix de classe. Et cette voix décline le mot *socialisme* comme sans doute l'auraient fait les journalistes du *Fanal de Rouen*, du moins au niveau d'énoncé qui est celui du discours-noyau, et non pas bien entendu à celui de sa transformation romanesque. Ce n'est pas offenser Flaubert que de reconnaître celui-là derrière celle-ci, comme une sorte de « génotexte ».

La production du sens, c'est tout à la fois le sens produit et le mode de production du sens. C'est aussi les forces productives du sens. Ne peut-on dire que l'idéologie est en littérature une force productive du sens ?

Ne peut-on reconnaître, également, le travail de l'énonciation dans un énoncé prétendument distancé par rapport à l'histoire ? Mais ces deux questions se confondent. Je suis frappé en effet par la convergence entre Althusser, le philosophe marxiste, et Benveniste, le linguiste formé à la discipline de la linguistique historique. Je rappelle la définition qu'Althusser propose de l'idéologie : « Dans toute idéologie est représenté non pas le système des rapports réels qui gouvernent l'existence des individus, mais le rapport imaginaire de ces individus aux rapports réels sur lesquels ils vivent »[1]. Benveniste, dans la ligne de sa propre réflexion, lui fait écho en écrivant : « Dans l'énonciation, la langue se trouve employée à l'expression d'un certain rapport au monde »[2]. Voilà pour la nature de l'idéologie. La corrélation est également notable du point de vue de la fonction. Explication plus ou moins fantasmatique du réel, l'idéologie est aussi une force, un instrument, par lequel un groupe social justifie sa

---

1. Idéologie et appareils idéologiques d'Etat, *La Pensée*, juin 1970, p. 26. Voir ci-dessus, p. 124.
2. *Op. cit.*, p. 82.

pratique à ses propres yeux et aux yeux des groupes antagonistes ou apparentés, et qu'il tente d'imposer à la société entière. Un des traits fondamentaux de l'énonciation est précisément, selon Benveniste, « l'accentuation de la relation discursive au partenaire, que celui-ci soit réel ou imaginé, individuel ou collectif ». Ou encore : « L'énonciateur se sert de la langue pour influencer en quelque manière le comportement de l'allocutaire. »

Le portrait de Sénécal n'est donc pas innocent. Il est un de ces lieux où le roman se transforme en acte, devient lui-même un agent historique, dénonçant le caractère utopique d'une mise à distance de l'histoire. Le discours sous-jacent sur le socialisme propose et impose subrepticement, et peut-être inconsciemment, une idée reçue (qui ne figure pas, que je sache, dans le *Dictionnaire*, où Flaubert n'a placé que les idées reçues des autres — c'était bien naturel). Il contribue, pour sa part, à modeler la conscience politique des lecteurs du roman, en jouant sur les présupposés du lecteur (par exemple : « solitude », « rêve », « livres », « vertus », « bon sens », « savoir pratique », « sociabilité ») et en dégradant, à partir de ce jeu sémantique, la représentation du militant — un peu comme Zola le fait, d'une autre manière, avec le personnage de Lantier dans *Germinal*.

Il me semble que les trois tactiques de l'analyse narrative, de l'analyse du discours et de l'analyse de contenu doivent être employées au sein d'une même stratégie, si on veut comprendre comment s'engendre et se distribue le sens d'un texte, sur un certain palier de sa lecture, qui est ici la lecture idéologique, et si l'on veut débloquer la réflexion sur l'idéologie des textes. Les catégories de la sémantique ne sont pas séparables des catégories de la narratique; les unes donnent aux autres la forme sans laquelle il n'est point de sens, la forme du sens.

Il faudrait maintenant replacer dans la suite du roman, en amont et en aval, le portrait de Sénécal, et le discours politique qu'il enferme. Les spécialistes de Flaubert pourraient dire si ce texte est ailleurs contredit, équilibré, et dans quel plus vaste univers de discours il se situe. Isoler, dans le texte romanesque, le « préconstruit », ne livre qu'une part de la vérité idéologique du roman, et une plus faible part encore de son efficace esthétique. Mais il faut bien, pour comprendre le tout, commencer par isoler les parties, de manière platement cartésienne.

La dérive des figures dans *Germinal*

La rhétorique classique, on le sait, subdivise les figures en *figures de pensées* (par exemple la prosopopée) et en *figures de mots*. Celles-ci, à leur tour, se répartissent en *figures de diction* (par exemple la syncope), en *figures de construction* (par exemple la syllepse, ou accord selon le sens) et en *tropes*, ou figures de signification : « Les mots prennent par ces figures des significations différentes de leur signification propre »[1]. Les tropes ont une fonction essentielle : l'ornementation de l'énoncé. « Un des plus fréquents usages des tropes, c'est de réveiller une idée principale, par le moyen de quelque idée accessoire... Les tropes donnent plus d'énergie à nos expressions... Les tropes ornent le discours... Les tropes rendent le discours plus noble »[2].

Les figures, par le jeu de l'analogie, de la comparaison, servent donc à présenter les choses sous un jour plus séduisant. C'est un artifice extérieur destiné à éloigner le langage des belles-lettres du langage ordinaire. « Il ne faut point s'étonner si les figures, quand elles sont employées à propos, donnent de la vivacité, de la force, ou de la grâce au discours; car outre la propriété d'exprimer les pensées, comme tous les autres assemblages de mots, elles ont encore, si j'ose parler ainsi, l'avantage de

1. Du Marsais, *Des tropes*, première partie, art. IV.
2. *Ibid.*, art. VII.

leur habit, je veux dire, de leur modification particulière, qui sert à réveiller l'attention, à plaire, ou à toucher. Les figures bien placées embellissent le discours »[1].

Telle est la conception décorative du langage figuré, qui s'exprime dans les grands traités de rhétorique du xviiie siècle et du premier tiers du xixe : la métaphore est en somme un colifichet, une « mouche », une de ces enjolivures de la pensée et du langage par lesquelles le texte fait plaisir à lire.

Les inventaires soigneux que proposent les vieux manuels de belles-lettres, les *Gradus* poétiques, ne sont nullement négligeables. A eux seuls, ils constituent des dictionnaires de représentations codées, des viviers de stéréotypes, des condensés d'intertexte, tout un discours analogique figé où peut se lire le système moral et esthétique d'une époque, en bref une idéologie. Le classement qui ordonne ces inventaires constitue d'autre part un début d'analyse structurale des formes littéraires : la pensée classificatrice, taxinomique, du xviiie siècle, avait bien vu qu'une étude cohérente du signifié esthétique devait passer par une telle analyse.

A vrai dire, les rhétoriciens attribuent aussi aux figures d'autres fonctions. Pour Fontanier (en 1821), elles font passer plus facilement un sens qui pourrait heurter s'il était exprimé directement : « Les tropes prêtent aux idées physiques une forme étrangère qui les déguise sans les cacher, et les fait paraître avec bien plus d'avantage qu'elles ne paraîtraient sous leur forme ordinaire, ou enfin, à la faveur, et comme à l'ombre de certaines idées qu'ils mettent en jeu, ils en font passer ou venir adroitement d'autres qui risqueraient à se montrer directement ou à découvert »[2]. La figure est ici à la fois masque — masque de carnaval, derrière lequel tout est permis — et clé pour un autre code, langage second.

1. *Ibid.*, art. I.
2. Abbé FONTANIER, *Les figures du discours*, Flammarion, 1968, IIIe partie, chap. II, p. 167. Voir ci-dessus, p. 225.

Les figures, selon Du Marsais, sont aussi le langage de l'imagination et des passions. Réflexion fugitive, qui passe presque inaperçue dans le *Traité des tropes* : et pourtant, Du Marsais, sans peut-être s'en rendre compte, ouvrait ainsi la voie à l'usage moderne des figures, celui qui, sur les décombres de la rhétorique normative, laisse dériver l'image vers le fantasme.

La rhétorique classique tentait de rationaliser et de normaliser le langage figuré, précisément contre les égarements langagiers de l'imagination et des passions. Au fur et à mesure qu'avance le xixe siècle, le système qu'elle a édifié se lézarde et s'affaisse. Non que l'usage de la figure diminue, bien au contraire. Le stock des images anciennes est à peine entamé. Les mêmes servent encore, car rien n'est plus durable qu'un stéréotype. Mais leur fonction change, en même temps que leur contexte et leur processus d'apparition dans l'énoncé. Surtout, les limites du champ figural s'élargissent, et sa répartition interne se transforme. La périphrase recule devant la métaphore. Au lieu d'un dictionnaire fini de figures recommandées, se constitue une virtualité infinie de signifiants figuraux. Tout mot peut désormais devenir la figure d'un autre. La rhétorique codée évolue en rhétorique généralisée : sa mort est aussi son triomphe.

Du même coup, la fonction idéologique de la figure glisse. La figure ne renvoie plus à un corps de référence imposé, à un *gradus* fermé, à un code centenaire dont les combinaisons sont destinées au divertissement d'une société d'initiés, mais à un second langage, infini comme le premier, multipliant les possibilités d'effets de sens. L'intertexte des figures a changé de dimensions et de règles. Une même image — par exemple le troupeau humain — référée au code de la rhétorique classique (le pasteur et son troupeau) et référée à un intertexte ultérieur (le troupeau des grévistes dans *Germinal*) ne peut recevoir la même interprétation.

Il se produit donc une extension idéologique et poétique de l'aire d'emploi et de signification des figures. Il faut réfléchir, à propos de la figure précisément, aux interférences des deux champs, le poétique et l'idéologique. Dans le récit moderne, la figure ne relève plus d'une conception du monde imposée et contrôlée, et d'une poétique réglée, comme à l'époque de Du Marsais et même encore de Fontanier, qui écrit sous le règne de Louis XVIII, en pleine restauration des codes et valeurs d'Ancien Régime. Mais — ce n'est qu'un paradoxe apparent — la figure ne s'en prête que mieux à l'expression de l'idéologie, qui est, rappelons-le, un des pans constitutifs de l'imaginaire du sujet parlant. Elle ne s'en prête que mieux, également, à faire du texte un objet, un lieu de plaisir. Comment tenir les deux fils dans la même analyse ?

On connaît, dans *Germinal*, cette page où s'accumulent les figures de la violence et de la révolte. Il s'agit du défilé des mineurs en grève sur les routes avoisinant Montsou. Un groupe de témoins, invisible et apeuré, sert de relais entre la scène et le lecteur :

Le roulement de tonnerre approchait, la terre fut ébranlée, et Jeanlin galopa le premier, soufflant dans sa corne.
— Prenez vos flacons, la sueur du peuple qui passe ! murmura Négrel, qui, malgré ses convictions républicaines, aimait à plaisanter la canaille avec les dames.
Mais son mot spirituel fut emporté dans l'ouragan des gestes et des cris. Les femmes avaient paru, près d'un millier de femmes, aux cheveux épars, dépeignés par la course, aux guenilles montrant la peau nue, des nudités de femelles lasses d'enfanter des meurt-de-faim. Quelques-unes tenaient leur petit entre les bras, le soulevaient, l'agitaient, ainsi qu'un drapeau de deuil et de vengeance. D'autres, plus jeunes, avec des gorges gonflées de guerrières, brandissaient des bâtons; tandis que les vieilles, affreuses, hurlaient si fort, que les cordes de leurs cous décharnés semblaient se rompre. Et les hommes déboulèrent ensuite, deux mille furieux, des galibots, des haveurs, des raccommodeurs, une masse compacte qui roulait d'un seul bloc, serrée, confondue, au point qu'on ne distinguait ni les culottes déteintes, ni les tricots de laine en loques, effacés dans la même uniformité terreuse. Les yeux brûlaient, on voyait seulement les trous des bouches noires,

chantant *La Marseillaise*, dont les strophes se perdaient en un mugissement confus, accompagné par le claquement des sabots sur la terre dure. Au-dessus des têtes, parmi le hérissement des barres de fer, une hache passa, portée toute droite ; et cette hache unique, qui était comme l'étendard de la bande, avait, dans le ciel clair, le profil aigu d'un couperet de guillotine.

— Quels visages atroces ! balbutia Mme Hennebeau.

Négrel dit entre ses dents :

— Le diable m'emporte si j'en reconnais un seul ! D'où sortent-ils donc, ces bandits-là ? (*Germinal*, Ve partie, chap. V).

Roland Barthes, dans son *Plaisir du texte*[1], assure que Zola est un de ces écrivains qu'il faut lire à grands traits, sans s'arrêter sur le détail, sous peine que le livre ne vous tombe des mains. Je ne suis pas certain que cette réflexion éclaire réellement la manière dont le public reçoit, perçoit et, si j'ose dire, consomme un roman comme *Germinal*. De toute manière, même une lecture rapide, à grandes enjambées, en apparence attachée seulement à la succession des événements, emmagasine plus ou moins consciemment des informations et des jouissances qui proviennent de la littéralité du texte — surtout lorsque le texte, comme c'est le cas avec les romans de Zola, tisse autour de l'information brute un réseau de redondances. La description n'y est qu'une forme seconde de la narration ; « les gorges gonflées de guerrières » ne sont pas seulement une vision qui érotise l'apparition des femmes de mineurs, elles racontent une autre histoire, qui donne son sens à la première. Le système des images ne passe pas inaperçu, emporté qu'il serait par le courant de la diégèse. Il forme une composante majeure de l'efficace poétique de *Germinal*, et tout autant de son efficace idéologique.

Le point de départ fictionnel est le suivant : un groupe de mineurs en grève va de fosse en fosse ; il grossit au fur et à mesure de sa marche, et de même grossissent son irritation, son besoin de violence. Le tableau s'organise

---

1. Roland Barthes, *Plaisir du texte*, Paris, Seuil, 1974.

immédiatement par appel à la figure. Identifiera-t-on dans les termes *bande*, *masse*, une métaphore ou une métonymie ? Il est difficile de trancher. Toujours est-il que *bande* contient quelques sèmes spécifiques (« inorganisation », « indiscipline », « illégalité », « violence »), de valeur à la fois intensive et péjorative. On perçoit, certes, la fonction ornementale (objectif de l'ancienne rhétorique des figures) de ce trope primordial. Outre son expressionnisme, qui accentue tous les traits des êtres et des objets mis en texte, il ajoute au récit un stimulant pour la curiosité du lecteur, pour ses attentes, ses besoins. Il contient une virtualité de péripéties dramatiques. Mais on voit bien aussi sa fonction idéologique. *Bande* présuppose, chez le lecteur, la référence et l'assentiment à un code social fondé sur les oppositions ordre-désordre, légal-illégal : « Ils n'ont pas le droit... », « ils rompent le contrat qui définit le statut des ouvriers », « ils brisent le cadre des lois... » *Bande* suscite d'entrée de jeu la répulsion — mais aussi l'anxiété. Voilà que les ouvriers mineurs cessent collectivement le travail, sortent de leurs trous, parcourent en *masse* les routes. C'est la fin des fictions rassurantes, la négation d'une harmonie sociale qui présupposait le silence et l'immobilité des « basses classes ». C'est l'annonce des jacqueries. Figure ambiguë, par conséquent, inductrice d'inquiétude et de désir répressif, mais aussi indicatrice d'une lucidité sur l'imminence des grandes fractures sociales. On se souvient des titres primitifs de *Germinal* : *La Lézarde*, *La Maison qui craque*, *Château branlant*, etc.

Une figure, à elle seule, ne suffirait guère à faufiler dans le tissu narratif le discours qui lui donne sens. De fait, dans le roman zolien, comme de manière plus générale dans le roman dit réaliste ou naturaliste, le texte enchaîne de multiples figures, en des processus complexes, où la dérivation figurale (métaphorique et métonymique) joue un rôle de premier plan.

D'abord assimilé à une bande, le groupe de mineurs est ensuite comparé à une armée, selon une dérivation quasi synonymique, avec cependant un sème supplémentaire.

« Comme des soldats partant pour la guerre », dit ailleurs le texte : passant de la bande à l'armée, le texte fait entrer en scène l'histoire. Or cette substitution synonymique a pour origine textuelle une mention de caractère métonymique : la corne de Jeanlin. On sait que le trajet métonymique est un trajet en contiguïté, d'un élément à un autre qui lui est contigu : l'appartenance est une relation de contiguïté. C'est parce que Jeanlin souffle dans sa corne un rappel de ralliement que cette bande se transforme en armée. C'est aussi parce que les mineurs brandissent des barres de fer, une hache, c'est-à-dire des instruments de combat, des armes.

La métonymie, constitutive du parcours descriptif que s'impose le roman naturaliste, débouche chez Zola sur la métaphore. Qu'on y prête attention : les armes des grévistes ne sont rien d'autre, originellement, que des instruments de travail. La corne de rappel, la hache qui sert à tailler les étais de bois, les barres qui font levier : le texte de *Germinal* associe ces objets au mineur romanesque comme ils le sont au mineur réel, parce que *Germinal* se dit roman naturaliste, roman de la *mimésis*. C'est donc de la *mimésis* que naît la *semiosis*, le travail textuel d'accumulation verbale et de transformation du sens. La figure, qui est *semiosis*, trouve son support dans la notation référentielle, qui est *mimésis*[1].

Le projet réaliste s'épanouit ainsi en trajet symbolique. La rhétorique subvertit le parti pris d'exactitude documentaire. Mais celui-ci, à son tour, fait déraper la figure, dans une direction qui peut-être dépasse l'objectif du narrateur. En effet, le son de la corne n'est qu'un bruit — antérieur à toute musique, primitif : « une musique sauvage », « la sonnerie barbare ». La barre de fer, la hache ne sont des armes que par situation, par réemploi, par une sorte de bricolage, antérieur à toute civilisation guerrière, caractéristique de la société « sauvage » et « barbare » :

---

1. Voir Michael RIFFATERRE, *Problèmes d'analyse textuelle*, Paris, Didier, 1971.

armes qui assomment, qui fendent, armes sales. Si ce groupe forme une armée, ce ne peut donc être qu'une armée de barbares. D'où la terreur qui glace les témoins de son surgissement. Cette grève de mineurs menace jusque dans ses fondements la société civilisée, ou désignée comme telle selon le code commun au romancier et à ses lecteurs. Voilà la synthèse de toutes ces analogies.

A partir de là, le modèle se développe de lui-même, d'une association à une autre. Avec les « guenilles » et les « yeux ensauvagés » des femmes, il repart du point où avaient abouti les chaînons antérieurs, mais ajoute une relation métonymique : de l'homme à la femme. Ce n'est pas là seulement un détail d'animation, ni une information quantitative; la présence des femmes dans cette foule « ensauvagée » apporte sa source propre de connotations à un texte qui répète de toutes les manières, et avec l'insistance d'une mise en garde, le thème de la barbarie. Le mélange des sexes, en cette circonstance, manifeste le désordre des mœurs, la libération des instincts, la rupture des codes. On voit « les jambes sous les guenilles » : la nudité féminine s'exhibe sans pudeur sous les yeux des hommes. Appel au voyeurisme du lecteur, certes, mais aussi avertissement. En d'autres pages, Catherine « trotte ». Ces femmes dans la grève redeviennent des femelles, retournent à l'état de nature. Ce n'est pas une révolte, ce n'est même pas une révolution sociale, c'est une mutation — qui menace moins un état donné de la société que les fondements même de la culture.

Au terme de cette tropologie-gigogne, apparaîtront en toute logique les images de troupeau, « le galop de bétail lâché ». Le processus de bestialisation est achevé. De figure en figure, se sont capitalisés les sèmes de désordre et de violence, avec leurs affects de panique. La dynamique des figures a transformé l'anecdote fournie par le hors-texte. La bête, c'est le naturel. *Germinal*, du moins dans le chapitre cité, naturalise, et plus précisément zoomorphise l'événement socio-historique. C'est peut-être en ce sens qu'on pourrait parler d'un roman naturaliste, ou plutôt naturalisant; mais le Zola du *Roman expérimental* ne reconnaîtrait plus alors sa terminologie. Respectons, là encore, l'ambiguïté du message : lucide-mystifié, démystificateur-mystificateur. Le texte de *Germinal* fait entendre l'écho des contradictions et des conflits insurmontables qui secouent la société industrielle. Il met en question, par là même, le désir éperdu de *statu quo*, le rêve d'équilibre et de stabilité qui habite ses lecteurs petits-bourgeois. Mais tout aussitôt, et du même train, il les rassure, il exorcise leurs angoisses, il efface leurs éclairs de prise de conscience, en rejetant fictivement les agents du trouble, les fauteurs de catastrophe, hors de la sphère humaine et civilisée. L'agression vient de l'extérieur, l'organisme demeure sain.

Un dernier avatar : le troupeau, la bande, la horde barbare deviennent fleuve et torrent. Cette image, présente dès le début du défilé, est reprise et emphatisée plus loin, avec une métonymie intermédiaire implicite : le « cours », ou le « parcours », qui s'appliquent en français aussi bien à une voie fluviale qu'à une voie terrestre. L'image du torrent n'apporte rien d'autre qu'un renforcement du sens déjà dégagé : l'effacement du culturel par le naturel.

Les figures, dans *Germinal*, n'ont donc pas l'innocence du simple ornement. Elles portent un second univers de représentations, qui dégage à sa manière le sens social et historique de l'anecdote. Elles marquent, dans l'énoncé, la part de l'énonciation, l'emprise du narrateur et de la parole collective dont il est le héraut. Elles le font selon leur propre syntaxe. Elles forment un surcode relativement autonome, en réfractant dans le texte un système de relations sémantiques fourni par la langue, mais en prenant d'autre part, et inversement, des valeurs de discours qui dépendent étroitement du thème romanesque. C'est dire la nécessité d'une rhétorique et son insuffisance.

Parvenus à ce point, nous retrouvons Roland Barthes qui, dans *Plaisir du texte*, part en guerre « contre les indifférences de la science et le puritanisme idéologique », au nom du plaisir de lire. Or, la question est de savoir s'il existe une antinomie absolue entre idéologie et poétique. Ne seraient-elles pas, en réalité, complémentaires ? Ne convergeraient-elles pas, justement, dans la figure, qui combine signifiant idéologique et objet poétique ? « Le brio du texte, écrit Roland Barthes (sans quoi, en somme, il n'y a pas de texte), ce serait sa volonté de jouissance; là même où il excède la demande, dépasse le babil et par quoi il essaie de déborder, de forcer la mainmise des adjectifs — qui sont ces portes du langage par où l'idéologie et l'imaginaire pénètrent à grands flots »[1]. Et encore : « Texte de plaisir, celui qui contente, emplit, donne de l'euphorie; celui qui vient de la culture, ne rompt pas avec elle, est lié à une pratique confortable de la lecture. Texte de jouissance : celui qui met en état de perte, celui qui déconforte (peut-être jusqu'à un certain ennui), fait vaciller les assises historiques, culturelles, psychologiques, du lecteur..., met en crise son rapport au langage. »

Ne forçons pas les applications possibles de ces réflexions. Il est clair qu'ici Barthes ne pense guère à Zola. Et pourtant, on peut en tirer réflexion pour expliquer le succès et la survie de *Germinal*. On vient de le voir, en même temps que s'engendrent les figures, se construit un langage multiplement attentatoire à l'idéologie et aux styles reçus : ceux de la presse bien-pensante, de l'éloquence politique, de l'humanisme académique. Les images de *Germinal* sont scandaleuses, parce que leur « topos guerrier » détruit la doxa des stéréotypes officiels, les représentations admises, les espérances de pacification sociale, le silence sur la lutte des classes, tout ce langage « empoissé » des médias, dont *Le Figaro* est alors un bon exemple[2].

---

1. *Le Plaisir du texte*, p. 25. Barthes s'oppose ainsi — avec agacement — aux thèses selon lesquelles, dans le roman, tout ne serait qu'idéologie. (Voir par exemple le livre, capital, mais discutable dans sa systématisation, de Charles GRIVEL, *Fonction de l'intérêt romanesque*, Mouton, 1973.)
2. Voir *Les Rougon-Macquart*, Pléiade, III, p. 1860.

C'est cette « sauvagerie » qui, au bout du compte, pré-
serve le discours du narrateur de l'ambiguïté soulignée
un peu plus haut. Représentant les ouvriers en grève sous
les traits de la barbarie, il commence, certes, par nourrir
l'idéologie puritaine, répressive, censureuse de la petite
bourgeoisie libérale, kantienne, radicale. Mais voilà que
la puissance du modèle figural pousse le texte au-delà
de ce qu'attend et tolère le lecteur, le déborde, le rend
incontrôlable, le fait déraper vers une zone où s'ins-
tallent durablement les fantasmes de désastre. N'est-ce
pas là « faire vaciller les assises historiques, culturelles,
psychologiques du lecteur » ? L'arracher à toute sécurité
durable, aussi bien que le faire jouir après coup de n'avoir
eu peur qu'en rêve[1] ?

Il faudrait prendre garde aussi à la manière dont s'opère
cette glissade; par renvoi constant d'un sème à l'autre.
Le système textuel tourne sur lui-même, dans une substitution incessante de motifs. Souvent, chez Zola, le texte
s'emballe, dans cette espèce de folie rhétorique. Dans la
prose classique, la figure est sage, en tous les sens du
terme. Dans *Germinal*, elle devient parfois frénétique.
« Le plaisir, dit encore Roland Barthes, n'est pas un
élément du texte, ce n'est pas un résidu naïf; il ne dépend
pas d'une logique de l'entendement et de la sensation.
C'est une dérive, quelque chose qui est à la fois révolutionnaire et asocial et ne peut être pris en charge par
aucune collectivité, aucune mentalité, aucun idiolecte. »
A propos de Balzac, Flaubert, Zola, Proust, il évoque les
« empourprements momentanés du texte », empourprements idéologiques, qu'il « traverse légèrement ». On
revient par là à poser un contraste irréductible entre
lecture-déchiffrement et lecture-plaisir. Ne peut-on sou-
tenir, au contraire, que chez ces romanciers-là — surtout
chez ceux-là — le plaisir de la lecture se fortifie du déplie-
ment des significations ? Barthes dit d'ailleurs, presque

1. Voir Sandy Petrey, Discours social et littérature dans *Germinal*,
Littérature, 22 mai 1976, pp. 59-74.

contradictoirement aux propositions que je viens de citer :
« Dans *Fécondité*, l'idéologie est flagrante, particulièrement
poisseuse. Il n'empêche que je continue à lire le livre. »
Et encore : « Le texte a besoin de son ombre : cette ombre,
c'est un peu d'idéologie, un peu de représentation, un peu
de sujet. » Voire... Où se loge l'idéologie de *Germinal*,
sinon dans la lumière de ses images, dans l'éclat, violent,
de sa matière verbale ? Enlevez le discours que profèrent
ici les figures, et vous détruisez, avec elles, tous les fantasmes, tous les désirs, autant dire tous les points érogènes
du texte, vous détruisez le texte. Signifiant idéologique et
signifiant poétique, mêlés dans le langage figuré plus
qu'ailleurs, ne sont pas séparables; ils ont même support
dans le texte et même cible dans l'imaginaire du lecteur.
La résonance idéologique d'un texte entre en rapport
direct avec sa résonance poétique. Il en résulte évidemment
qu'une analyse textuelle qui prétendrait s'attacher à l'une
dans l'ignorance ou le dédain de l'autre manquerait son
affaire.

Fin de propos
Pour une sociocritique des totalités
(L'année 1875)

L'histoire littéraire n'est pas exempte d'illusions d'optique. La principale est sans doute celle qui consiste dans la perception chronologique des événements : la biographie d'un écrivain, l'ordre de succession de ses œuvres, la recherche des sources ou des influences, l'histoire d'une école ou d'un mouvement. Ainsi se trouve privilégiée la dimension verticale, diachronique, et trop souvent oubliée la dimension horizontale, synchronique, ou transchronique. Et pourtant, ce qu'on peut écouter à tout moment, c'est une polyphonie de voix, qui traversent le même temps; ce qu'on peut mesurer, à toute époque, c'est un réseau de contraintes institutionnelles, idéologiques, rhétoriques, qui gouvernent l'ensemble des discours littéraires; c'est aussi le renvoi permanent d'un discours à un autre, dans l'accord ou la contradiction. Il y a là une interdiscursivité dont il faut tenter de prendre la mesure. Comment le faire autrement, à titre expérimental, qu'en pratiquant une coupe à travers la diachronie, en dessinant les grandes lignes du panorama d'une année littéraire — mais sans se limiter, bien entendu, aux seuls « grands » textes ni à la seule littérature : la politique importe aussi. Je me suis arrêté un peu au hasard, pour boucler ce livre, sur l'année 1875.

Apparemment, une année sans histoires, creuse, vide, bête. Le 5 janvier, le maréchal de Mac-Mahon, président de la République, inaugure l'Opéra, en présence de quelques rois et présidents. Le 23, Aristide Boucicaut, propriétaire du Bon Marché, donne un bal au « haut commerce de Paris » : 8 000 invitations. Le 7 février, c'est le bal masqué de l'Opéra, qui fait suite aux bals de l'Elysée et précède le bal d'Arsène Houssaye ; en juin, la revue et les courses de Longchamp. En juin également, le 16 — trois jours après la revue —, Mgr Guibert pose la première pierre du Sacré-Cœur, pour l'expiation des péchés de Paris. On divertit le peuple, en même temps qu'on l'édifie : le jardin des Tuileries accueille en août des orphéons — 6 000 musiciens — et en septembre les « courses internationales de vélocipèdes ». Le futur Tour de France commence par un tour du grand bassin.

Qui voudrait analyser le mythe de la Belle Epoque, mirage rétrospectif et euphorique, avatar moderne du mythe de l'Age d'Or, pourrait aisément en repérer les éléments dans ces rites bourgeois, petits-bourgeois ou populaires, qui se répètent d'année en année, et que rapportent la presse, le roman, les chansons et les opérettes. « Poussez, poussez l'escarpolette... » Ouvrons les *Rougon-Macquart*, et nous les retrouvons tous : le bal d'enfants d'*Une Page d'amour*, la réception de *Pot-Bouille*, le dîner d'anniversaire de *L'Assommoir*, la première de « La Blonde Vénus » dans *Nana*... Mais nous les retrouvons aussi bien sur les toiles de Degas et de Manet, dans les romans de Daudet, dans le *Journal* d'Edmond de Goncourt, avec ses dîners chez la princesse Mathilde ou ses déjeuners d'écrivains, en célibataires, chez Brébant. Autant d'images où se fixent les « Souvenirs d'en France » de ce temps où la ligne des boulevards, de la rue Montmartre à l'Opéra, formait l'axe de la vie mondaine, journalistique, intellectuelle, et où Passy, les Batignolles, Montmartre gardaient encore leur aspect de gros villages.

Images apparemment insouciantes. Parties de campagne. Grouillement actif de la rue, où se bousculent ouvriers, lingères, rouliers avec leurs haquets, peintres avec leurs échelles, marchandes des quatre-saisons, rémou-

leurs en blouse, concierges en cheveux et petites bour-
geoises en bottines, employés à col dur et commis gomi-
nés : *Les Types de Paris*[1]. Guy de Maupassant pourrait
poser pour le « type du canotier », et servir de modèle à
Renoir :

Voici enfin le beau temps revenu, écrit-il à sa mère le 29 juillet, et j'espère que cela va te faire louer ta maison. Il fait aujour-
d'hui une chaleur terrible, et les derniers Parisiens vont très
certainement se sauver. Quant à moi, je canote, je me baigne,
je me baigne et je canote. Je manœuvre mon gros bateau
comme un autre manœuvrerait une yole, et les canotiers de
mes amis qui demeurent à Bougival sont supercoquentieu-
sement émerveillés quand je viens vers minuit leur demander
un verre de rhum. Je travaille toujours à mes scènes de cano-
tage dont je t'ai parlé, et je crois que je pourrai faire un petit
livre assez amusant et vrai en choisissant les meilleures des
histoires de canotiers que je connais, en les augmentant,
brodant, etc.[2].

La Belle Epoque en ses débuts. Ou du moins, l'endroit
du mythe. La douceur de vivre des bourgeois à l'aise, et,
parmi eux, de quelques écrivains toujours assurés de
manger à leur faim. Dumas, Houssaye sont richissimes.
Daudet perd volontiers 150 francs par nuit avec des filles.
Gustave Flaubert était millionnaire, en francs 1875, qui
valent six fois le franc « lourd » 1980. En 1875, le voilà
« ruiné » : mais c'est qu'il a abandonné 1 200 000 francs à
son neveu, Ernest Commanville, négociant en bois de
chauffage et de charpente, menacé de faillite. Edmond de
Goncourt vit de ses rentes. Le 7 août, il s'inquiète :

Une lettre qui m'apprend que le marchand de cuirs, qui me
doit 80 000 francs, ne m'a pas payé le trimestre de la rente
qu'il me doit et me laisse supposer que des mois, des années
peuvent se passer dans l'absence de la moitié de mon revenu

1. Ce sera le titre d'un recueil collectif publié en 1889, avec pour collaborateurs MAUPASSANT, HUYSMANS, MALLARMÉ, CÉARD, etc.
2. Guy de MAUPASSANT, Etudes, chroniques et correspondance, dans les
Œuvres complètes illustrées, Paris, Librairie de France, 1938.

et les tracas d'un procès. Adieu le roman[1] ! Toute la légère fabulation s'est envolée, s'est perdue dans le vide, comme un oiseau sous un coup de pierre.

Ne tombons pas dans l'économisme dit « vulgaire ». Mais tout cela ne va pas sans quelque incidence sur les visions du monde.

L'étouffoir

Il y a un envers, dont le *Journal* des Goncourt ne parle guère, et les manuels d'histoire littéraire encore moins. C'est l' « ordre moral », toujours présent, toujours pesant. C'est aussi la misère et l'ignorance pour les pauvres, les millions de pauvres, citadins et ruraux. « Jamais, note Zola, la vie n'a semblé plus lourde à porter. L'épidémie du suicide se déclare comme une peste venue on ne sait d'où. A Paris, certains jours, on compte jusqu'à dix suicides. La ville est marquée pour le fléau, avec sa population dolente, ses grandes douleurs, son bruit énorme qui couvre tant de sanglots » (*Le Messager de l'Europe*, juillet 1875). Voilà à peine un an que la loi réglemente le travail des enfants dans les manufactures.

Bien entendu, *moral* est à traduire par *politique*, et *ordre* se paraphrase en *état de siège, exil, répression, censure*. Quatre ans après la Commune, Versailles demeure vigilant, et continue à pourchasser les mauvais esprits. On fusillait encore à Satory en 1874. Un « transport » de communards condamnés partira pour la Nouvelle-Calédonie en février 1876. Thiers est sur la touche depuis deux ans; on a admis, le 30 janvier, à une voix près, ce terme de *République française* dont la droite et une partie du centre droit ne veulent pas; mais le nouveau président du Conseil, Buffet, désigné le 11 mars, invoque expressément les principes conservateurs, demande le maintien de l'état

---

1. Il s'agit de *La Fille Elisa* (1877).

de siège, et laisse en place les préfets monarchistes. La loi du 12 juillet, sur la liberté de l'enseignement supérieur, avantage les facultés catholiques. Dans chaque village, les enfants vont à « l'école des sœurs », les parents vivent dans la révérence du « château ». La masse orgueilleuse du Sacré-Cœur, dominant Paris, affirmera la puissance retrouvée des évêques, le contrôle catholique de la vie publique et de la vie privée. Jamais, depuis Charles X, ne s'est à ce point imposée l'alliance de la Bourse, du sabre et de l'autel. C'est la IIIᵉ Restauration. L'assemblée élue le 8 février 1871 se séparera le 31 décembre 1875 : elle aura institué la République par accident, et toujours soutenu des ministères en majorité monarchistes. Dans quelques mois le balancier va revenir lentement vers la gauche. Mais en attendant, la nuit demeure épaisse. La République est encore à conquérir.

La grande bourgeoisie d'affaires et la haute armée tiennent le gouvernement du pays. Le duc d'Audiffret-Pasquier, président de l'Assemblée, préside aussi la Compagnie des Mines d'Anzin, avec Thiers dans son conseil d'administration. Léon Say est aux Finances. D'autres portefeuilles vont au duc Decazes, au général de Cissey.

On ne compte pas les écrivains, les journalistes et les artistes exilés ou déportés. Gustave Courbet, réfugié en Suisse, s'est vu condamner à payer les frais de reconstruction de la colonne Vendôme. Henri Rochefort, évadé de Nouvelle-Calédonie en 1874, avec Paschal Grousset, est à Genève. Jules Vallès vit à Londres, dans la misère. Il prépare la trilogie de *Jacques Vingtras*. Mais « la France, écrit-il à Hector Malot, est fermée à notre pensée comme à nos armes »[1]. Malot, note Marie-Claire Bancquart,

a beau se dépenser pour placer l'œuvre de son ami, on a peur de ce mort civil qui ne peut signer de son nom, mais dont le style est trop reconnaissable et vaut une signature[2].

1. Cité par Marie-Claire BANCQUART dans sa préface à *L'Insurgé*, Paris, Gallimard, 1975, coll. « Folio ».
2. *Ibid.*, pp. 12-13.

Gustave Maroteau, son ami, est mort en mars, au bagne de l'île Nou, en Nouvelle-Calédonie, comme y est mort, fou, Auguste Passedouet, administrateur du *Réfractaire* en 1869. Exilés ou déportés aussi les journalistes blanquistes Trinquet, Humbert, Cournet, Lefrançais, Da Costa. Auguste Blanqui, lui, est emprisonné à Paris. Déporté encore, Henry Bauer[1], qui dirigea *L'Evénement illustré* en 1868; exilés à Londres, Gabriel Brideau et Emile Eudes, anciens gérants de *La Libre Pensée*; exilés en Russie, en Belgique, en Angleterre, des universitaires, des médecins, des officiers et, bien entendu, des ouvriers révolutionnaires, des militants de l'Internationale : Langevin, Wurth, Longuet, Camélinat, Jules Guesde, et combien d'autres !

Ainsi une partie non négligeable des intellectuels français vit hors des frontières : situation comparable à celle qui avait suivi le coup d'Etat de 1851, ou encore à celle qui, après 1940, résultera de la prise du pouvoir par Pétain. La résistance républicaine est bâillonnée. Qui peut entendre Vallès ? A considérer l'importance numérique et qualitative de cette émigration intellectuelle, on comprend mieux pourquoi le mouvement socialiste ne resurgira de ses cendres qu'après 1880, année de l'amnistie et du retour des exilés.

Mais à l'intérieur, les cendres n'ont pas complètement refroidi, et le gouvernement du Maréchal les surveille. Les ouvriers sont plus que jamais astreints à détenir un livret de travail, sur lequel l'employeur note toute infraction au règlement, tout acte d'insubordination. La justice militaire et la police recherchent les communards qui ont échappé aux arrestations de juin 1871. Un exemple significatif en est offert par la mésaventure qui arrive au romancier et journaliste Paul Alexis, ami très proche de Zola, de Cézanne, et de ces peintres qu'on appelle, depuis leur exposition de 1874, les Impressionnistes. Au matin du

---

1. Henry Bauer fut le père de l'écrivain Gérard Bauer, membre de l'Académie Goncourt.

23 avril, deux policiers viennent lui mettre la main au collet et le conduisent au dépôt. On lui signifie qu'il est condamné par contumace à la déportation dans une enceinte fortifiée, depuis 1873, pour avoir été lieutenant sous la Commune. Transféré, les menottes aux mains, au Cherche-Midi, il restera en prison jusqu'au 5 mai. Le conseil de guerre l'acquitte à la minorité de faveur : on a confondu le dossier de Paul Alexis, journaliste, avec celui d'un certain « Alexis, journalier ». Alexis rentre chez lui, « attristé de toute cette bêtise »[1]. Il l'a échappé belle. Pas tout à fait cependant. Il a compté sans la respectabilité de son propriétaire. « En rentrant chez moi, raconte-t-il, ma concierge me remet un papier plié en quatre, mon congé par huissier. La maison est trop honnête : on ne veut pas d'un *acquitté*. » Pour un journaliste à tout prendre bien recommandé, qu'on libère, combien de malheureux sont oubliés dans les prisons ?

Ce n'est sans doute pas un hasard si la profession d'Alexis, « journaliste », a attiré sur lui l'attention de la police. Depuis l'élection de Mac-Mahon à la présidence, 211 journaux, dont 192 républicains, ont été frappés de peines administratives. L'intimidation réussit. Depuis deux ans, Zola se trouve en fait interdit de publication à Paris. Une de ses chroniques, sur le chômage, a fait saisir et interdire *Le Corsaire*, en décembre 1872. Les articles qu'il envoie au *Sémaphore de Marseille* paraissent sans signature. Paradoxe : c'est en Russie, dans une revue libérale — *Le Messager de l'Europe* —, qu'il va pouvoir s'exprimer, par une correspondance mensuelle qui débute en mars 1875, et qu'il doit à l'amitié de Tourgueniev. L'un de ces articles, en juillet, s'en prend précisément à la censure : les autorités judiciaires poursuivent un éditeur qui publie une édition de luxe des *Contes* de La Fontaine, pour « atteinte à la morale publique ». Le procès a lieu, le tribunal ordonne de détruire les planches gravées du

1. *Lettres inédites de Paul Alexis à Emile Zola*, présentées et annotées par B.-H. BAKKER, University of Toronto Press, 1971, p. 69.

xviiie siècle qui devaient servir d'illustration, et déclare
« pernicieuse et amorale » l'œuvre de La Fontaine. « Maintenant, s'écrie Zola, il ne nous reste qu'à brûler Rabelais,
Régnier, Brantôme et, après eux, tous les romanciers et
dramaturges nationaux. Que veut-on faire ? Un autodafé
du xixe siècle ? »[1].

Au théâtre, la commission de censure, qui dépend du
département des Beaux-Arts, lui-même rattaché au ministère de l'Instruction publique, veille à écarter tous les
manuscrits subversifs[2]. Elle a examiné en 1875 1 230 manuscrits ou textes imprimés et 120 textes de chansons
par mois. Elle exerce sa surveillance pendant les répétitions mêmes. En avril, elle arrête après la première
représentation, « par mesure d'ordre public », une pièce
de Victor Séjour et M. Drack, *Cromwell* : on y voyait les
républicains réparant les ruines des monarchistes...
Demandant une augmentation de ses crédits, en 1876,
la commission indique qu' « elle se défendrait victorieusement si elle pouvait montrer au public tout ce qu'elle a
empêché qu'on lui montrât... Si elle était supprimée, on
ne tarderait pas à voir la série des pièces politiques où le
gouvernement serait attaqué comme il le fut de 1848
à 1850 ». On interdit même des pièces anciennes, telle
Le Chevalier de Maison-Rouge, écrite en 1847 et pourtant
représentée en 1869 et 1870. *Les Misérables*, de Charles
Hugo, se voient opposer qu'il serait « tout à fait inopportun de mettre sur un théâtre d'aujourd'hui ces luttes
révolutionnaires de la rue, quels que soient les adoucissements apportés ». « Est-il utile de remuer ces passions
politiques ? », concluent les commissaires. Dans d'autres
pièces, autorisées, la commission fait supprimer ou corriger des scènes et des tableaux; elle proscrit tout ce
qui est révolte, jugement, exécution, incendies, conjurations, discours d'insurgés. Au nom d'une prétendue

---

1. *Œuvres complètes*, t. XIV, p. 236.
2. Voir Josette PARRAIN, *Censure, théâtre et Commune*, thèse de IIIe cycle,
1973, Université de Paris VIII, dactylographiée.

trêve intérieure, elle exerce une dictature cachée qui interdit toute possibilité d'expression politique au théâtre contemporain.

Les bons livres

Il ne suffit pas que les esprits libres soient expulsés, emprisonnés ou muselés, ni que l'étouffoir empêche la mise en cause de l'ordre établi. Il faut encore persuader les braves gens que tout est conçu pour leur bonheur et qu'ils courraient grand risque à écouter les mauvais apôtres. Sous tous les régimes conservateurs, fleurit de la sorte une littérature d'édification où se mêlent les discours présidentiels, les prônes dominicaux, les romans des chaumières et, de nos jours, les feuilletons télévisés. A cet égard, les « pousse-au-jouir » du maréchal de Mac-Mahon n'eurent rien à envier à ceux du maréchal Pétain[1].

Les lycéens et les étudiants n'étudient que les grandes œuvres de notre littérature nationale, et jamais ce que la critique appelle dédaigneusement, de nos jours, la « sous-littérature ». C'est un peu dommage, car ils acquièrent ainsi une idée fausse, ou incomplète, du rôle idéologique que joue à une époque donnée l'ensemble des œuvres de fiction, et notamment, dans cet ensemble, le roman dit populaire. Pour l'annéc 1875, toute revue littéraire qui ne retiendrait que les noms de Flaubert, de Daudet, de Verlaine, de Renan, ou des écrivains de même taille, s'interdirait de comprendre exactement le système de références, de valeurs et de croyances qui gouvernait une grande partie du public lecteur. On obtiendrait une image plus complète, ou en tout cas moins déformée, si l'on y ajoutait l'inventaire, entre autres, des romans d'inspiration catholique. Les « bons livres » continuent après 1871 la tâche entreprise sous le Second Empire, et qui a fait la fortune de

---

1. Voir Gérard MILLER, *Les pousse-au-jouir du maréchal Pétain*, Paris, Ed. du Seuil, 1975.

maisons spécialisées comme Mame, Barbou, Casterman, Plon ou Vermot[1]. Ce sont ceux qu'on distribue comme prix de fin d'année, qu'on trouve dans les bibliothèques de paroisse. C'est la littérature de masse, en 1875. Très préoccupés par « la question sociale », ou encore, comme on disait, par « la question ouvrière », ces ouvrages ont des objectifs communs : détourner leurs lecteurs de toute réflexion critique sur la société, leur inspirer une sainte haine, ou pour le moins une salutaire défiance, à l'égard des « socialistes » et plus généralement des républicains, travestir les problèmes sociaux en problèmes moraux, enseigner les vertus du labeur patient, de la résignation et de la foi. C'était une littérature florissante sous le Second Empire, lorsqu'il fallait exorciser les fantômes de 1848. Elle le redevient après la Commune, lorsqu'il faut à tout prix imposer au prolétariat et à la petite bourgeoisie une image péjorée, répulsive, de l'ouvrier révolutionnaire.

Albéric ou le jeune apprenti, de J. Aymard (Ed. Lefort, Bibliothèque catholique), publié en 1875, raconte l'histoire d'un ouvrier fileur qui a connu une jeune couturière « dans des réunions dangereuses » : le couple est incroyant; il sombre dans le vice et la misère; le fils, Albéric, sera recueilli par une société religieuse, et la perfection de sa conduite provoquera la conversion de ses parents. En 1873, *Ange et Colombe*, de Zénaïde Fleuriot (chez Firmin-Didot), a montré « l'armée horrible » des communards : « ces adolescents effrontés et avinés », des « pétroleuses, horribles mégères dont une loque rouge ceignait le front et dont un haillon rouge entourait la taille ». En 1874, mêmes thèmes, mêmes images — le vin, la grossièreté, le sang, l'envie, « les yeux louches », le langage ordurier — dans *Les Mémoires d'une pétroleuse*, de M.-A. Térain. Chaque année voit paraître plusieurs romans de même farine, avec

1. Voir Pierre PIERRARD, Question ouvrière et socialisme dans le roman catholique en France au XIXe siècle. *Les Cahiers naturalistes*, no 50, 1976, pp. 165 à 190. C'est à Pierre Pierrard que j'emprunte les exemples qui suivent.

leur galerie de « mauvais ouvriers », de « meneurs », de « chefs socialistes », tous dépeints comme des figures de cauchemar, rejoignant dans l'imagination populaire le dragon de Saint-Georges, l'ogre du Petit Poucet, le cyclope Polyphème ou Dracula le vampire... Un certain Raoul de Navery s'est fait une spécialité du genre, avec ses *Drames de la misère* (1875) ou ses *Robinsons de Paris* (1878), caricature sulpicienne des *Mystères de Paris* de Sue ou des *Misérables* de Hugo. Les titres révèlent la recette : on plagie des œuvres populaires à succès, et on en inverse le sens. *Les Drames de la misère* décrit un quartier populaire, où s'exerce l'influence socialiste. Le héros du roman, l'abbé Bernard, nouveau Rodolphe, y trouve bien entendu

l'ignorance et la férocité des sauvages, la haine du bien, la soif du mal; des tribus d'hommes et de femmes qui n'avaient jamais franchi le seuil d'une église et vivaient en des désordres honteux...

Le tout à l'avenant.

La pression idéologique, alliée à la répression policière, s'exerce en des langages différents selon les auteurs et selon les publics. On pourrait penser que la thématique grossière des *Drames de la misère*, conçue pour un public naïf et inculte, n'a pas son répondant à l'étage supérieur de la littérature. Bien au contraire. La forme est plus élégante chez Goncourt, mais les stéréotypes sont identiques. Cette année-là, Edmond de Goncourt commence à préparer son roman sur la prostitution (*La Fille Elisa*, 1877). Regardez-le visiter un quartier populaire, le mouchoir sur la bouche (le 22 août 1875) :

Aujourd'hui, je vais à la recherche du *document humain* aux alentours de l'Ecole militaire. On ne saura jamais, avec notre timidité naturelle, notre malaise au milieu de la plèbe, notre horreur de la canaille, combien le vilain et laid document, avec lequel nous avons construit nos livres, nous a coûté. Ce métier d'agent de police consciencieux du roman populaire est bien le plus abominable métier que puisse faire un homme d'essence aristocratique.

Les discours du sociologue, du philosophe et de l'historien relaient celui du feuilletoniste. En 1875, finit de paraître à la librairie Hachette le grand ouvrage de Maxime du Camp, l'ami de jeunesse de Flaubert : *Paris, ses organes, ses fonctions et sa vie dans la seconde moitié du XIXᵉ siècle*, en six volumes : travail de polygraphe, mais enquête au demeurant fort utile pour qui veut savoir aujourd'hui comment on vivait à Paris il y a cent ans. Dans les deux derniers chapitres du tome VI, « Les révolutions » et « Les rêves et le péril », du Camp laisse déborder la haine, les injures, l'outrage raciste que lui inspire le souvenir de la Commune. Les chefs ? « Quatre-vingts individus, nommés à l'élection, firent partie de cette assemblée à la fois grotesque et féroce qui, pendant deux mois, se démena dans l'Hôtel de Ville. » Les combattants ? « Des êtres chétifs, malsains, moitié loups et moitié furets, que la vie en commun a prématurément dépravés, que des poètes mal inspirés ont essayé de glorifier, que l'eau-de-vie attirait et que tentaient les aventures. » L'œuvre ? « L'incendie de Paris, acte prévu, médité longtemps à l'avance et promis, comme une vengeance due et légitime, à la tourbe que l'on agitait dans ce but. » La source de tous ces maux ? Bien entendu, « les principes socialistes et les prédications de l'Internationale » :

> Prédominance des instincts matériels caressés par le socialisme, affaiblissement de l'idée de patrie, ébranlée par l'Internationale, mépris hautain pour la liberté, dont l'un et l'autre n'ont que faire, voilà, en somme, les trois points saillants que l'on distingue lorsqu'on étudie sérieusement l'ensemble très embrouillé des doctrines — non — des rêveries du prolétariat.

Dans son *Histoire de quatre ans, 1870-1873*, qui s'imprime chez Charpentier pendant les dernières semaines de 1875, Théodore Duret (par ailleurs négociant, critique d'art, historien de l'impressionnisme, ami de Manet et de Zola, et bon républicain) est moins injurieux, plus attentif à la réalité des massacres versaillais, mais non moins hostile. Pour lui aussi, la Commune fut une mauvaise fièvre, une démence collective, le mouvement d'une foule « bestiale ». Ce livre servira de source, seize ans après, à *La Débâcle* de Zola : les clichés ont la vie dure.

Plus ambitieuse encore est l'œuvre de Taine, *Les Origines de la France contemporaine*, dont le premier volume, consacré à l'Ancien Régime à la veille de la Révolution, paraît à la fin de l'année. Taine s'y était attelé à l'automne de 1871. Le réflexe conservateur marque toute sa vision historique. Victor Giraud, biographe de Taine, l'admettra sans fard, vingt-cinq ans plus tard :

Ses souvenirs de 1848 et de 1871 lui revinrent à l'esprit, se fortifièrent et s'accrurent de toutes les impressions que lui faisait éprouver l'étude des pires journées révolutionnaires. Il craignit pour son pays le retour de pareils désordres, et il sentit que, pour les prévenir, seule une forte doctrine morale, acceptée de tous les membres de la communauté sociale, avait l'autorité nécessaire; et il tenta d'en esquisser les principes.

La morale positive de Taine converge avec la morale chrétienne de la Bonne Presse, pour les mêmes fins didactiques et à partir des mêmes sources politiques, que Zola analyse dès février 1876 :

Il est hors de doute que Taine juge la Révolution à travers les craintes d'un bourgeois français que les angoisses de 1848 et de 1871 ont empêché de mener une vie calme et de s'occuper de recherches philosophiques... La chimère démocratique lui est antipathique : elle trouble ses idées sur l'ordre et sur la vie pratique, sur le travail consciencieux menant aux honneurs. C'est pourquoi il est du côté de ceux qu'il appelle des privilégiés[1].

De fait, les termes dans lesquels Taine s'exprime sur les acteurs de la Révolution de 1789 font écho aux « portraits » des *Drames de la misère* :

Plusieurs millions de sauvages sont ainsi lancés par quelques milliers de parleurs, et la politique de café a pour interprète

1. *Œuvres complètes*, t. XII, pp. 533 et suiv.

et ministre l'attroupement de la rue. D'une part, la force brutale se met au service du dogme radical. D'autre part, le dogme radical se met au service de la force brutale. Et voilà, dans la France dissoute, les deux seuls pouvoirs debout sur les débris du reste.

L'article de Paris

La politique de l'Ordre moral trouve donc à tous les niveaux de l'opinion ses idéologues. Elle trouve aussi ses amuseurs. Le théâtre lyrique léger a les faveurs du public. Les Bouffes-Parisiens jouent *La Créole*, opéra-comique d'Albert Millaud, sur une musique d'Offenbach. La Renaissance donne un opéra-bouffe de Leterrier, Vanloo et Lecoq, *La Petite Mariée*. L'Opéra ne joue pas Verdi ni Wagner, mais *Les Huguenots* et *La Juive*. L'Opéra-Comique crée *Carmen*, de Bizet. Mais les Folies-Dramatiques vivent pendant une année entière sur *La Fille de Mme Angot*, première pièce, lit-on dans les *Annales du théâtre*, qui ait été donnée si longtemps sans interruption.

Sur les scènes dramatiques, il reste quelques pièces classiques — pas le *Tartuffe*, assurément — et quelques drames historiques, héritage poussiéreux du romantisme. Le gros du succès, et de l'argent, va aux niaiseries boulevardières : comédies d'intrigue, opérettes et féeries. A la Comédie-Française, on donne *La Fille de Roland*, drame de Henri de Bornier, lourd comme les armures de ses chevaliers, mais « qui nous ramène, dit *La Revue des Deux Mondes*, vers les œuvres sérieuses, vers les choses fières et hautes »; on reprend *Le Demi-Monde*, de Dumas fils, à l'occasion de sa réception à l'Académie française et on monte *L'Etrangère*, également de Dumas fils. Les Comédiens-Français mettent à l'affiche Corneille, Sedaine, Feuillet, Augier. Sarah Bernhardt joue *Phèdre*. L'Odéon monte *Un drame sous Philippe II*, d'un débutant, Georges de Porto-Riche — toujours la grande histoire. Succès au Gymnase-Dramatique, avec *Ferréol*, comédie en quatre actes de Victorien Sardou, dont l'intrigue tourne autour d'un procès de cour d'assises : effets assurés. Le Gymnase joue aussi *Les Scandales d'hier*, comédie de Théodore Barrière. Au Vaudeville, Delacour et Hennequin présentent *Le Procès Veauradieux*. Le Palais-Royal joue *Le Panache*, comédie en trois actes d'Edmond Gondinet. Les Variétés ont représenté *La Boulangère a des écus*, opéra-bouffe de Meilhac, Halévy et Offenbach, et créé *Les Trente Millions de Gladiator*, de Labiche et Philippe Gille. La Porte-Saint-Martin continue à attirer les foules avec *Le Tour du Monde en quatre-vingts jours*, de Dennery et Jules Verne.

Ainsi va le théâtre français, dans une prospérité et une médiocrité dont il ne subsistera rien — sinon *Carmen*, pour la musique. Les meilleurs observateurs en ont conscience. En décembre 1875, Zola commence sa campagne en faveur d'un théâtre « naturaliste » par un article sur *La Scène dramatique à Paris*, publié dans *Le Messager de l'Europe*[1]. Il part en guerre contre un théâtre qui « finira par devenir notre honte après avoir fait notre gloire ». Le théâtre moderne est gangrené par le vaudeville — comédie d'intrigue, comédie sentimentale ou comédie à thèse —, par le mélodrame et par l'opérette. Quand viendra le temps des « œuvres véridiques » ?

Nos pièces sont fabriquées à la douzaine sur d'agréables modèles. Mais le pire, ici, est qu'un tel métier empoisonne la nation par la routine, par les tendances artisanales de l'art. Il n'existe pas, sans doute, un peuple chez qui le théâtre se trouve dans un étau plus impitoyable que chez nous. Toute innovation audacieuse nous est interdite. Nos pièces de théâtre entrent dans la catégorie de ce qu'on appelle l'Article de Paris. On taille, on coud, on colle, on vernit et on confectionne de charmantes bagatelles qui vivent une saison.

Ne disons pas que le théâtre de 1875 n'est pas sérieux. Est-ce l'influence de Dumas fils ? Le très sévère Ernest Legouvé, dans une conférence sur Scribe, « plaide la cause de la réhabilitation sociale des femmes ». Sujet d'avenir,

---

1. *Œuvres complètes*, t. XII, pp. 17 et suiv.

même si le vocabulaire est encore mal adapté... *La Revue des Deux Mondes* trouve que M. Legouvé « en dit trop », et « professe une foi démesurée dans le théâtre, ses auteurs et ses acteurs ». Quelle fraîcheur d'âme, en effet, à une époque où l'actrice a pour rôle principal, dans l'imaginaire petit-bourgeois, de déniaiser les fils de famille et de dissiper le trop-plein des fortunes...

Une littérature de crise ?

Ni la poésie, ni le roman, ne sont mieux lotis. Dans son article sur les poètes contemporains (*La Revue des Deux Mondes*, juillet 1875), Ferdinand Brunetière retient deux noms : Sully Prudhomme (pour *Les Vaines Tendresses*) et François Coppée (pour *Les Humbles*). Il note la prédominance de la poésie intime, avec son « accent d'émotion vraie qui la distingue de la poésie descriptive ». Poésie intimiste, également, selon Saint-René Taillandier (dans *La Revue des Deux Mondes* d'octobre), que celle de Frédéric Mistral, qui vient de publier un recueil de mémoires poétiques.

Victor Hugo, pour sa part, cède à ce courant. Attendri par ses deux petits-enfants Jeanne et Georges, il constitue le recueil qui s'intitulera *L'Art d'être grand-père* :

> Que voulez-vous ? L'enfant me tient en sa puissance;
> Je finis par ne plus aimer que l'innocence.
>
> (8 juin 1875.)

Rien d'exaltant. Mais Hugo est aussi un homme public, le maître à penser d'un groupe qui anime l'extrême-gauche républicaine, dans les colonnes du *Rappel*, contre les éléments plus modérés qui soutiennent Gambetta, dans *La République française*. En février, il publie l'appel *Pour un soldat*, en faveur d'un homme de troupe condamné à mort pour avoir giflé son caporal. Le 29 mars, aux obsèques d'Edgar Quinet, il associe « la Révolution qui fait les livres vivants, et la poésie qui fait les livres immortels », et exalte « la vaste marche des idées, le progrès, la démocratie, la fraternité, l'émancipation des peuples »[1]. Ce langage sent le soufre. Néanmoins le pouvoir hésite à porter la main sur l'auteur des *Châtiments*.

Plus jeune, inconnu, Jean Richepin est plus vulnérable. L'édition originale de *La Chanson des gueux* sera saisie en 1876, et sa destruction ordonnée, dans le même moment où le quotidien *Le Bien public* devra interrompre la publication de *L'Assommoir*. Il ne fait pas bon parler des pauvres, ni en vers, ni en prose.

La poésie, selon Brunetière, traverse une crise. Ce diagnostic, à distance, apparaît juste : les poètes dont on parlait alors se sont évanouis dans l'oubli. De ceux qui devaient survivre, le public ne connaît pas les noms.

Arthur Rimbaud séjourne en Allemagne, en Italie, à Marseille, à Charleville. Verlaine ne publie rien. Mallarmé, à l'écart de tous les cercles littéraires et politiques, construit lentement une œuvre qui, sans fracas et de manière irréversible, portera « la révolution dans le langage poétique »[2]. Curieuse situation, tout de même : c'est la France de M. Buffet, si attentive à ébourgeonner tous les rameaux renaissants de la pensée critique, qui nourrit dans son sein la plus extraordinaire entreprise de subversion de la langue nationale. Revanche subtile, et à retardement, de l'intelligence... Quelle censure pourrait deviner et prévenir les méfaits et les effets de la syntaxe mallarméenne !

Les formes de la résistance au conformisme, en même temps que du travail créateur, sont multiples. La chape de l'ordre moral, en 1875, n'est plus assez lourde, plus assez assurée d'elle-même, pour empêcher toute contestation. L'institutionnalisation de la République, acquise au soir du 30 janvier, modifie en fait les données de l'affrontement

---

1. *Œuvres complètes*, éd. Jean MASSIN, Le Club français du Livre, t. XVI. En cette même année 1875, Victor Hugo décide de publier, sous le titre *Actes et Paroles*, l'ensemble des déclarations publiques qu'il a faites depuis son retour d'exil.
2. Voir Julia KRISTEVA. *La Révolution du langage poétique*, Paris, Ed. du Seuil, 1974.

politique et idéologique, en fortifiant les espoirs de la gauche. Même persécutées, la pensée et l'action de l'extrême-gauche, radicale ou socialisante, trouvent là une voie d'expansion. Même bridée de toutes les manières, même tenue en lisière par la petite bourgeoisie républicaine, la classe ouvrière est attentive à la forme constitutionnelle du régime. Peu à peu, le rapport des forces se modifie, au détriment de la droite ultra, et même des républicains conservateurs. On le verra lors de chacune des élections qui se dérouleront en 1876 et 1877; jusqu'au moment où il faudra bien que Mac-Mahon s'en aille, que l'Assemblée rentre à Paris, que l'on décrète l'amnistie pour les Communards, que le 14 juillet devienne fête nationale.

L'année 1880, à cet égard, marquera un tournant. En 1875, c'est seulement un courant qui s'amorce.

De cela, la littérature de qualité porte témoignage, autrement que de façon négative, en creux, comme par exemple à travers les mises en garde de Taine. Il y a ce qui s'écrit dans l'ombre : le *Dictionnaire des idées reçues*, que Flaubert constitue en même temps que son *Bouvard et Pécuchet*, encyclopédie de la sottise :

Républicains. — Les républicains ne sont pas tous voleurs, mais les voleurs sont tous républicains. *Radicalisme.* — D'autant plus dangereux qu'il est latent. La république nous mène au radicalisme.

Il y a les notes que Zola prend sur la table, le travail, le lit et la parole des ouvriers parisiens, pour les jeter à la face d'un public empoissé dans les interdits du « cant » et du pharisaïsme. Quand on est bien élevé, on ne parle ni de l'argent, ni du sexe, ni du peuple. Ou si l'on écrit là-dessus, c'est avec toutes les transpositions du code classique, comme le prescrit, les yeux au ciel, Ferdinand Brunetière : « Non pas évidemment que les humbles et les plus dédaignés d'entre nous n'aient le droit d'avoir eux aussi leur roman : à cette condition cependant que, dans la profondeur de leur abaissement, on fasse luire un rayon d'idéal; et qu'au lieu de les enfermer dans le cercle étroit où les a jetés, qui la naissance et qui le vice, nous les en tirions au contraire pour les faire mouvoir dans cet ordre de sentiments qui dérident tous les visages, qui mouillent tous les yeux, et font battre tous les cœurs »[1]. D'où le scandale de *L'Assommoir*, que Zola enverra à Flaubert avec cette dédicace complice : « En haine du goût. »

Il y a aussi *La Faute de l'abbé Mouret*, qui tranche sur la médiocrité de l'année romanesque, y compris le roman d'Alphonse Daudet, *Fromont jeune et Risler aîné* — « forme de réalisme encore aisément acceptable » au dire de Brunetière. En 1874, Zola avait publié *La Conquête de Plassans*, œuvre dans laquelle on peut voir une violente satire anticléricale, un pamphlet élargi aux dimensions du roman. S'il revient, avec *La Faute*, à un personnage de prêtre, ou, plus exactement, à deux personnages de prêtres, Serge Mouret, l'abbé mystique, halluciné, et le frère Archangias, « paysan rustre, sale, ignorant, d'un fanatisme catholique absolu », n'est-ce pas en écho contradictoire du bruit que l'Eglise fait de nouveau dans les affaires publiques ? Au symbole dominateur des coupoles du Sacré-Cœur, Zola oppose l'image d'un prêtre vaincu par le désir, et celle d'une église de campagne envahie par les ronces, cernée par la nature, qui lui mesure au plus juste sa place sur la terre. Barbey d'Aurevilly se fâche à bon droit : « C'est le naturalisme de la bête, mais sans honte et sans vergogne au-dessus du noble spiritualisme chrétien » (*Le Constitutionnel*, 20 avril). Le mot *naturalisme* ne peut guère déplaire à Zola, qui en fera son drapeau. *La Faute de l'abbé Mouret*, dont l'action semble se dérouler en un lieu et en un temps hors de l'histoire, contribue par le fait à détruire l'assurance du discours spiritualiste, support idéologique et rhétorique du régime « des ducs »,

---

1. Ferdinand BRUNETIÈRE, Le roman réaliste en 1875, *Revue des Deux Mondes*, 1875, vol. II, p. 701. Article repris dans *Le Roman naturaliste*, Paris, Calmann-Lévy, 1891.

et à saper son influence sur l'opinion. C'est bien pourquoi, d'ores et déjà, Zola est suspect. La publication, coup sur coup, de ses quatre romans, *La Curée*, *Le Ventre de Paris*, *La Conquête de Plassans*, *La Faute de l'abbé Mouret* — les uns de satire ouverte, les autres d'ironie masquée —, fait de lui un des hommes qui secouent le manteau de silence et couvrent les arrières de la libre pensée dans son combat en retraite. Tandis que Renan se retire dans le scepticisme, la délectation morose, l'amer plaisir de relever tous les signes de ce qu'il tient pour la fin de la civilisation, voilà un homme qui, d'une certaine manière, assume la relève du discours critique, sans se tromper d'adversaire.

On pourrait compléter et affiner ce panorama, donner des listes exhaustives de publications, des éphémérides, des nécrologies... On pourrait suivre, pour cette année-là, ce que fut la vie de chacun des écrivains qui ont laissé un nom. Ce serait interminable. On pourrait aussi tenter un repérage de l'état des formes et des langages esthétiques : tâche plus difficile encore que de décrire les courants et les affrontements d'idées.

Tout compte fait, 1875 n'est pas une année de grands crus littéraires; mais ce n'est pas non plus une année creuse. La grande génération romantique s'est éteinte, Baudelaire et Gautier sont morts, le Parnasse fait long feu. La défaite de la Commune a tué les rêves, pour dix ans. Restent les aigreurs de Taine, le pompiérisme de Dumas fils, les facéties grinçantes de Labiche, les potins de Goncourt, le sourire ambigu de Renan, les silences de Flaubert. Une grande idée populaire a échoué : M. Prudhomme respire. Elle a failli réussir : M. Prudhomme en garde des frayeurs rétrospectives; il craint l'avenir et voit partout l'ombre des « nihilistes ». De là le succès des théories de décadence et de pessimisme[1].

Les moins de trente ans sont bannis, ou tenus à l'œil, ou écœurés. Peu à peu, pourtant, ils reprennent souffle.

---

1. Voir Paul BOURGET, *Nouveaux essais de psychologie contemporaine*, Paris, Lemerre, 1886.

L'année 1875, avec sa relative stérilité, mais aussi avec ses tensions assourdies, marque précisément l'instant où la littérature française, après quatre ans d'hébétude, va reprendre ses mises en question. On le mesurerait mieux en comparant le bilan des années 75 à 80 et celui des quatre années qui ont suivi 1871.

Une réflexion méthodologique, pour conclure. L'histoire littéraire traditionnelle, qui ramène tout aux destins individuels des « grands auteurs », aux mots en -isme, aux combats et aux mariages d'écoles et de genres, permet mal de saisir quels sont en une période définie les conditions, les enjeux et les règles de la production littéraire. Que l'on évoque, par l'anecdote biographique, la vie de Flaubert, ou que l'on dresse abstraitement les caractéristiques du naturalisme, on fourvoie dans les deux cas la recherche. Il suffit de regarder d'un peu près, par une coupe synchronique, la production textuelle d'une seule année[1], pour découvrir qu'à tout moment la littérature d'une nation forme un entrecroisement et un affrontement de propos dont aucun n'est interprétable isolément, mais dont chacun se nourrit — et se décode — par l'écho des autres. Taine renvoie, sans le savoir peut-être, à Maxime du Camp, et à Zénaïde Fleuriot. Zola prend ses distances par rapport à Taine, mais puise ses sources chez du Camp. Brunetière éreinte Zola au nom d'une morale qu'il partage avec Barbey, lequel pourtant n'apprécie guère l'esthétique de la Revue des Deux Mondes... Et tous modulent, sur des tons et des tempos différents, avec plus ou moins de génie, un même discours social, traversé de contradictions et d'incertitudes, travaillé par les voix anonymes de la presse, de la rue, ou des salons. On rêve d'une histoire de la littérature qui apporterait, pour toute époque charnière — mais quelle époque n'est pas « charnière » ? —, une analyse globale de ce qui se disait, de ce qui s'écrivait,

---

1. Voir L'Année 1913, les formes esthétiques de l'œuvre d'art à la veille de la première guerre mondiale, travaux et documents réunis sous la direction de L. BRION-GUERRY, 3 vol., Paris, Klincksieck, 1971-1974.

dans l'arrière-texte des grands textes. Ce serait là une véritable sociocritique, la sociocritique des totalités, ou au moins des intertextualités. Seule elle permettrait de saisir les corrélations qui donnent à chaque *œuvre* prise à part sa profondeur originale, et qui dessinent le paysage intellectuel d'un temps.

Table

N.B. — Le premier chapitre a été publié dans les actes du colloque de Toronto sur *La lecture sociocritique du texte romanesque* (Toronto, 1975). Ceux qui composent la « Sociocritique des personnages » ont paru respectivement dans les *Cahiers de l'Association internationale des Etudes françaises* (1972), *Poétique*, 16 (1973), *La Pensée* (1975), *Voix et Images* (1977); les quatre suivants dans *Les Cahiers naturalistes* (1971), *La Pensée* (1971), *Mosaic* (1972), la *Revue de l'Université d'Ottawa* (1978); les trois derniers dans *La Production du sens chez Flaubert* (1975), dans *Fiction, Form, Experience* (Montréal, 1976), et dans *Europe* (1975).

Imprimé en France, à Vendôme
Imprimerie des Presses Universitaires de France
1980 — Nᵒ 27 129